创新基层治理论丛

袁方成 陈荣卓 主编

治理政治学丛书

田野中国：新时代乡村治理现代化的地方探索

袁方成 靳永广 ◎著

华中师范大学出版社
CENTRAL CHINA NORMAL UNIVERSITY PRESS

新出图证(鄂)字 10 号

图书在版编目(CIP)数据

田野中国:新时代乡村治理现代化的地方探索/袁方成,靳永广著. —武汉:华中师范大学出版社,2021.6

(创新基层治理论丛/袁方成,陈荣卓主编)

ISBN 978-7-5622-9440-5

Ⅰ. ①田… Ⅱ. ①袁… ②靳… Ⅲ. ①农村—群众自治—研究—中国Ⅳ. ① D638

中国版本图书馆 CIP 数据核字(2021)第 089129 号

田野中国:新时代乡村治理现代化的地方探索

责任编辑:庞 丹　**责任校对**:王 炜　**封面设计**:胡 灿

编 辑 室:学术出版中心　**电话**:027-67867792

出版发行:华中师范大学出版社

社址:湖北省武汉市洪山区珞喻路 152 号　**邮编**:430079

电话:027-67863426(发行部)

传真:027-67863291

网址:http://press.ccnu.edu.cn　**电子邮箱**:press@mail.ccnu.edu.cn

印刷:湖北恒泰印务有限公司　**督印**:刘 敏

字数:269 千字

开本:710mm×1000mm 1/16　**印张**:17.5

版次:2021 年 6 月第 1 版　**印次**:2021 年 6 月第 1 次印刷

定价:67.00 元

欢迎上网查询、购书

序　　言

“创新基层治理论丛”由袁方成教授和陈荣卓教授主编。我应约作序，很高兴先看了先期的4种，即《田野中国：新时代乡村治理现代化的地方探索》《新时代村庄选举观察：实践与表达》《厚植“两山”根基　共建共治共享——新时代农村社区治理现代化的安吉经验》《新时代农村社区治理：经验与效能》，论丛是关于浙江、湖北、江西、湖南等地农村基层治理的最新调研成果。当前，基层治理研究可谓繁花似锦，这套丛书称得上是其中耀眼的一束。

在2014年中央提出国家治理现代化之前十多年间，关于治理的研究已相当繁荣，“治理”名目下著述很多。若加考究，这种“繁荣”主要有两大源流：或者基于西方治理理论，或者基于乡村治理实践。前者注重引进西方治理理论，强调协同共治、多中心治理等理念方法，如世界银行、奥斯特洛姆的研究备受重视；后者注重考察世纪之交乡村现实困境，特别是广泛发生的农民问题和基层失序，致力于解决“三农”问题。这两种取向的研究，在方法、理论上有交织融合，时间上汇集新旧世纪之交，构成治理研究的壮观景象。但严格来说，这些都还不是现在的国家治理研究。

在我看来，国家治理的治理，是治国理政的治理，不是西方治理理论中的治理，也不是中国政治传统中的治理。在我的学术交往中，多位西方政治学家曾经谈到，国家治理并非学术概念，很难有相应的英文翻译。从这个意义上讲，国家治理是有中国政治特色的新概念。或者说，在当代中国的社会条件下，国家治理首先是政治概念，与中国特色政治制度的理论表达有内在联系。

乡村治理研究随着上世纪90年代中后期“三农”问题而兴起，也不是现在的国家治理研究，但这种研究比基于西方治理理论的研究更接近“国家治理”。如果追溯中央文件，最接近的概念表达是2006年1号文件提出的“乡村治理”。这个文件论述乡村治理，从党组织建设、村民自治建设和农村社会化服务组织建设三方面展开。我认为，这个文件中的“乡村治理”是政策概念，有比较清晰的政策内容，有比较明确的政策诠释。党的十八届三中全会决定中的“国家治理”则是政治概念，是党关于治国理政的纲领性表达。“国家治理现代化”，使我们更能产生联想的是1975年第四届全国人大上提出的“四个现代化”。“四个现代化”注重经济发展，而“国家治理现代化”注重制度体系和能力，都具有综合性和纲领性。考察中央文件的发展脉络，也许可以说，从作为政策概念的“乡村治理”，到作为政治概念的“国家治理”，有某种内在的相关性。

最近几年，国家治理研究聚集了政治学、社会学、公共管理以及相关学科的大量学者，著述汗牛充栋，谏言纷至沓来。盛况固然可喜，但也让人不无忧虑。出版发表的研究著述数量虽巨，也不乏鸿篇巨制，但水平提升并不显著。突出问题是，这些研究大都倾力于解读文件和阐发原则，倾心于描绘愿景、发表宏论，而不肯在扎扎实实的调研上下功夫。国家治理研究要出高质量成果，不能仅靠从政治高度讲原则，而要依靠深入现实生活。离开现实生活中的种种问题来讨论国家治理，立论可以高远，但很易陷入空洞。在当今社会和学术环境条件下，基层研究、微观研究比高层研究、宏观研究更容易成为实在而有深度的研究。

令人欣慰的是，近几年学界也有新气象，涌现出不少年轻学者，研究能够深入真实生活，贴近现实变化，而不是坐而论道。华中师范大学具有这方面的优良传统，大约30年前就对村民自治研究有重要开拓，进入新世纪以来，又有若干新贡献。在这个进程中，袁方成、陈荣卓作为学术新生代随着乡村治理研究的兴起脱颖而出，工作勤奋且成绩斐然。现在，他们领衔调研并主编这套“创新基层治理论丛”，为这个日渐兴盛的学术领域增添新成果，是对中国基层治理研究的重要推动。我对他们的努力深表赞赏并充满期待。

赵树凯（曾任国务院发展研究中心研究员，现为山东大学政治学与公共管理学院教授）

2021年5月1日

以全面深化农村改革助推乡村振兴

（代前言）

中华文明发源于乡村。乡村兴则国家兴，乡村衰则国家衰。由于乡村在国家经济社会发展中的重要地位，农业、农村和农民问题历来都是党和国家高度重视和持续施政的重要领域，并被视作关系国计民生的根本性问题。新世纪以来，围绕这一根本性问题，党中央、国务院着力强化制度性供给，连续18年发布以“三农”为主题的一号文件，为农业连年丰收、农民持续增收和农村和谐稳定提供了制度保障。尤其是党的十八大以来，党中央坚持把解决好“三农”问题作为全党工作的重中之重。围绕深化农村土地制度改革、强化农村基层党的建设、繁荣乡村优秀传统文化和促进农村人居环境改善等关键领域，党中央、国务院做出了系列决策部署。党的十九大更是提出坚持农业农村优先发展，实施乡村振兴战略的重大安排，为新时代农业农村改革发展指明了方向，明确了重点。

客观来看，当前我国人民日益增长的美好生活需要和不平衡不充分的发展之间的矛盾在乡村最为突出，我国仍处于并将长期处于社会主义初级阶段的特征很大程度上表现在乡村。推动乡村的全面振兴，不仅是深层次破除制约乡村发展的各类问题的重要举措，更是有效解决社会主要矛盾的关键环节，而这一切都以全面深化农村改革为前提。乡村治理千头万绪、内容丰富，涉及政治、经济、文化、社会和生态等多个领域。全面深化改革，要在改革，贵在全面。收录在本书中的系列研究报告聚焦乡村社会治理的特定问题，包括农村基层党建创新、农村宅基地制度改革、村庄治理队伍建设、设、政府信息公开与村务公开有机衔接,以及乡村文化繁荣等不同领域。

全面深化农村改革,必须坚持和加强党的全面领导,而其要义之一便是提升党的农村基层组织的组织力。湖北省大冶市委针对村级党建和村庄治理存在的困境和问题,在全市首选茗山乡开展以党建引领为核,理事会搭台为基的农村基层党建创新实践,为各地推动基层党组织向"服务型"转变、基层治理向"政社互动"转变、农村发展向"全面推进"转变提供了经验借鉴。土地问题是我国最大的政治和社会问题。湖北宜城、湖南浏阳、江西余江作为15个宅基地制度改革试点地区中的3个代表地区,在改革过程中分别重点突出政府、市场与自治组织的重要作用,形成了"精准施策、精细运作"的宜城模式,"市场驱动、经社协同"的浏阳模式和"政府引导、政社联动"的余江模式,为全国宅基地改革的深入推进提供了经验参考。

组织振兴是乡村全面振兴的基础性工程。湖北省孝感市袁湖村以村庄善治为目标归宿,以为民服务为治理重点,以关键群体为治理抓手,通过民主推选"两会"、"三步理事"和"四个强化",践行村事民办的村民自治本意。河南省淮阳县则通过县委主导、纪委牵头成立的多部门联合巡查小组,以扶贫领域腐败和作风问题专项治理为切入点,打造清廉高效的乡村干部。

现代社会是一个信息社会,信息是乡村有效治理的先导性因素。乡镇政务公开和村务公开作为我国政权建设和民主政治建设中的重要形式,是转变乡镇政府职能、提升基层治理水平、维护村民民主权利、实现农村基层民主的重要手段。在新时代全面推进基层政务公开的基本要求下,检视乡镇政务和村务公开的规范与衔接的基本态势,找寻衔接不畅的问题根源并提出优化改进的政策路径,显得尤为重要。

乡村文化是中华民族文明史的主体。乡村振兴,文化先行。推动乡村文化繁荣发展,需要因势利导、因地制宜地传承乡村优秀文化,还需要通过基本公共文化服务供给,不断丰富农村居民的文化生活。湖北省利川市以公共文化服务体系示范区创建为契机,以启动乡村内生力量、整合利用乡村文化元素为突破点,发挥自身的文化潜力,探索内生型"种文化"模式。湖北省京山县创新公共文化服务体系建设模式,以推进乡镇综合文化站体制改革、文化广场建设为载体,提升乡镇综合文化站公共文化服务效能,促进乡村文化振兴。

系列研究报告皆为团队成员在长期参与式观察或典型调研地方经验基础上形成的阶段性研究成果。这些地方探索的一个共同特征是,通过改革破除制约农民权利行使的制度性和机制性问题,以关键领域改革为乡村产业兴旺、生态宜居、乡风文明、治理有效、生活富裕提供发展动力,从而实现乡村的全面振兴。乡村全面振兴并非一蹴而就的社会工程,唯有持续推进农村改革,破除制度瓶颈才能有效实现。这一过程中,需要支持地方创新、尊重人民群众的首创精神。

作为一项团队研究成果,本书各章节的内容离不开指导的多位博士生和硕士生的协助和撰写。他们分别是杨灿、陈泽华、李思航、辛毕鑫、李会会、游琪、全素、何漫清、马凯、郭易楠、胡慧、姚雪琳、张悦、王梦琰、王丹、李琰、蒋兴婷、孙玉丽等。他们中的一些人进入高校,成为以地方改革为研究领域的教师,部分继续攻读博士学位,有些已进入地方政府部门,从事具体的行政工作。

目　录

第一章　党建引领　活力村庄

党的十八大以来，以习近平同志为核心的党中央坚持以问题为导向，在实践中不断传承和发展马克思主义党建理论，为新常态下的党建工作指明了方向，明确了重点。我们党肩负着带领全国各族人民实现中华民族伟大复兴的历史使命，同时也面临着“四大考验”“四种危险”，党所肩负的光荣使命和所处的历史方位，决定了必须把全面从严治党向基层推进延伸，解决好“最后一公里”问题。

党的基层组织建设，伴随着党走过了90多年的风雨历程。实践证明：加强党的基层组织建设是我们党的一个有效经验，也是一项伟大历史创举。党的十八大首次提出，加强基层服务型党组织建设。这是对基层党组织功能定位的深化，是基层党组织建设工作思路创新和方式方法转型的必由之路。在全面深化改革千帆竞发的今天，越是要面对改革过程中的暗礁、漩涡、激流，就越是需要更加坚强有力的政治领导。

“上面千条线，下面一根针”，“基础不牢，地动山摇”。2014年10月，习近平总书记在党的群众路线教育实践活动总结大会上强调，“各级各部门党委（党组）必须树立正确政绩观，坚持从巩固党的执政地位的大局看问题，把抓好党建作为最大的政绩”。抓好党建是最大的政绩，意味深长，催人奋进，提醒我们务必要紧抓基层党建这个“牛鼻子”。

“牡丹花好空入目，枣花虽小结实成。”党建工作要出成绩，要出效益，推动各项工作上新的台阶。2016年2月，习近平总书记在中央全面深化改革领导小组第二十一次会议上强调，“要总结各地创造的新鲜经验，发挥好先进典型的示范引领作用。要重视调查研究，坚持眼睛向下、脚步向下，了解基层群众所思、所想、所盼,使改革更接地气”。

发展前行离不开旗帜的引领,团结奋进离不开牢固的基础。这面旗帜,就是鲜红的党旗;这个基础,就是基层党建工作。作为全国百强县的大冶市,如何顺应时代要求勇立潮头?如何抓好基层打好基础,落实好从严治党责任?怎样推动基层党建工作“全面进步、全面过硬”?

近年来,大冶市在增强农村自治活力,促进农村社会共治法治建设上取得了一定的成效,为推进大冶经济和各项事业的快速发展做出了积极贡献。但与中央对基层党建、基层治理、深化改革的总体要求尚有一定距离,尤其是实践中基层党组织建设还存在一些问题,农村治理也面临一些困境,农村发展与农民群众的期盼还有一些差距。

基层党组织好比网络接口,推进改革发展稳定的大量工作在基层,推动党和国家各项政策落实、落地的责任主体在基层,驱动国家治理体系和治理能力现代化的基础性工作在基层。这个接口如果运行不好,对整个系统的影响都很大。因此,时任大冶市委书记李修武在农村调研时多次强调,“巩固农村政权,必须坚持密切联系群众,尊重人民群众首创精神,以强化农村基层党组织建设为突破口,以培育村级党组织新载体为路径,加强农村党员队伍建设”。

大冶市委、市政府在充分尊重农民组建事务性理事会实践基础上,为破解农村基层党建困局、乡村治理困境,进一步密切党群、干群关系,保障理事会的持续运行,推动村庄经济发展,积极学习借鉴国内外乡村建设与发展的典型做法,以整合改革资源,激发创新活力。

大冶市委在全市首选茗山乡开展农村基层党建创新实践。在大冶市委的领导下,在大冶市委组织部的推动下,茗山乡党委于2015年10月起在全乡29个行政村进行改革,探索并推行以党建引领为核,理事会搭台为基的农村基层党建创新实践,实现了基层党组织向“服务型”转变,基层治理方式向“双向互动”转变,农村发展向“全面推进”转变。

“既种好自留地、管好责任田,又唱好群英会、打好合力牌。”“茗山实践”正是在党的领导下,充分尊重基层和群众的首创精神和创造成果,以党建引领为核,以理事会搭台为基,将群众首创的理事会进一步打造为村级党组织建设的服务载体,实行“六进三评”,实现了党群服务常态化、规范化;

通过"两培一选",开拓了党员发展路径,推动农村基层党组织执政能力的全面过硬;坚持"三级联动",增强了理事会成员的发展信心,为党建引领下的村庄理事会持续健康发展提供了有力保障。

基层治理的核心是人,其中基层干部尤为关键。"万人计划"哲学社会科学领军人才项继权教授指出,"茗山模式"以村庄理事会为载体,"不拘一格"选人才,"两培一选"育人才,"唯贤是举"用人才,创新了农村党员干部培养机制,巩固了党在农村的执政基础。

提升基层党组织的凝聚力和战斗力,要找准症结、补齐短板。时任中国农村综合改革协同创新研究中心主任吴理财教授认为,茗山乡将村庄理事会打造为村级党组织的新型载体,注重强化党在乡村治理中的关键作用,把党小组建立在村庄中,凸显了村党支部领导下村民自治的创新和发展。

对广大群众而言,基层党组织就是温度计。冷了、热了,堵了、通了,病了、好了,群众都能第一时间感觉到。基层党建抓好了,党同人民群众的血肉联系就会加强。中国政治学会理事高秉雄教授认为,相比其他地方的改革,茗山乡的农村基层党建创新实践,重群众首创精神,重多元主体探索,重制度激活创新,通过还权于民、赋权于民,强化了党组织的基层治理的功能,有效激发了群众参与的热情,实现了党建和群建的协同发展。

第一节 希望田野唤春风

党的十八大以来,党团结带领全国人民勠力同心、攻坚克难,从十八大到十八届三中、四中、五中全会,4 个中央一号文件,26 次中央全面深化改革领导小组会议,33 次中共中央政治局学习会议,以习近平同志为核心的党中央紧紧围绕党建、治理、基层改革等主线先后出台一系列政策文件,囊括基层党建、基层治理、深化改革等多个方面,提出了一系列重要思想和论述,作出了一系列重大部署。

习近平总书记强调要适应新的形势和任务要求,推动基层建设全面进步、全面过硬。2016 年中央一号文件指出,巩固和发展农业农村好形势就要坚持农村基层党组织领导核心地位不动摇,确保党组织的全面覆盖、有效覆盖。结合省情,湖北省委进一步指出,加强党的农村基层组织建设,是事关巩固党的执政基础，提高党的执政能力，推进农村小康建设的基础性工程。解决农村问题，就必须坚持党总揽全局、协调各方的领导核心作用，改进农村工作体制机制和方式方法，不断强化政治和组织保障。

党的十八届三中全会提出，全面深化改革的总目标是完善和发展中国特色社会主义制度，推进国家治理体系和治理能力现代化。2016 年湖北省政府工作报告进一步指出，加强和创新社会治理就要坚持党委领导、政府主导、社会协同、公众参与、法治保障，加快构建共建共享的社会治理体系。创新基层治理，必须着眼于维护农民根本利益，最大限度增加和谐因素，增强社会发展活力，提高社会治理水平，确保人民安居乐业、社会安定有序。

习近平总书记多次强调，要重视调查研究，坚持眼睛向下、脚步向下，了解基层群众所思、所想、所盼，使改革更接地气。全面深化改革就要鼓励基层创新，坚持问题导向，精准对接发展所需、基层所盼、民心所向，调动基层干部和群众的积极性、主动性、创造性。

近年来，大冶美丽乡村建设取得了重大进展，但与中央对基层党建、基层治理、深化改革的总体要求相比还存在较大差距，农村基层党建仍然是整个党建工作中的薄弱环节，乡村治理也面临着新的挑战和问题，村级各项服务已远远不能满足农民群众日益增长的物质文化需要，难以适应农村生产生活的新变化。

为贯彻落实中央精神，破解农村基层党建困局、乡村治理困境，回应广大人民群众的迫切愿望和强烈呼声，大冶市委准确把握总体要求，聚焦现实差距，在深刻分析基层党建之忧、农村治理之困、农村群众之盼的基础上，尊重群众首创精神，对茗山乡部分村民自发建立的理事会进行客观评估和总结，同时积极学习借鉴国内外地区有益经验，以期将群众创造的成果转变为制度设计，不断完善农村基层党建创新方案，努力把一个个党员培养成先锋模范，努力把一个个基层党组织建成坚强的战斗堡垒，努力把群众紧密地聚拢在党的周围，让党建工作在田野深深扎根，红色党旗在希望的田野上迎风飘扬。

一、基层党建之忧

近年来，随着改革开放的深入推进和社会主义市场经济的迅猛发展，我国农村经济、社会生活发生了深刻变化，社会经济成分、组织形式、利益关系和分配方式日益多样化，使得经济组织、社会组织和群众自治组织也发生了重大变化，但与之相适应的新型经济社会服务组织中仍存在党组织“空白点”，党的基层组织建设也遇到一些新情况、新问题，农村基层党建面临“五忧”：

一忧农村党员队伍能力不足。当前大冶部分农村党员队伍存在能力不足问题，主要表现在：一是统筹全局能力不够。一些村支书没有全面掌握村子的比较优势、发展潜力、制约因素，在制定村庄发展规划时不能综合统筹考虑，摸不清、搞不准村庄发展重点，只看眼前、不顾长远，影响了村子的总体发展效果。二是决策能力不强。部分农村党员干部在作出决策之前没有广泛征求村民意见，在面对关乎村子全局性、前趋性发展问题时，应慎重决策的却随意拍板，应全面决策的却拘泥一隅，应果断决策的却拖泥带水，应长远决策的却急功近利，导致村子的发展成效不明显。三是带动村庄经济发展能力不够。有的农村党员眼界不够宽广、信息获取渠道单一、发展意识缺乏，在带动农民增收致富中发挥的作用不突出。例如，金牛镇有近七成村干部家庭年收入不足 3 万元，这些村干部只能勉强自给自足，有少数在带领群众致富方面毫无作为，只能当个“维持会长”。

二忧农村党员服务意识淡薄。当前部分农村党员服务群众意识淡薄，缺乏全心全意为人民服务的宗旨意识。其一，农村党员缺乏服务群众的责任感。部分农村党员把自己混同于普通群众，没有把服务群众作为自己的“责任田”“分内事”，服务群众的责任感弱化，服务群众的光荣感缺失，在党的最新路线、方针、政策需要宣传时不愿入户讲解，在邻里纠纷需要调解时不愿挺身而出，等等。其二，农村党员服务热情不高。有的农村党员缺乏服务热情，得过且过，工作上不求进取，在为村民提供服务时应付差事，热情不高，劲头不足，重形式服务，轻实际服务。正如茗山乡华若村支书柯亚军所言，“有些党员和群众一样，甚至不如群众，比较看重自己的利益，服务意识不强，党员的先锋模范作用没有体现，在村庄建设中积极性不高”。

三忧农村党组织凝聚力下降。由于农村党员队伍能力不足，服务意识淡薄，农村党组织凝聚力下降。一是群众感觉不到党组织在村庄、党员在身边。一些农村党员干部没有关心基层群众想什么、盼什么、急什么、要什么，没有真正和群众打成一片,很少与农民群众面对面地交心谈心,不愿倾听农民群众意见,加之“隐身党员”普遍存在,致使党组织未能及时了解农民群众的现实需求,无法及时满足群众的切实需求,群众感受不到党组织存在,党员脱离群众现象较为明显。二是党支部书记、班子领导力不够导致凝聚力下降。由于党员结构不优、素质偏低,在党支部换届中,难以从本村选举产生合适的村支部书记人选,只能是“矮子里选将军”,一批“年龄偏大、能力较弱”的人被选入村“两委”,削弱了村级党组织的整体战斗力,减弱了党组织的凝聚力。有的党支部班子软、懒、散,作风不正,抱着“不骑马,不骑牛,骑着毛驴占中游”的工作态度,应付工作,没有战斗力和凝聚力。

四忧农村党员干部后继乏人。随着城镇化进程的加快,我国农村剩余劳动力不断向城镇转移,乡村精英人才大量流失,留在农村的大部分是妇女、儿童和老人,也就是俗称的“386199”部队,致使发展党员难,基层组织发展欠缺新生力量,也难以挑选出群众基础好、工作能力强的村干部。据大冶市委组织部统计,截至 2015 年,全市有 22 个村近 3 年没有发展党员,有 7 个村近 5 年没有发展一名党员。茗山乡 3 年以上没有发展党员的村支部多达 9 个,其中有 2 个党支部竟然十多年来没有发展过一名党员。此外,部分村党支部主要成员有时存有私心,在发展党员时,不是严格按照党员的要求和标准来把握,而是“面子举手”“随流举手”“人情举手”,导致部分农村优秀人才未能进入党员干部队伍中。

五忧农村党组织服务群众缺乏有效载体。当前大冶市各行政村党组织服务群众的有效载体较为缺乏,党组织服务群众工作难开展,致使农村党组织服务群众不够,影响了党组织的凝聚力。由于缺乏服务群众的有效载体,农村党组织难以及时了解群众真实需求,党组织开展的活动缺乏针对性,活动形式单一,导致基层党组织的“服务改革、服务发展、服务民生、服务群众”等服务工作难以有效展开。同时,由于村级党组织缺乏服务群众的载体,难以将大量的农村无职党员有效组织起来为村庄做好事,为群众办实事。尽管一些党员有心为群众出力,但苦于缺乏有效载体和途径,出现了“有才难施展、有劲使不上”“有事不便管、干事缺平台”的尴尬局面。

二、农村治理之困

《中华人民共和国村民委员会组织法》明确规定,村民委员会是由全村村民民主选举，进行自我管理、自我教育、自我服务的基层群众性自治组织。实践中，村委会既要代表全村村民行使“办理本村公共事务和公益事业”等自治职能，也要完成乡镇政府下派的大量行政事务，也就是说，村委会既要“当好村民的头”，又要“做好政府的腿”。然而过多的行政任务使村民自治流于形式，农村治理面临“三困”：

一困：村委会无暇顾及村民自治。中国的村，貌似很小，实则很大。改革开放 40 多年来，村民自治一直是推进国家治理体系和治理能力现代化的重要内容。与全国大部分农村地区一样，大冶市大多数村委会面临着班子人员少、村里事务多的难题。从大冶市茗山乡的摸底数据来看，晏庄村、杨桥村和华若村三村总人口共计 3961 人，三个村委会成员仅有 9 人，每个村委会成员服务约 440 名村民。班子成员少，使得村委会干部一人多岗、交叉兼职等现象普遍存在，村委会干部普遍思想压力大，工作任务重，常处于一种无所适从的境况。

二困：村民小组功能虚化。村民小组是下设于村委会、服务群众的群众组织。小组长由小组村民民主选举产生，其主要负责党的路线、方针、政策以及国家政策法规的宣传，组织小组村民开展公共设施建设，协调村民间的利益纠纷，及时向村委会反映村民的意见和建议。然而，从实际情况来看，一方面，村民小组组长基本上是“只在其位，不谋其政”，小组长功能虚化，作用衰微。2014 年底，茗山乡 29 个行政村总人口 44359 人，村民小组 265 个，每个村民小组设 1 名小组长，这意味着全乡 265 个村民小组长需要服务 44359 人，平均 1 名小组长需服务 167 位村民，小组长在工作中力不从心。另一方面，小组长多由房头宗派选出，群众基础一般只有十几户，小组长工作难以开展，增加了小组长的工作难度，削弱了小组长的工作动力。同时，由于某些村民不愿当小组长，多数小组长是由村委会“摊派”，通过“民主选举”产生，这些被“摊派”的小组长在工作中普遍动力不足，在调解村民矛盾纠纷、带领群众致富等方面作用不明显。

三困：村民参与程度不够。随着我国经济结构的转型和社会结构的变迁，农民的组织化程度日益降低，村民参与村庄治理和村庄建设的积极性逐渐减弱，村委会和村民小组很难有效地组织起村民参与到村庄公益事业建设中来。全市农村地区普遍存在一个现象，即有能力的人“生活在农村，拼搏在城市”，留在村庄的基本上是“老弱病残”，这些人在参与村庄建设时，要么是觉悟不高，要么是有心无力。晏庄村村支书柯才胜说，“大伙看到很多小组长为了完成村委会的任务，给自身的生产、生活带来了很多负面影响，而他们在工作中又容易得罪人，都觉得当小组长没什么干头，所以多数村民不愿意担任村民小组长”。

三、农村群众之盼

随着城乡发展一体化稳步推进，现代农业建设步伐加快，农村社会开放性、流动性日益突出，农民的生产方式、生活方式、居住方式和思想观念以及行为方式也发生了深刻变化。但从目前来看，村级各项服务难以适应农村生产生活的新变化，远远不能满足农民群众日益增长的物质文化生活需要。

2015年，大冶市农村居民人均纯收入达15861元，是2010年的2.4倍。随着农民收入水平的逐年提高，他们的需求日益多元化、多样化，需求领域日益拓宽，需求内容不断丰富，需求档次明显提升。大多数村民在进城务工的过程中，深刻体会到城乡之间生活方式、居住方式的巨大差异，他们的思想观念也在不断变化，追求高品质生活的愿望也日益强烈，越来越多的村民对生活、就业、环境、交通、农技等方面有了更高的要求。就目前来看，大冶市村民主要有“六盼”：

一盼有带领村民致富的带头人。村民普遍希望村支部书记能够当好村民致富的带头人、领路人，成为群众拥护的贴心人、清白人，带领大家进一步解放思想，合心聚力，立足本地特色，制定村民乐于接受的经济发展项目，带领群众发家致富；希望党员能够在关键时刻挺身而出，提高服务意识，为村民提供更多的优质服务。茗山乡华若村五年间换了六个村支部书记，村里的党员也没有发挥出作用，既无人带头发展产业，也无人牵头建设村庄，村民面临增收难、出行难等难题，村民盼望能力突出、能带动村民致富与村庄建设的引路人、带头人。

二盼能够在家门口就业。村民虽有提高收入、改变家庭境况的强烈愿望，但村里却没有很好的就业渠道，村民不得不外出务工。尽管如此，在外务工村民仍希望能够回乡发展，在家门口就能获得更多、更好的就业机会，这样既能提高家庭收入，也能更好地照顾老人、小孩，减轻留守妇女负担。

2015年底,试点乡茗山乡总人口4.3万人,其中贫困人口1866人,在外打工者9209人,留守儿童533人,留守妇女231人,留守老人485人,在外打工的村民与留守在村里的亲人长期分离,不利于村民对老人的赡养、对孩子的教育、对妻子的关怀,因此,虽然多数村民在外务工,但仍盼望能在家门口就业。

三盼更优美的村容村貌。与过去相比,大冶农村地区的村容村貌得到了一定程度的改善,但垃圾乱扔乱放、污水随意排放、环境"脏、乱、差"仍然是普遍存在的问题,村民迫切希望加强村庄环境整治,改善村容村貌,生活得更加舒适。在洋湖村和袁大村,由于缺乏有人来挑头筹集建设资金,村庄道路尚未加宽与硬化,村庄道路狭窄,大多为泥泞路,"晴天一身灰,雨天一身泥",村民期盼更宽敞、更整洁的乡村公路,也更需要完善的公共基础设施。

四盼矛盾纠纷能得到及时调解。通常情况下,邻里之间产生矛盾纠纷时,急需一个敢讲真话、办事公道的"中间人"进行协调,然而村委会班子往往在出现邻里纠纷时"说不上话" ,"帮不上忙",难以有效地调解矛盾纠纷,增加了村庄邻里矛盾激化的可能性,甚至可能会出现一些极端事件,给村庄和谐造成不利影响,威胁到村民的安全。在杨桥村金湾,两户主因为宅基地建房的地基高度问题,发生了口角,但由于未得到及时的调解,后来两家人大打出手,矛盾进一步升级。村民迫切希望有一个组织能出面调解,及时化解纠纷,不要让恶性的极端事件发生。

五盼掌握更多实用的农技知识。提高家庭收入、提升土地耕作效率,都迫切需要掌握种植业、养殖业以及加工业方面各种先进、实用的技术。然而现有的农技推广服务却难以满足村民的生产生活需要,村民盼望掌握更多的农业种植技术、农业养殖技术以及农机维修及机械选择方面的知识,为自己做精做优种植业、养殖业提供技术指导,培育优良品种,增强农产品市场竞争力。华若村钟家湾、杨桥村金湾的村民一直想发展种植业、养殖业,但苦于缺乏相关农业科学技术,村民的种养业发展不好、效益不高。村民急切盼望政府和村级组织能加强农技科普,尤其是要加强实用的农业技术知识培训。

六盼村庄文体活动更丰富。随着经济的不断发展,农民的需求已不再是“吃饱、穿暖、够用、能住”,不仅要求“吃得营养、穿得漂亮、用得方便、住得舒服”,而且盼望“行得方便、看得舒服、活得丰富、处得和谐”,从追求物质层面的需求,到更加注重文化和精神上的享受。但农村公共文化服务设施建设的现状与日益发展的社会经济、日益增长的文化需求相比仍有较大差距。大部分行政村存在公共活动场地少,健身器材缺乏、单一等问题,村民的文体娱乐需求得不到满足。“看电视乏味,搓麻将伤神,散步又单调”,村民期盼在乡下也能像城里一样,有更多样的休闲方式,有健康快乐的文娱生活。

四、村民自发之思

在黄石市首届乡村园博会规划建设期间,茗山乡杨桥村的金湾、袁大村的卫家晚湾均涉及征地拆迁问题,部分村民不愿意自己的土地被征收、房屋被拆,村委会成员多次上门做村民的思想工作未果。在退休老支书、老党员牵头下,金湾召集全湾村民会议,围绕是否应该拆房屋、拆迁的区位价、安置房、搬家费等问题展开讨论。最后,大家经过共同协商,推荐退休老支书、老党员等 7 个代表,成立了事务性理事会。理事会成员进行了合理分工,安排与村民有亲缘关系的理事会成员去做思想工作,将举办园博会的潜在经济收益说清楚、道明白,使村民理解理事会成员的良苦用心,最终签订了补偿方案。与此相反,袁大村卫家晚湾其实也成立了事务性理事会,但由于该理事会房头宗族活跃,在处理征地问题时,他们更多的是考虑宗族内部的利益,没有大局观,征地协议难以达成,最终袁大村与园博会失之交臂。

一直以来,大冶市委高度重视“三农”工作,茗山乡杨桥村金湾村民自发组建的事务性理事会,成功调处征地纠纷的群众实践引起了大冶市委的注意与思考。

一思村民自发组建理事会的积极作用。人民群众的首创精神是推动改革的原动力。基层群众蕴藏着极大的改革动力和创新智慧,社会生活中存在的突出问题,人民群众看得最清楚、感受最深刻。由村民自主推选有威望、有能力、公道正派的农村老党员、老干部,富有经济头脑、创新意识的能人成立的理事会具有广泛的群众性和强大的生命力,理事会坚持农民主体地位,有效激发了群众的创造活力,在村庄建设与村庄治理方面具有很大的积极作用。

应当看到，农民作为村庄治理的主体，在老党员、老干部的引导下，依托事务性理事会，成功化解了园博会背后的一起征地纠纷。从园博会征地纠纷的调处结果来看，金湾村民在退休老支书、老党员的牵头下，成立的事务性理事会发挥“亲缘”优势，通过宣传国家政策、介绍征地标准、讲明利弊得失，顺利解决了征地纠纷。理事会为群众参与村庄事务、倾吐心声提供了平台，在村民积极性调动、村庄公共基础设施建设、征地纠纷调解等方面起到了一定程度的积极作用，有利于化解村民矛盾、缓解利益冲突，营造了和谐的氛围。

二思村民自发组建理事会亟待规范。尊重基层和群众的首创精神，还要善于动员群众、引导群众、教育群众。当前，我国农村经济社会发展中还存在不少矛盾和问题。随着农村改革的深化，特别是利益关系的调整，有些矛盾和问题可能更加突出。农村改革过程中，要教育引导群众正确对待改革中的利益调整，正确处理局部利益与全局利益、个人利益与集体利益、眼前利益与长远利益的关系，对群众首创的理事会进行规范、引导，使其制度化、常态化，确保理事会在维护村民利益、助推基层治理与党的建设上发挥长效作用。

村民自发组建的理事会由于缺乏一定的引导以及规范、约束机制，存在易受制于宗族房头势力，甚至出现与村委会各自为政的情况，群众自发组织的事务性理事会仍存在一定的隐患。例如，园博会期间，袁大村卫家晚湾村民也成立了理事会调处征地纠纷，但该理事会缺乏村“两委”的引导，缺少老党员、老干部牵头把关，运转不规范，在处理征地纠纷时偏离了正确方向。在茗山乡均畈村，由于缺乏有效的规范和引导，部分湾子的理事会被房头宗族控制，与村委会各自为政。再如某事务性理事会主要成员未经村委会批准非法占用村集体土地进行建设，村委会屡次制止无效，不可避免地引发一些矛盾和纠纷，给农村社会带来诸多不安定因素，直接威胁到农村的治安稳定和经济社会持续健康发展。

五、典型经验之鉴

随着新型城镇化、农业现代化和全球信息化的发展，一些国家或地区在发展村级经济、调动农民积极性等方面积累了不同的经验，形成了较为系统的乡村治理之道，有力地推进了现代化的进程。为了解决“三农”发展、基层党建发展以及社会治理创新所存在的问题，大冶市委在深刻分析和总结群众自发建立事务性理事会的实践经验的同时，积极学习并借鉴一些国家或地区乡村建设中的有益经验。

1. 台湾地区社区营造启发灵感，培育村庄理事会全新探索

1994年，台湾地区开始提倡社区总体营造概念，旨在建立社区文化、凝聚社区共识、建构社区生命共同体。营造社区的在地特色指营造社区所提出的计划或推动的工作需和“在地文化特色”息息相关，一般强调从人、文、地、产、景切入寻找。其特色与需求则须经由社区居民的调查、发掘与讨论，形成共识来决定。22年来，台湾地区不断加强社会组织与社会团体建设，发挥政府在农村社区建设中的指导作用，展现居民主体性，凝聚社区共识，塑造共同愿景，建构参与机制；强调“由下而上”，透过居民参与建立“社区主体性”；培育成熟的社区公民，主动、积极参与公共事务，以建立“社区自主性”，永续推动社区总体营造。

借鉴台湾地区社区营造的有益经验，大冶市委在充分尊重群众首创精神的基础上，进一步对群众的创造成果进行加工、提炼和升华，欲将事务性理事会转变为制度化、规范化、常态化的村庄理事会，将其转变成制度性的安排，进而依托村庄理事会推动各村庄经济社会发展，充分发挥村民在村庄建设中的主体作用，重点发掘村庄理事会在村庄经济社会发展中的推动作用，推动村庄自治到位。

2. 借鉴日本“一村一品”，打造大冶“一会一品”

日本“一村一品”始于20世纪70年代末的大兴县。该县为有效提高地区活力，搞活地区经济，组织当地农民立足村庄实际，以村庄特色资源为依托，以培育品牌特色农产品为发展主线，以国内、国际两个市场为导向，以培养一批在农业、工业、服务业中具有全球战略眼光、富有挑战精神的地区带头人从而奠定村庄经济发展的持久动力为目的，积极探索和改进各村镇特色产品生产方式、商业开发和市场营销，开发具有地方特色的精品或“拳头产品”。

以日本大兴县实践为参照，大冶借鉴“一村一品”的做法，以期依托村

庄特色资源优势,因地制宜制定村庄产业项目,并牵头联系农牧产品销售渠道,带领村民发展多种形式的产业化经营,力争一个村庄理事会打造出一个特色品牌产业,打造"一会一品",从而推动农业产业化经营,助力村庄经济发展。

3. 参鉴"新村运动",创新"三级联动"

韩国自 1970 年开始实施"新村运动"。"新村运动"主要从以下三个方面展开:由各行政村自发组织开发委员会主导"新村运动",吸收全体农民为会员,并成立了青年部、村庄基金等组织,自发组织修筑乡村公路、整治村庄环境等活动,让村民在村庄治理中发挥主体作用;由政府为村庄提供产业项目支持,并以村为单位实施,实施奖优罚劣的开发政策,根据各村完成公共事业的成绩好坏,实施政策、资金的奖励;实施村民监督制度,推行"一竿子到底"政策,所有的财物以村为单位申报领用,政府各部门不参与工程建设,村民全程监督。

"新村运动"最重要的特点就是以农民为主体,改变农民以往保守的态度,唤醒农民"自立自强"的意识,让更多农民用自己勤劳的双手建设美好家园。"新村运动"造就了大批道德和文化素质较高的新村居民,避免因大量农民进城引发的社会问题。"新村运动"不仅成为农村城镇化稳步发展的动力,而且成为社会和谐稳定的润滑剂。

在参鉴"新村运动"成功经验的基础上,大冶市委结合村庄实际情况,充分尊重农民首创精神,通过政府政策、资金支持来调动各方资源并进行整合、分配,充分调动农民的积极性、创造性,依靠农民的智慧推动农村经济、政治、社会的全面发展,构建政府推动、理事会搭台发动和村民主动的"三级联动"机制,为党建引领下的村庄理事会持续健康发展提供有力保障。

4. 学习安徽村级"说事室"制度,打造村级党建新载体

为把土地征用、房屋拆迁、基础设施建设等社会矛盾化解在基层,安徽省淮北市烈山区以开放式村级活动场所建设为契机,在全区 31 个村和 19 个农村社区的村级活动场所,设立"说事室",并进一步完善相关制度和工作流程,让群众充分表达诉求,参与村级事务管理,真正实现了"小事不出村,大事不出镇,矛盾不上交",大量的农村社会矛盾问题在基层得到有效化解,减少了农村不稳定因素。此外,通过"村民说事",村党支部把涉及

全村的重大事项、重大决策都交给村民集体讨论、共同商量、达成共识,既保障了广大村民的知情权、参与权、决策权和监督权,又调动了他们参与村级事务管理的积极性。

安徽“说事室”制度的成功秘诀是“说事室”在党群、干群之间架起了沟通的桥梁,这一制度成为密切党群、干群关系的“润滑剂”。可以说,大冶部分乡村农民自发组建的事务性理事会在一定程度上是探索村民自治的一种有效实现形式,倘若在党组织的领导下,积极发挥党员的先锋模范作用,引导理事会朝着正确的方向前进,亦可以成为密切党群、干群关系的“润滑剂”。

5.“枫桥经验”,坚持群众主体地位

1963年,浙江省诸暨市枫桥镇创造了“发动和依靠群众,坚持矛盾不上交,就地解决;实现捕人少,治安好”的“枫桥经验”,取得了良好的社会效果。“枫桥经验”概括起来就是:依靠和发动群众,从源头预防,依法治理,减少矛盾,促进和谐;小事不出村,大事不出镇,矛盾不上交。50余年来,“枫桥经验”也在自身的检视中日益丰富和拓展,逐渐演变为基层社会管理经验。2014年以“全国社会管理和公共服务综合标准化试点”为契机,“枫桥经验”走向社会治理的主要做法是:推进基层社会治理综合标准化;实施社会治理“一张网”工程;发挥社会组织的协同治理作用;突出民主法治的基础性治理作用。

“枫桥经验”50多年长盛不衰的核心是群众路线。“枫桥经验”坚持走群众路线,从群众中来,到群众中去,深入基层大地,把群众工作的触角延伸到千家万户,突出群众主体地位,抓源头、抓苗头、抓基础,把矛盾化解在基层,把问题解决在当地,把隐患消除在萌芽状态。坚持和发展“枫桥经验”,始终要尊重民意、发动群众,尊重法治、敬畏法律,通过合作治理与规范治理相结合,行政资源与社会资本相结合,传统群众工作与现代治理技术相结合,构建新型基层社会治理体系。“枫桥经验”体现了人民群众的伟大力量,体现了党的群众路线的力量。这种力量,是我国内源式发展的最强动力,也是社会和谐稳定的最大保障。

茗山乡金湾村自发探索建立的理事会正是农民群众自行培育和发展的。但是,如何确保理事会始终朝着规范、正确的方向发展,如何指导理事会在具体事务中发挥作用,成为大冶农村基层党建创新的一个方向。

党的十八届三中、四中全会对创新农村党的基层组织设置形式，不断提高党领导农村工作水平提出了新的明确要求。随着农村改革发展的不断深入，社会主义新农村建设的不断推进，事务性理事会的产生也就成为必然。目前，我们必须顺势而为，进一步推进理事会建设，使之成为活跃在农村工作一线，代表农民群众利益，实现农民自我教育、自我管理、自我服务、自我建设和自我监督的群众自治组织，成为党和政府密切联系农民群众的重要纽带之一。

破解村级党组织的现实问题和农村基层治理的现实困境，巩固党在农村的执政基础，推动乡村治理方式转变、满足村民"六盼"需求，充分调动群众参与村庄建设的积极性，实现村庄全面发展，都迫切需要在村党支部领导下，组建常态化、规范化的理事会，将村庄理事会打造为村级党组织的有效载体，让自发性组织上升为"体制内"安排的自治组织。在这个组织体系中，党员充分发挥先锋模范作用，汇聚能人力量，充分激发村民的积极性，确保理事会在党组织建设、国家政策宣传、助力村庄经济发展、调处群众矛盾纠纷、科学技术普及、村庄整治工作等方面发挥重要作用。

2015 年 10 月，大冶市委在充分尊重村民自发组建事务性理事会的基础上，为进一步巩固农民群众创造成果，以破解基层党建难题为出发点，在全市首选茗山乡开展农村基层党建创新试点工作。此举旨在在党的领导下，规范理事会的权责和运行机制，将村民自发组建的理事会上升到制度设计层面，最大限度地发挥人民群众的积极性、主动性、创造性，进一步发挥理事会的积极作用，构建制度化、规范化、常态化的村庄理事会，将村庄理事会打造成村级党组织建设、村庄治理和村庄建设的有效载体，以此巩固基层党组织的执政基础，转变农村基层治理方式，调动群众参与村庄建设的积极性，实现村庄全面发展。

第二节　党建引领新征程

为积极响应中央号召，贯彻落实中央、省委关于"基层党建、基层治理、深化改革"的总体要求，深入推进农村基层党建创新工作，为党组织建设提供组织载体，切实加强各级党组织的服务能力建设，夯实党组织的群众基础,使村级党组织的战斗堡垒作用、党员的先锋模范作用得到充分发挥,自2015年10月开始,在大冶市委的领导下,茗山乡党委坚持“农村发展靠党建保证,村级治理从党建破题”的基层党建思路,将农村基层党建工作牢牢扛在肩上、紧紧抓在手上,开展农村基层党建创新工作。

一、小理事大舞台:打造村级党建新载体

茗山乡以党建统筹为引领,以党员干部为先锋,坚持尊重群众、相信群众、联系群众、依靠群众、服务群众,整合群众意愿,汇聚能人力量,链接社会资源,凝聚党群合力,致力于打造村级党建新载体——常态化村庄理事会。

在茗山乡党委领导下,各村在尊重群众意愿、整合乡村资源的基础上,依据相关法律规定撤销或调整村民小组,重新划分村庄;在村庄内部组建常态化村庄理事会,将其打造为村级党组织活动和党员带领村民建设村庄的新型载体。通过谋规划、定制度、抓落实、强监督和重责任,以乡情、亲情、友情为纽带,充分发挥村庄“五老”、致富能手、家族长老的建设性作用,形成人员来源广泛、文化水平相当、年龄结构适当、业务知识多样、结构规模适度的村庄理事会人才队伍,使村庄理事会成员的来源更广泛;深入推行“六进三评”,明确村庄理事会的职责功能。

(一)尊重群众意愿,调整自治单元

茗山乡党委始终贯彻中央精神,并结合当前村委会行政任务繁重、村民小组长功能弱化、村民“六盼”难以实现的现状,对于是否撤销或调整村民小组,要求各村广泛调研摸底,充分征求民意,尊重群众意愿。

1. 尊重民意,调整小组

与绝大多数农村地区一样,试点前的晏庄村、杨桥村和华若村三村仍实行“村组自治”模式。从现实情况来看,村民小组功能虚化、作用衰微,群众基础较弱,使其工作难以开展,小组长难以真正发挥作用,基本上已经形同虚设。2015年11月19日,时任大冶市委副书记、市长的李修武在华若村调研村级组织建设时指出,“村级组织本该是服务群众的组织,但现实中农村部分党员干部服务能力不足、工作动力不够,尤其是村民小组长服务村民的预期效果并没有达到”。因此,调整现有的自治单元,是茗山农村基层党建创新实践的首要环节。

关于村民小组的法律地位，主要体现在《中华人民共和国村民委员会组织法》中。1998 年 11 月 4 日通过的《中华人民共和国村民委员会组织法》第十条规定，“村民委员会可以按照村民居住状况分设若干村民小组，小组长由村民小组会议推选”。2010 年 10 月 28 日修订的《中华人民共和国村民委员会组织法》第三条规定，“村民委员会可以根据村民居住状况、集体土地所有权关系等分设若干村民小组”。

可以看到，用“分设”来表达村民小组的产生，说明村民小组是村民委员会的一个组成部分；村民小组的设立组织是村民委员会，无论是新法，还是旧法，关于设立村民小组的语法结构都是“村民委员会分设若干村民小组”。设不设村民小组，怎样设村民小组，完全是村民委员会内部的事情，无需经其他机构同意。因此，可以认为，从法律地位上来说，村民小组是村民委员会的一个组成部分，行使权力、履行义务只能是在村民委员会内部，对外则由村民委员会代表，其民事权利应由设立它的村民委员会行使，责任亦由村民委员会承担。

针对村民小组存在的功能弱化等问题，茗山乡党委依据《湖北省实施〈中华人民共和国村民委员会组织法〉办法》（湖北省人民代表大会常务委员会公告〔2014〕第 165 号）第二章第九条有关“村民小组的设立、撤销、范围调整，由村民委员会提出，经所涉及的村民小组召开村民小组会议讨论同意，报乡级人民政府批准，并报县级人民政府民政部门备案”的规定，撤销或调整村民小组，要根据村民组织法等相关法律规定和群众意愿，通过召开党员会议、村民小组会议和村民代表会议，由村民形成撤销或调整村民小组的一致意见后，由村委会将村民小组撤销或调整的决议上报茗山乡人民政府，得到乡政府批准后上报大冶市民政局进行备案登记。

2. 因地制宜，划分村庄

村“两委”在充分考虑湾情、血缘、亲缘、地缘的基础上，按照“因地制宜、有利发展，群众自愿、便于组织，尊重习惯、规模适度”的原则，在村党组织领导下，以自然村（湾）为主体，建立若干利益趋同村庄。村庄的划分和设立，必须由村“两委”在充分征求群众意愿基础上提出具体方案，经村民代表会议讨论同意，报乡镇审批后实施。

表 1-1 晏庄村、杨桥村、华若村建村庄情况

类别	原自然湾	重建村庄
晏庄村	垴背湾、晏庄湾、大刘明益湾、细刘明益湾、柯易凤湾、张大亨湾(6 个自然湾)	垴背村庄、晏庄村庄、刘明益村庄、柯易凤村庄、张大亨村庄(5 个村庄)
华若村	朱启江湾、柯晏进湾、易家湾、甘子铺湾、华若湾、程锡应湾、甘祖罗湾、柯屋儿湾、柯竹林湾、钟家湾(10 个自然湾)	朱启江村庄、柯晏进村庄、程锡应村庄、柯竹林村庄、钟家庄村庄、柯华若村庄(6 个村庄)
杨桥村	金湾、少山吴湾、上庄吴湾、新屋湾、上杨湾、下杨湾、张文钦湾(7 个自然湾)	金湾村庄、少山吴湾村庄、上庄吴湾村庄、新屋湾村庄、下杨湾村庄、张文钦湾村庄(6 个村庄)

最终,晏庄村、杨桥村、华若村将原 23 个自然湾重新划分组合为 17 个村庄。其中晏庄村将 6 个自然湾划分为 5 个村庄,华若村划分为 6 个村庄,杨桥村划分为 6 个村庄(见表 1-1)。

因地制宜,划分村庄

2015 年国庆节期间,晏庄村村“两委”根据本村各湾人数和地域,拟将大刘明益湾和细刘明益湾联合组建为刘明益村庄。第一次征求意见时,细刘明益湾村民认为,湾子人口较少,与大刘明益湾联合组建村庄可能会“受欺负”,且联合组建一个村庄不仅破坏了他们原有的生活秩序,而且对他们的农作生产极其不利。在大刘明益湾村民看来,联合组建村庄后,细刘明益湾村民只会分摊他们的利益,而不会分担他们的责任。故而两个湾子均要求各自组建村庄。

两个湾子党员都认为,两湾都是刘氏家族,有着浓厚的血缘关系,两湾之间位置紧邻,且都以种植业为主,如果能够联合组建村庄,两个湾子在种植业发展上可以优势互补。于是,两湾党员分别深入各湾农户,充分发挥党员的先锋模范作用,问清单独建庄的缘由,讲清联合组建的优势,使各农户逐渐明白联合组建村庄的积极作用,打消了他们的疑惑和顾虑,两湾村民渐渐地同意了联合组建村庄的做法。2015 年 12 月,经过两湾户代表的投票表决,最终确定将大刘明益湾和细刘明益湾联合组建为刘明益村庄。

(二)建村庄理事会,创新党建载体

人民是历史的创造者,群众是真正的英雄,人民群众蕴含丰富的改革智慧和经验。事务性理事会是茗山乡群众的重要创造成果,为了进一步巩固这一重要成果,茗山乡党委在尊重群众首创精神的基础上,将村民自发建立的事务性理事会建设为常态化、规范化和制度化的村庄理事会。同时,为了确保村庄理事会发挥积极作用,村庄理事会的成立由村党支部严格统筹引领,成员的推选由村党支部严格把关,村庄理事会的运行由村党支部监督,最终建立起人员来源广泛、群众基础良好、结构规模合理的基层服务型党组织建设载体。

1. 支部把关,依法成立,搭建好平台

为了确保常态化村庄理事会有效建立,乡镇党委、村"两委"深入各村庄宣传成立常态化理事会的比较优势,使村民充分意识到村党组织、党员在理事会中的重要作用。同时,村党支部在广泛征求党员、各村庄村民意见的基础上,商议、策划并拟定村庄理事会成立方案,然后组织户代表以"一户一票"方式,就是否成立村庄理事会一事进行民主投票。在征得三分之二以上村庄户代表同意后,村"两委"批准成立村庄理事会,并报茗山乡民政办备案登记。

村庄理事会是在村党支部领导、村民委员会指导下,由村庄户代表民主推选产生,是连接党员和群众,连接村"两委"和村民开展村民自治的桥梁和纽带。本质上,村庄理事会既是以协同共发展为目标的公益性、服务性、互助性农村自治组织,也是以化解党建困境为目标的村级党组织建设的有效载体,是村庄经过户代表会议,以无记名投票方式民主推选的结果,不仅是现有村庄治理体系的重要基础,而且是在原有村民自治制度基础上对组织形式的创新。

综合来看,村庄理事会与村民小组有以下五点不同(见表1-2):在人员产生方面,村民小组长多由房头宗派选举产生,理事会成员由村民推选产生;就群众基础而言,村民小组长多由同一房头宗派产生,群众基础一般为十几户,而村庄理事会由不同房头宗派的几十户乃至上百户村民推选产生,拥有更牢固的群众基础;在服务理念方面,村民小组长考虑更多的是房头的利益,而村庄理事会是为村庄全体谋福利;在决策方式上,村民小组长只有一人,极易搞个人主义,一个人说了算,很少在工作上与村民进行有效沟通,而村庄理事会决策是民主的,理事会会充分考虑村民的意见和建议,会根据村民的意见修改方案;就与村委会的关系而言,村委会与村民小组之间是领导与被领导关系,是行政命令式的任务安排,而村委会与村庄理事会之间是业务上的指导关系,在遇到问题时村委会指导村庄理事会召集村庄全体村民共同商讨、共同解决。

表 1-2　村庄理事会与村民小组比较

类别	村民小组	村庄理事会
人员产生	房头选举	民主推选
群众基础	十几户	几十户至上百户
服务理念	宗派利益至上	整体利益为重
决策方式	个体决定	民主决策
与村委会关系	行政命令	业务指导

图 1-1　晏庄村柯益凤村庄成立理事会会议

2. 党员带头,广纳贤才,组建好班子

茗山乡坚持村党支部对村庄理事会的领导,村"两委"严格把关村庄理事会成员的推选,并明确要求村庄理事会成员中至少有一名党员,鼓励村庄党员竞选村庄理事会会长。

从成员推选范围上看,村"两委"明确要求,要按照政治素质好、群众基础牢、带富能力强、协调能力强的"一好一牢双强"标准,打破地域、身份、职业界限,采取从优秀党员中"挑",从致富带头人和农村企业优秀经营管理人才中“育”，从复员退伍军人中“选”，从村庄社会组织中“派”等形式，拓宽来源渠道，不拘一格选人才，实现人员来源的广泛性。

就来源而言，村庄理事会成员从以下三类人选中产生：(1) 村庄“五老”：村庄老党员、老干部、老劳模、老教师、老复员军人；(2) 致富能手：种养大户、科技带头人、个体企业主、回乡青年(返乡创业青年)等；(3) 在外的名人、能人、富人等。

在成员推选程序上，由村“两委”组织三分之二以上户代表采取无记名投票方式推选产生村庄理事会成员，且收回选票数等于或少于发出选票的推选有效，获得半数以上选票才可当选；理事会成员产生后，理事会内部以无记名投票形式推选产生理事会会长和副会长。

表 1-3 杨桥村部分党员在村庄理事会任职情况

姓　名	理事会任职	职责范围
吴怪寅	宣传理事	向村庄群众宣传党和政府在农村的各项方针政策、法律法规，宣传推广农业科技和致富信息，组织村庄群众开展健康有益的文化、体育、科普、娱乐等活动。
金国付	帮扶理事	了解掌握并及时向上报告村庄内困难家庭情况，动员村庄群众力所能及地为困难村民解决一些实际困难和问题。
余美兰	张罗理事	主动为村庄群众红白喜事张罗组织，引导村庄群众移风易俗，传承良好的传统民间习俗和发展村庄文化。
闵咏心	管护理事	落实村庄内山、水、林、田、路、电等公共资源及设施的管护责任，发现基础设施有较大损毁的，及时提请村庄理事会会长组织维修，引导村民提高安全防范意识。
金国斌	环保理事	带头和引导村民积极搞好家庭环境卫生、村庄环境卫生整治，营造健康、卫生、整洁、舒适的村庄生产生活环境。

从杨桥村村庄理事会成员构成来看，村庄党员积极投入村庄理事会成员的竞选当中。村庄理事会不仅是推动村民自治有序开展、推进村庄基础设施建设的有效平台，而且是党员参与村庄治理、服务村民的有效载体。

(三)实行"六进三评",强化党群服务

茗山乡以创新农村基层党建新载体为手段,以着力维护群众切身利益为出发点和落脚点,回应老百姓的利益诉求,激发老百姓参与改革的积极性、主动性和创造性,推行"六进理事会",即各理事会在村党组织的领导和村民委员会的指导下,围绕"议事、协商、监督、服务"的要求,推进服务党建、助力发展、村庄整治、调解维权、科技服务和文明创建"六进理事会",并结合"六进理事会",制定理事会章程和工作职责,加强党群服务;同时,为保障村庄理事会履职履责,推行"三方考评",强化理事会会长、成员的责任意识,提升理事会服务水平。

1."六进理事会",凸显职责功能

明确职责功能是推动村庄理事会高效运转的前提条件,满足村民的"六盼"需求是村庄理事会的重要职责。李修武书记在茗山乡农村基层党建改革座谈会上指出,"村庄理事会在服务党建、助力发展、村庄整治、调解维权、科技服务、文明创建等工作中发挥着重要作用,各试点村应当进一步明确村庄理事会的职责功能"。

(1)服务党建进理事会

村庄理事会要积极宣传党在农村的路线、方针和政策,引导村民自觉遵守国家的法律、法规。一方面,鼓励党员进入村庄理事会,以干代练,增强农村党员工作能力,从而提升农村党员战斗力、增强凝聚力;另一方面,将优秀理事会会长、成员培养为党员,有利于壮大农村党员队伍,充实党的后备力量。同时,理事会成员主动学习并带领村民及时了解党的路线、方针、政策,做好政策学习的先行者,通过通俗易懂、朗朗上口的宣传标语,生动形象、直观醒目的墙绘漫画等灵活多样的宣传形式向村民及时宣传党的路线、方针和政策,成为政策宣传的传播者。例如,杨桥村金湾村庄理事会在路旁拉横幅、文化礼堂贴标语,向村民宣传党中央制定的有关土地流转政策,积极引导村民进行土地流转。

(2)助力发展进理事会

村庄理事会要合理制订村庄经济发展规划、年度发展计划,带领村民增收致富。按照"党建+产业发展"的发展理念,依托村庄特色资源优势,以组织建在产业链上、党员聚在产业链上、村民富在产业链上为思路,及时向村民传达致富信息，制订村庄三年经济发展规划和年度经济发展计划，把发展特色种植产业作为壮大集体经济和打造村庄发展品牌的重要内容。加快村庄农业产业结构调整，因地制宜发展村庄产业项目；延长农业产业链，通过牵头联系农牧产品销售渠道，发展多种形式的产业化经营，推动农业产业合作化经营，致力于打造“一会一品”的绿色生态产业发展模式。

例如，为提高村集体经济收入，晏庄村通过创办农民专业合作社，创新“党小组+合作社+农户+基地”发展模式，鼓励村民将土地流转至瑞晟玫瑰花基地，适时成立英才合作社承包瑞晟玫瑰花基地的玫瑰种植、施肥和采摘任务。五个村庄理事会积极带领村民到玫瑰花基地工作，不仅增加了村民在家门口就业的机会，而且提高了村民收入，更为重要的是壮大了村级经济。

(3)村庄整治进理事会

村庄理事会要组织村民和各方面筹资筹劳，办理公益事业，开展村庄整治，改善村容村貌。通过向村民宣传环境保护法规，引导村民投身美丽村庄建设，带头做好家庭环境卫生、村庄环境卫生整治，激活村民建设美丽村庄的原动力。通过“村民筹一点，富人捐一点，政府补一点”等多种方式筹集村庄建设资金，整合村庄内外各类资源，加强村庄水塘、沟渠、道路等公共设施的日常管理与维护。带领村民开展植树造林活动，鼓励每家每户在房前屋后栽树绿化，改善村庄环境质量和景观面貌，营造健康、卫生、整洁、舒适的生产生活环境，实施安全饮水、安全用电、道路硬化和厕所改造工程。

例如，在华若村钟家庄村庄村民看来，村口堰塘整治是村庄环境整治亟待解决的问题。村庄理事会在广泛征求村民意见并上报村“两委”审批后，动员村民人均筹资 1000 元和争取政府“以奖代补”资金，并通过村民共同筹劳，将村口闲置多年的水塘进行了修整。

(4)调解维权进理事会

村庄理事会要积极协调邻里、村庄之间的利益关系，化解村民矛盾纠纷，维护村民权益，促进和谐稳定。理事会成员发挥在地缘、亲缘和业缘关系等方面的优势，关注村庄家庭矛盾，主动调解邻里纠纷，不使矛盾纠纷激化，尽力大事化小，小事化了，做好村民的调解员，使小事不出理事会，大事不出村委会，营造和谐的村庄人际关系。

杨桥村金湾村庄一家兄弟三人共同拥有祖上传下来的一块宅基地，老二想在老大赠予的地方修建房屋，工程开工之时，老三死活不同意，兄弟二人多次争得面红耳赤。金湾村理事会会长闻讯后，马上找到兄弟二人与他们单独沟通，见调解不成，会长又叫来与两兄弟有亲戚关系的理事会成员和兄弟三人的父母给老三做思想工作。众人的苦口婆心使老三明白，自己阻止二哥在大哥赠予的土地上修房子不合情理，便不再阻止二哥修房，老二的房子也得以修建。

(5)科技服务进理事会

村庄理事会要宣传推广农业实用技术、科普知识，服务村民生产生活，提高农作效益。结合村庄实际，按照“一会一品”要求，在了解村民科技需求基础上，传播农业实用技术知识，带领村民学习农业实用科学技术，增强科技“造血”功能，强化农业科技创新的驱动作用，依靠农业科学技术推动村庄产业升级、农业结构调整。例如华若村钟家庄理事会会长结合自己多年种植经验，并多次邀请外村种植大户，共同向村民传授树苗栽培适用技术，引导村民积极开展经济林种植，提升村民收入。

(6)文明创建进理事会

村庄理事会应组织村民制定、完善和遵守村规民约，弘扬文明新风，关爱和扶持困难群体，形成崇德向善、扶危济困、家庭和谐、邻里和睦的新风尚。例如，通过“党建+文化”的方式，建设以明礼诚信、尊老爱幼、与人为善、正直勇敢等为主要内容的文化墙，引导村民积极学习党的惠民路线、方针、政策和社会主义核心价值理念，教导村民遵守村规民约和社会公德，面向家庭广泛开展传统美德和责任意识教育，传播和谐理念，提升村民整体素质。通过组织开展群众喜闻乐见、积极向上、丰富多彩的文体娱乐活动，引导村民摒弃陈规陋习，弘扬文明新风，倡导健康的生活方式。组织开展村庄“十星级文明家庭(户)”“好公婆”“好媳妇”等评选活动，通过身边的模范传递正能量，感化村民，使村民说文明话、做文明事、当文明人。例如，华若村经过农户自报、户代表评价和集中审核等程序，在所辖6个村庄中，民主评选产生了6个“十星级文明户”。

实际操作中，各村庄理事会按照“因事定人、因人设岗”原则，在综合考虑“六进理事会”具体内容以及理事会成员优势的基础上，设立了宣传理事、帮扶理事、调解理事、管护理事、环保理事和张罗理事，以此形成理事会成员各司其职、各负其责、相互合作的村庄组织服务氛围,从而增强理事会成员工作的适应性与灵活性,使理事会真正实现运作常态化和效益绩优化。

与此同时,茗山乡还出台相关制度,严禁除“六进理事会”外的其他职责进入理事会,防止理事会“行政化”。

2.“三方考评”,提升服务水平

茗山乡以群众测评为主,村委考评、支部评议为辅的考核方式,以“六进理事会”职责的落实情况为考核内容,强化对村庄理事会及其成员的考核,使村庄理事会常态化、规范化运作,密切党群关系,提升服务水平,以此保证党群服务的可持续性,推动党群服务的常态化和规范化。

一是确立科学考核内容。以服务党建、助力发展、村庄整治、调解维权、科技服务、文明创建为考核内容,将六大部分进行细化量化,赋予六大考核内容不同比值,对六项内容进行分类考核,实现考核内容的具体化、考核标准的细致化。

二是推行三方考核机制。采取群众测评、村委考评、支部评议三方考核方式,实行半年一考核,采取百分制计分法,考核结果分为优秀、合格、不合格。考核以群众满意度为主,突出群众满意度测评在三方考核中的占比份额,其中群众满意度测评占50%,村党支部评议和村委会考核情况各占25%。在具体考核过程中,村民测评采取由村“两委”组织户代表,结合“六进理事会”内容及各理事述职情况填写测评表的方式进行。村委会对理事会及成员履职尽责情况主要采取现场查看、查阅资料、走访村民的方式进行考评。村党支部对理事会及成员的工作情况主要采取“横向比较看水平,纵向比较看全程”方式,监督村庄理事会定期开展事务公开,实施“阳光工程”,增强工作的透明度和具体运作的规范化。

三是规范考核结果运用。对村庄理事会及其成员实行科学、适量、量化考核,关键在于是否严格执行,能否实现结果运用。村“两委”结合群众测评、村委考评、支部评议情况,对考评结果在村务公开栏和村庄公开栏进行公示,并对优秀村庄理事会及成员采取物质奖励和精神奖励相结合的方式,同时将考核结果应用于重新改选或职务免除,严肃考核结果。

二、小阵地大格局:开拓基层党建新局面

基层党组织建设事关党的理论路线方针政策在基层的全面贯彻落实,

事关全面建设小康社会和构建社会主义和谐社会进程。为此，茗山乡党委以村庄为基本单元，同步建立村庄党小组，创新党小组设置模式和活动方式，延伸党组织的触角，激活党组织“神经末梢”，鼓励党员竞选村庄理事会会长、成员，培养优秀理事会会长和成员为党员，实现村庄理事会和村级党组织的双向互动，强调村党支部必须加强对村庄理事会的领导，确保村庄理事会规范履行“六进理事会”职责功能，确保理事会长效发挥作用。

(一)建村庄党小组，功能党小组实现全覆盖

为了充分发挥党组织战斗堡垒作用和党员先锋模范作用，确保党的组织和党的工作全面、有效覆盖，茗山乡党委在村庄内同步建立功能党小组，明确党小组及成员的职责规范，实现基层党组织的功能在村庄内的全覆盖；推行“两培一选”，开拓党员干部发展途径，从而提升基层党组织的战斗力、影响力、凝聚力。

1. 建立村庄党小组

为进一步打通基层组织建设的“神经末梢”，扩大党组织和党的工作覆盖面，做到哪里有群众哪里就有党的工作，哪里有党员哪里就有坚强的党组织，更好地把党建工作开展到群众中去，加强对村庄理事会的领导，搭建乡镇党委、村党支部与普通党员的桥梁，茗山乡党委在调整村民小组、划分村庄的基础上，按照“党员数适中、便于开展工作”的原则，根据各村庄已有党员人数，采取独建、联建的方式，在党员数量达到3人及以上的村庄建立党小组，党员不足3人的村庄与地域相邻村庄联合组建党小组。

目前，晏庄村、杨桥村、华若村成立了14个村庄党小组，其中杨桥村根据村庄党员人数成立了4个党小组，晏庄村根据村庄党员人数成立了4个党小组，华若村根据村庄党员人数成立了6个党小组，实现了功能党小组在村庄内的全覆盖。

表1-4　晏庄村、杨桥村、华若村村庄党小组数

类别	村庄数	党小组数
晏庄村	5	4
杨桥村	6	4
华若村	6	6

2. 明确职责与规范

为更好地发挥党小组作为党支部与普通党员的沟通与桥梁作用，根据《中国共产党章程》的相关规定，茗山乡党委对村庄党小组的工作职责和活动规范作出了明确规定：村庄党小组在村党支部的领导下开展工作，保证党的路线、方针、政策在村庄理事会得到贯彻落实；引导村庄理事会秉持正确的方向开展具体工作，使其成为联系群众与村“两委”的桥梁与纽带；监督村庄理事会规范有效运作。

村庄党小组具体事项包括：党小组每月至少召开一次会议，组织党员学习、讨论、研究如何贯彻执行上级党组织的决议；组织党员进行思想汇报和工作汇报，讨论有关党务工作；推荐入党申请人名单，考察入党积极分子；推荐党员重点培养对象，把优秀理事会成员列入重点培养对象等。

党小组组长是党小组的负责人，其主要职责是组织党员认真学习党的路线、方针、政策，学习党的基本知识和科学、文化、技术知识；组织党员贯彻执行乡党委的决议和村党支部的指示，指导党员活动，检查党员执行决议的情况；按时召集和主持党小组会，严格党的组织生活，认真开展批评和自我批评；组织党员做好群众工作，及时向党支部反映群众的意见和本小组的情况等。

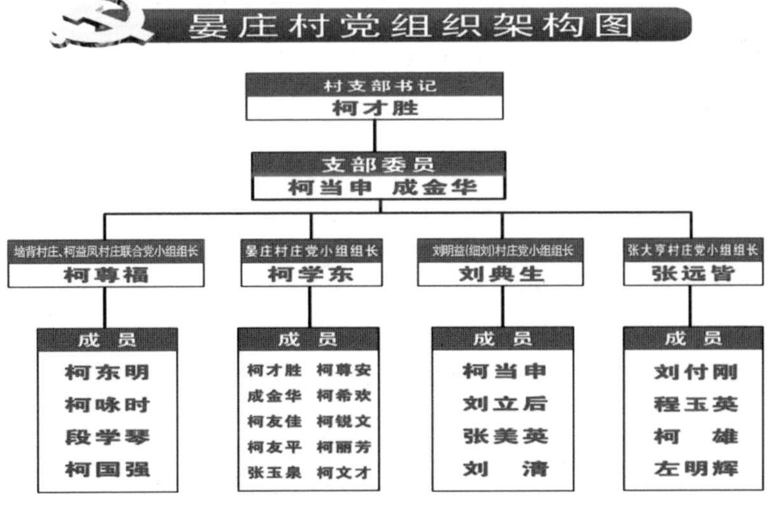

图 1-2　晏庄村党组织架构图

(二)党员进理事会,发挥党员先锋模范作用

农村党员既是新农村建设的组织者,又是参与实施者,是农村基层工作的中坚力量。充分发挥农村党员的先锋模范作用,就要给农村党员提供服务农民的“舞台”,使他们主动深入到农业创收、农村发展和农民生活中去,发挥他们在惠农政策宣传、农村社会稳定、村庄经济发展、乡风文明倡导以及带头遵纪守法中的引领示范作用。

茗山乡党委把党员纳入村庄理事会成员推选范围中,鼓励村庄内党员积极竞选理事会成员、理事会会长,有意识地鼓励他们深入到农业创收、农村发展和农民生活中去,在公益事业、扶贫帮困、调解矛盾等方面多做贡献,密切联系群众;有意识地安排党员参与村级事务管理、学习培训,增强他们的事业心和责任感,积累工作经验。

目前,晏庄村的25名党员中有6名党员是所在村庄理事会的成员,有2名党员是所在村庄理事会的副会长,1名党员是所在村庄理事会的会长;杨桥村共有27名党员,其中5名党员是所在村庄理事会的成员,1名党员是所在村庄理事会的副会长;华若村共有党员20名,预备党员1名,其中2名党员是所在村庄理事会的会长,3名党员是所在村庄理事会的副会长,1名党员是所在村庄理事会的成员(见表1-5)。

表1-5　晏庄村、杨桥村、华若村党员在理事会任职情况

	理事会成员	理事会副会长	理事会会长	村党员总数
晏庄村	6	2	1	25
杨桥村	5	1	0	27
华若村	1	3	2	20

(三)通过“两培一选”,开拓党员干部发展途径

办好农村的事情,关键在党,关键在人,关键在人才的培养与使用。茗山乡以村庄理事会为载体,通过“两培一选”,增强党员干部来源的广泛性及其能力的灵活性、适应性,培养带头服务、带领服务、带动服务的党员干部队伍,建立服务意识强、服务作风好、服务水平高、服务氛围好的党组织领导班子。

1.培养优秀理事会会长、理事会成员为党员

晏庄村、杨桥村和华若村采取群众测评、村委考评、支部评议方式,重点

对村庄理事会及其成员的履职履责情况、配合村委会工作情况等进行考核，将村庄理事会成员中政治素质较高，群众基础较好，有一定的沟通能力和组织协调能力，热心为村庄事业做贡献的成员作为重点培养对象，积极推荐到党组织。同时，通过“两学一做”学习教育，引导党员积极参与村级各项事务，积极建言献策，带头参与村级和村庄各项公共事业建设，旨在发挥党员的先锋模范作用，带动优秀的理事会成员进入党员队伍。仅 2016 年上半年，华若村村民共提交入党申请书 21 份，其中有 17 名村庄理事会成员递交了入党申请书，晏庄村有 11 名村庄理事会成员递交了入党申请书。

2. 培养优秀党员理事会会长进入村“两委”班子

日常工作中，村“两委”注重对优秀理事会会长及成员的培养，在换届时鼓励推荐优秀理事会会长参与竞选村“两委”干部，并由乡党委对推荐的干部人选进行考核把关，重点考察他们的政治素养、理论水平、工作能力、群众基础等，把能发展村级集体经济、带领群众增收致富的能人培养为村“两委”干部，建立良好的村级干部人才培养机制。

茗山乡通过这种自下而上吸纳优秀人才进入村“两委”班子的人才培养方式，变“少数人选人”为“多数人选人”，创新了人才培养机制。杨桥村现任村委会副主任金国荣、华若村现任村支部书记柯亚军均由理事会会长进入村委会。金国荣在担任金湾理事会会长期间，其个人品质和工作能力均得到了村民的广泛认可，同年 12 月被选举为杨桥村村委会副主任。杨桥村党支部将他作为入党积极分子进行重点培养，他个人也积极向党组织靠拢，现已是预备党员。

3. 选拔优秀村支书进入乡镇党委班子

大冶市委高度重视村“两委”干部的培养选拔工作，于 2015 年正式启动金牌“领头羊”培养工作，对金牌“领头羊”所在村给予相关激励措施。茗山乡也十分注重对村“两委”干部进行跟踪培养，并进行考核和综合评价，对于特别优秀的村支书选拔进入乡党委班子。乡党委结合工作实际需要，研究确定村干部正式进入乡党委班子考察期间的工作岗位和责任分工，挂职村支部书记可列席参加乡镇党委会议，全面参与乡镇的各项决策和实际工作，在具体工作中进一步锻炼村支书能力，提升村支书水平。2016 年 5 月，晏庄村村支书柯才胜当选为市级金牌“领头羊”，并到茗山乡政府挂职，任党政办副主任，在6月底的乡镇党委换届工作中当选茗山乡党委委员。

晏庄村村支书当选茗山乡党委委员

2015年10月，晏庄村被茗山乡党委选取为首批农村基层党建实践工作村。作为村支书，柯才胜致力于改变晏庄村村容村貌。柯才胜到各自然湾召开村民代表大会、支部党员大会及理事会成员会议，集思广益，实施村庄整治。他通过务农人员出一点、打工人员捐一点和相关政策帮扶三种方式，集资了130多万元，修通并硬化公路4.7公里。

然而，在施工拆迁的时候，柯才胜和堂哥家的房子都在拆迁范围内，尤其是堂哥家的院子就在路中央，非拆不可。当时，堂哥坚决不肯拆掉自家的房子，还扬言谁要敢拆他家一块砖就跟谁拼命，为了让全村的道路顺利修好，柯才胜不仅多次到堂哥家做思想工作，而且率先拆掉自家的院子，最终让堂哥答应了拆迁。最终，在短短的时间里，晏庄村硬化公路、整治村庄、修整水塘、安装路灯等，基础设施不断完善，村容村貌大大改观。

此外，村支书柯才胜还积极倡导"生态立村，产业强村"的发展理念，发展晏庄村一、二、三产业，先后成立成龙专业养殖合作社、天培食品菌专业合作社等农业合作社。同时，他还积极联络、号召在外创业成功村民柯涛等人回乡办厂。目前，晏庄村先后兴办了预制厂、制衣厂、家具厂等7家企业，解决了村里300多人的就业问题。

截至2016年2月，全村80%的外出劳力已返乡，基本形成45岁到70岁的村民就在合作社干活，45岁以下的年轻人在企业上班的家门口就业格局，晏庄村集体经济年度首次突破了41万元。在柯才胜的领导下，晏庄村被评为省级"敬老文明号"、湖北省"卫生村"、黄石"最美乡村"等。

2016年5月，乡党委为了充分激励村干部的积极性，吸纳优秀人才，拓宽优秀村干部选拔机制，一致决定将能力出众的柯才胜安排到乡政府挂职。6月底，结合此次乡党委换届需要，柯才胜被推荐进入乡党委。在谈论亲身感受时，柯才胜说："很自豪很有成就感，但也更有压力。一方面,自己的工作能得到领导、群众的认可,很高兴很激动;另一方面,站在更高的平台上,服务对象也更广,自己还要加强学习,做好本职工作,服务好更多的群众。”

“两培一选”不仅可以培养一批理论素养高、法律观念好、工作能力强、群众基础硬的人才队伍,而且打通了农村基层干部的“晋升”通道,激发了人才建设村庄的积极性和主动性。农村党员干部不仅大有可为,而且大有作为。

三、小创造大突破:实现党建引领新常态

为保证村党支部、村民委员会、村庄理事会在各自职责范围内充分发挥效能,增强村党支部的领导能力,提高村民委员会的指导水平,凸显村庄理事会的搭台效果,茗山乡党委在明晰村党支部、村民委员会、村庄理事会之间的职责关系的基础上,进一步规范村级组织的运作机制,保障有序发展。

(一)明晰权责关系,强化组织领导

茗山乡在农村基层党建创新实践中,明确村党支部、村委会和村庄理事会之间的权责关系,既避免村庄理事会脱离村党支部的领导,也防止理事会的行政化,使其沿着正确的方向健康有序发展。

1. 党支部领导理事会,树立正方向

党的领导是加强基层建设、创新社会治理的根本保证,将党的建设贯穿于村庄理事会的各方面和全过程,能够确保理事会发展的正确方向。

根据《中国共产党农村基层组织工作条例》第二条关于“乡镇党的委员会和村党组织是党在农村的基层组织,是党在农村全部工作和战斗力的基础,全面领导乡镇、村的各类组织和各项工作”的规定,村庄理事会应当在村党支部领导下开展工作。村党支部对村庄理事会的领导体现在以下三个方面:一是政治领导。保证村民自治在党的路线、方针、政策指引下,在国家法律、法规规定的范围内进行。二是思想领导。教育引导广大党员和群众增强党的宗旨观念和法制意识,正确行使民主权利,履行公民义务,引导村庄理事会成员主动学习党的路线、方针、政策。三是组织领导。做好对村级组织的思想建设和组织建设,严格对村“两委”成员和理事会成员的教育管理和考核监督。村庄理事会换届、推选需由村“两委”组织开展,需征求村

党支部同意，通过后报乡民政办批复、备案；对村庄理事会成员中要求入党的积极分子进行考察和培养。

2. 村委会指导理事会，防止行政化

茗山乡明确规定村委会与村庄理事会之间是指导与被指导的关系，并明确二者之间的权责关系，从而防止村庄理事会的行政化。《中华人民共和国村民委员会组织法》规定："村民委员会是村民自我管理、自我教育、自我服务的基层群众性自治组织。"村庄理事会是以"民事民办、民事民治"为原则的公益性、服务性、互助性农村社会组织。村民委员会指导和支持村庄理事会行使民主权利，村庄理事会协助和支持村委会开展工作。村委会指导村庄理事会章程、公共事业建设和管护制度、村规民约等规章制度的起草和制定；指导村庄理事会制订村庄经济发展规划、年度发展计划；在村庄理事会履行发展村庄经济，组织村民筹资筹劳，协调邻里关系等具体职责时，村委会给予指导。

村庄理事会作为村庄公益事业建设主体，其常态化、规范化运作不仅化解了事务性理事会运行的弊端，而且为村庄治理现代化提供了组织保障。撤村民小组、重新划分村庄后组建的村庄理事会，在村党支部领导和村委会指导下，承接了村委会难以实现的部分职能，实现了村民自治下移。村庄理事会在村党支部领导、村委会指导下，与村委会职能合理区别，发挥补位和辅助作用，围绕"六进理事会"的职责功能开展工作，依据章程开展活动，财务透明、信息公开，自觉接受党委、政府的领导和群众的监督。

正如晏庄村柯益凤村庄理事会柯国定所言，"村庄理事会作为一个中介组织，要处理好与村'两委'、村民的关系，就要搭好这个'桥'。对上来说，政策、资金、项目都来源于村集体；对下来说，再好的事，村民不乐意做，也是'瞎子点灯白费蜡'。我们坚持按程序办事，比如在理事会的选举、会长的推选上，我们是在村'两委'和全体村民的全程监督下进行的；在设计建设方案上，先由理事会商议方案，然后报村'两委'，接着组织全体村民大会通过。修路、建房、改水、建村民广场等都是按程序执行的。村民没怨言，村组没意见，村庄理事会就做到位了"。

（二）健全规章制度，推进有序运行

重在正常、抓在日常、严在经常是推动村庄理事会常态化运作的重要条件。茗山乡通过严格村庄理事会民主议事程序,使村庄理事会议事思想常识化,议事责任常理化,议事工作常态化;监督抓在日常,通过健全监督机制,使村庄理事会换届和运作讲程序、重流程、守制度;奖惩严在经常,通过物质奖励与精神奖励相结合的正面激励和改选免职等反面激励的双重激励机制,督促村庄理事会办实事、办好事。

1. 健全理事会收集群众意见和协商议事机制

要坚持尊重群众意愿,充分调动群众参与村庄建设的积极性,发挥理事会作为群众自治组织的作用。建立定期收集群众意见机制和村庄事务决策机制,对涉及村庄内村民的事项,由理事会通过"两会三公开一报告"[村庄理事会商议、村庄群众(代表)会议决议,决议结果、实施方案、办理情况向村庄居民公开,重大事项向村"两委"报告]的方式,进行议事决策。规范村庄事务协商机制,涉及单一、牵涉面小的事项,由理事会直接协商;涉及复杂、牵涉面较广的事项,由村委会或理事会召集相关利益方共同协商;涉及邻村利益的,由村委会负责协商,必要时由乡镇党委、政府组织协商。

2. 强化理事会资金监管机制

为切实加强对村庄理事会运作的监督管理,保障理事会公益性资金来源,突出村民主体地位,采取群众出一点,社会捐一点,政府补一点的"三个一点"方式筹资。群众捐款,必须坚持自愿原则,充分考虑贫困户、低保户以及其他村庄弱势群体实际,不得硬性摊派。

在加强外部监督的同时,各村庄理事会内部还专门设有会计和出纳等资金专管人员,分工负责村庄财务管理。理事会各项资金使用,需符合群众意愿,做到事前、事中、事后全过程公开。村"两委"不定期对理事会资金使用情况进行监督检查。

3. 完善理事会激励保障机制

依据《村庄理事会管理办法》《村庄理事会及成员考评办法》,茗山乡各村对各村庄理事会采取精神激励和物质奖励相结合方式,以精神激励为主、物质激励为辅,充分激发村庄理事会成员的积极性和创造性。村"两委"根据考核结果,评选优秀村庄理事会、优秀理事会会长、优秀理事会成员,召开表彰大会,颁发奖牌和荣誉证书。同时,拓宽理事会成员晋升渠道,探索"两培一选"机制,把优秀的理事会成员培养成党员,把优秀的党员理事会会长培养成村干部，选拔优秀村干部进入乡镇干部队伍。

同时，对优秀村庄理事会及成员给予热水壶、电风扇、水杯、电话卡等物品奖励；对优秀村庄理事会组织完成的公共设施建设项目给予一定的奖补资金。负面激励是根据群众测评、村委考评和支部评议情况，对户代表测评中满意度未达到50%的村庄理事会予以改选，满意度未达到50%的村庄理事会成员免除职务。

（三）坚持三级联动，保障持续发展

推动农村改革发展，必须坚持农民主体地位，增强改革定力，聚集改革资源，激发创新活力，保障持续发展。茗山乡通过组建常态化村庄理事会，调动群众的积极性和主动性，以决策共谋集中民智、以发展共建凝聚民力、以合作共管汇集民意、以成果共享顺应民心，构建政府推动、理事会搭台发动和村民主动的"三级联动"机制，保障理事会持续发展。

1. 政府推动，调动各方资源

乡党委政府通过调动各方资源，主动为村庄服务，致力于实现村"两委"对农村的指导方式从传统管理型向综合服务型转变，指导村庄理事会为村民排忧解难，统筹推进共谋划，促进村庄工作健康有序开展。建立市、乡两级农村基层治理改革试点工作"以奖代补"基金，采取"以奖代补"的方式，对起到引领、示范作用的村庄给予2万~3万元的扶持资金。整合相关部门涉农资金，积极开展"十星级文明新村、十星级理事会、十星级党员、十星级文明户、科技生产示范户"等创建评比活动，对优秀村庄理事会及成员进行通报表扬，对受表扬的村庄进行命名授牌，对获奖的村庄和农户给予一定的奖励。通过一系列的奖补措施，科学统筹、精准谋划，增强理事会成员的发展信心，激发农民主体意识，调动农民参与的主动性、积极性和创造性，变"要我做"为"我要做"。

以村庄理事会为平台，积极宣传党的路线、方针、政策，保障农民对党和国家惠农政策的知晓程度，畅通政府资源、政策信息下沉通道，使党委政府的政策、资金等资源及时下沉至村庄。通过政策、资金的导向作用，进一步优化各方资源的整合与分配，汇聚多方力量，形成政策、财政资金引导，农民群众和社会力量自主投入的良性互动机制，促进长效发展。

2. 理事会搭台发动，助力基层治理

在村党支部的领导和村委会的指导下，将村庄理事会打造为村民议事的一个平台,改变过去由村干部包揽村政村务的做法,确保村民对村庄日常事务的知情权和参与权。强化理事会的发动作用,结合村庄优势特色,凭借“亲缘、地缘、业缘”等优势,鼓励“熟人办熟事,熟人管熟人”,通过组织户代表、党员代表共同商讨村里的大事小情,并根据经过商议达成的共识,制订村庄年度发展计划和三年发展规划,上墙公示;村庄理事会按照年度发展计划,依照具体事项,积极在村庄内开展宣传发动工作,积极做村民的思想工作,统一思想认识。

在具体落实“六进”的职责功能过程中,村庄理事会成员积极主动带头履职,组织村民认真学习贯彻落实党在农村的路线、方针和政策,整合村庄内人力、土地、技术等资源,发动和主持村庄公益事业建设,整治村容村貌,维护和管理基础设施。对于需要村民筹资筹劳的村庄整治等工程,由村庄理事会发动和组织村民筹一点,富人捐一点,并积极申请政府奖补资金,组织村民开展村庄整治,全面提升环境整治的实效性和长效性。

理事会发动村民 化解环境整治难题

年初的“绿满铜都”活动,需挨家挨户发动妇女动手干活,可327户的巨大工作量和一些卫生习惯不好的“钉子户”急坏了杨桥村村委会副主任金国荣。“村干部打惯了‘硬仗’,面对同村大嫂大婶也直挠头”,金国荣说,多亏了各村庄理事会带头,引导村民积极搞好家庭环境卫生、村庄环境卫生整治,使杨桥村内的文明卫生示范户达标率达到了90%。

在“绿满铜都”活动开展过程中,杨桥村的6个村庄理事会担当责任和发挥功能作用,理事会成员通过挨家挨户走访,宣传开展“绿满铜都”活动的方法和意义,逐步得到了广大村民的理解与支持。

各村庄理事会牵头召开村民代表大会,商议自筹资金开展“绿满铜都”活动,并制定村庄一级环境卫生管理制度和环境卫生管理村规民约。经过商量决定,每人每年缴纳10元钱作为“绿满铜都”活动的专项资金,活动资金由村庄理事会管理使用,做到“阳光操作”,并接受村委会的监督。6个村庄理事会都聘请了1名保洁员负责各村庄的垃圾清运。

此外,理事会成员率先垂范,以身作则,带头清理村道、河道垃圾,并不定期地发动村民搞集中整治,每周发动村民开展一至两次集中整治环境卫生活动。根据群众的呼声和诉求,少山吴湾村庄理事会还争取到财政和村里的资金,加上村民自筹资金,拆除破旧房屋6栋,改厕16个,新建篮球场1个,新建公共厕所1个,并配合村"两委"协调公路征地,成功修通公路400余米。目前,杨桥村计划筹资26万元新建村庄门楼。

3. 村民主动,齐心共建美丽乡村

茗山乡通过村庄理事会为农村基层自治组织搭建平台,尊重农民的主体地位,进一步落实村民自治制度,培养村民自我管理、自我服务、自我监督以及社会参与的意识和能力,激发村民内生动力,使村民主动筹资酬劳,积极参与村庄建设,减少政府施政成本,满足村民的内在意愿和需求,调动村民的积极性、主动性和创造性,从而实现政府和群众的双满意。

"清洁家园·美丽茗山"活动开展以来,晏庄村、华若村、杨桥村村民在村庄理事会的号召下,积极参与"清洁家园·美丽茗山"活动,用自己的实际行动建设良好的生活环境。华若村钟家庄村民柯志华每天都到村口水塘边纳凉,由于来这里活动的人比较多,加上个别村民不注意卫生,广场上总会留下一些垃圾。柯志华一有时间,就会拿着扫帚前来清扫,保持广场的干净整洁。柯志华说:"好环境是我们大家的,大家都应该从自己做起,维护好身边的环境。"在柯志华的带动下,越来越多的村民加入清扫行动中,干净的广场又成了人们活动的好去处。

在华若村支部书记柯亚军看来,"这得益于'村庄理事会'这个农村自治新模式。以前村民不关心村集体的事情,干群关系疏远,在村民心目中村务决策主要是几个干部的事情,但是去年我们成立村庄理事会后,理事参与到村务管理中来,他们和村干部共同管理村中公共事务,在理事的发动下,我们的村民都能主动参与美丽乡村建设的活动"。村庄理事会搭台,村"两委”顺势引导,村民主动参与,推动清洁家园行动深入开展。在茗山乡,清洁家园行动已在各村陆续展开,成为建设美丽乡村的最大亮点。

第三节 活力绽放在茗山

党的基层组织是党全部工作和战斗力的基础,是落实党的路线、方针、政策和各项工作任务的战斗堡垒。加强基层党组织建设,关系到巩固党的执政基础,关系到全面建设小康社会的发展进程。习近平总书记多次强调,要把农村基层党组织建设成为落实党的政策、带领农民致富、密切联系群众、维护农村稳定的坚强领导核心。因此,我们要尊重基层群众实践,解决群众生产生活中面临的突出问题,以改革为了群众、改革依靠群众、改革让群众受益为己任,把农村基层党组织建成带领农民群众谋发展、奔小康的“主心骨”。

在大冶市委的支持与领导下,茗山乡按照“党政主导、村民自治,科学谋划、突出特色,改革创新、依法治理”的原则,坚持抓基层、打基础,撤销或调整村民小组,重新划分村庄,科学划分基本单元,组建村庄理事会,将村庄理事会打造为村级服务型党组织建设的新型载体,推行“六进三评”,强化党群服务,建设基层服务型党组织,通过“两培一选”,开拓党员干部发展途径,增强了人才培养的广泛性、灵活性、适应性;创新党小组设置模式,实现功能党小组在村庄内的全覆盖;坚持“三级联动”,通过政府推动、理事会搭台发动、村民主动,实现村庄建设资源的有效整合,保障持续发展。

茗山乡党委坚持将尊重群众首创精神与坚持基层党组织领导相结合,在增强基层党组织的创造力、凝聚力、战斗力,落实党的政策,带领农民致富,密切联系群众、强化党群服务,维护农村稳定等方面发挥了重要作用,不仅从源头上解决了基层党组织软弱涣散的问题,使农村基层党建从“过得去”转变为“过得硬”,推动农村基层治理从“单向推动”转变为“双向互动”,开辟了农村基层党组织建设村庄新途径,而且推动了村庄经济实力显著增强,村民的生活环境美化升级,乡村社会更加和谐,基层信访维稳有效夯实,实现了村庄建设的全面发展。

一、基层党建从“过得去”转变为“过得硬”

密切联系群众,夯实群众基础,是党的看家本领,如何发动群众、依靠群众、服务群众,是基层组织建设的核心和灵魂。茗山乡以基层党建引领为核心,加强对各村村庄理事会的领导,同步建立党小组,加强党员与群众之间的联系,广泛听取群众意见和建议,学习群众实践经验;开拓党员干部发展路径,将政治素质高、致富能力强、群众基础好的理事会成员发展为党员。经过农村基层党建创新模式实践,茗山乡农村党员脱离群众的现象得到了有效改善,群众基础得到夯实,基层党建由“过得去”转变为“过得硬”。

(一)党员干部培养路径完善

功以才成,业由才广,党和人民事业要不断发展,就要把各方面人才更好地使用起来,聚天下英才而用之。加强农村基层党组织建设,充实基层党组织后备力量,提升基层党组织的战斗力,需要不断破除束缚人才发展的思想观念和体制机制障碍,不断解放和增强人才活力。茗山乡进行改革实践以来,党员队伍建设在改革中探索,在创新中发展,在管理理念、工作机制、活动载体、方法手段等方面进行了有益尝试,以“两培一选”为路径,加强党员干部培养,以爱才的诚意、用才的胆识、容才的雅量、聚才的良方,广开进贤之路,开创了新的局面。

农村富不富,关键看支部;村子强不强,要看“领头羊”。茗山乡“两培一选”的党员干部培养机制,让村支部书记吃了定心丸,使村支部书记“撂担子”的现象大大减少,有效地改变了一些村支部书记“政治无奔头,收入没搞头,退后无靠头,工作无劲头”的旧局面,形成了村干部“工作上有劲头,经济上有甜头,政治上有奔头”的新局面,把一批德才兼备、有文化、带领群众致富能力强、热心为村民服务、群众认可、公正廉洁、作风正派的人选进了村“两委”班子,进一步改善了全乡党员队伍整体结构。

“两培一选”开拓了党员干部发展途径,不仅有效地带动了群众参与村庄治理的积极性,更从源头上解决了村党组织脱离群众,村级党员干部后继乏人的尴尬局面,从群众中发展了一批政治素质高、致富能力强、群众关系好的人到党组织中,建立了一支群众基础好、素质较高、结构合理的党员队伍,并通过经常性教育、交心谈心、社会实践等形式,提高思想觉悟,端正入党动机,以此确保了新进党员的质量,增强了人才培养的广泛性、灵活性、适应性。

例如,华若村有 6 个理事会,共 36 个理事会成员,其中有 7 名是党员,2016 年全村共有 21 人提交入党申请书,其中 4 人被定为入党积极分子,1 名理事会成员被发展为党员。晏庄村有 5 个理事会,47 个理事会成员,其中有 9 名是党员,2016 年全村共有 28 人提交入党申请书,其中 7 人被定为入党积极分子。杨桥村有 6 个理事会,36 个理事会成员,其中共有 8 名是党员,2016 年全村共有 18 人提交入党申请书,其中 8 人被培养为入党积极分子(见表 1-6)。

表 1-6　2016 年上半年茗山乡部分村发展党员及党员任职情况

	全村提交入党申请书人数	被确认为入党积极分子人数	党员任职村庄理事会人数
晏庄村	28	7	9
杨桥村	18	8	8
华若村	21	4	7

茗山乡党委在开展农村基层党建创新实践中,要求坚持村党支部的领导,以村庄理事会为村级党组织建设的新型载体,以选优、训强、管好基层党组织书记为重点,精心选育村干部,培养新农村建设的带头者;精心管育农村党员队伍,培养新农村建设的推动者;精心培育农村产业带头人,培养新农村建设的示范者。茗山乡积极优化农村党员干部队伍结构,充分发挥党员干部的先锋模范作用,使农村基层党组织的凝聚力和战斗力得到进一步增强,探索出了一条发展农村党员、培养农村干部的有效途径,这对于解决我国普遍存在的农村基层党组织后继乏人的问题具有深刻的借鉴意义。

金国荣入党记

2013 年,在温州务工的金国荣,为了修建新房筹备儿子婚礼,放弃在浙江的出租车司机工作,回到村里。由于金国荣本人性格直爽,乐于奉献,说话有威信,做事有魄力,同年 9 月,在金湾村民的一致推选下,其当选为理事会会长,2014 年在换届选举时被选举为村委会副主任。

但当时由于村“两委”工作任务比较繁重,金国荣没有意愿向党组织靠拢,工作上动力不是很足。

2015年底,茗山乡党委选取杨桥村率先开展农村基层党建创新实践,组建常态化的村庄理事会,并采取“两培一选”的方式,培养农村党员干部。这使金国荣的思想发生了转变,工作上有了干劲,积极向党组织靠拢,希望获得更好的发展。

金国荣正确引导村子内的6个村庄理事会,注重调动村庄理事会会长、成员的积极性,要求村庄理事会充分征集民意,广泛发动村民,集资250余万元,修建群众活动中心一个,沟渠清淤护砌1000余米,建设户户通道路1000余米,修整生活水塘2口,房前屋后绿化栽树1000棵,安装路灯36盏,为村庄建设做出了重大贡献。

金国荣的个人品质和工作能力得到了村民的广泛认可。2016年3月,乡党委和村级党组织,为了肯定他的工作表现,把他作为重点培养对象,他个人也积极向党组织靠拢,成为入党积极分子,现已是预备党员。

金国荣的成功入党再次证明,“两培一选”的人才培养途径,不仅拓宽了党员发展渠道,使一批愿为村民做事、善为村民做事的能人进入党组织,充实了党的后备力量,而且提高了其工作干劲,使他们服务有劲头、工作有奔头、内心有归属。

(二)服务型党组织转型提速

农村基层党组织从“管理型”向“服务型”转变,是基层党组织功能上的一个要求,目的是使基层党组织通过服务更好地贴近群众、团结群众、引导群众、赢得群众,更好地发挥基层党组织的政治功能。

“茗山实践”以来,茗山乡党委始终以服务型党组织建设引领基层党建工作,致力于基层服务型党组织建设,自觉践行党的根本宗旨和群众路线,坚持把群众呼声作为第一信号,把群众需要作为第一选择,把群众满意作为第一标准,认真倾听群众意见,维护群众利益,按照群众的需求和意愿提供服务,让“服务”成为基层党建工作的关键词。

在全乡建立村庄理事会,把村庄理事会打造为村级党组织服务群众的有效载体,并通过“六进理事会”,保证党群服务的可持续性,推动了党群服务的常态化;通过“三方考评”,确保了党群服务的公平、公正、公开,推动了村庄理事会的规范化。征求群众关于“六进”的意见和建议共 55 条,目前已经整改落实了 95%,对于茗山乡党委而言,这些意见和建议对深入了解群众需求大有裨益。

同时,在村党支部领导下,以村庄理事会为平台,通过党员帮、干部扶、能人带和互帮互助活动,不仅及时有效地帮助了很多困难家庭渡过难关,也使党员干部的群众观念不断增强,为民服务能力不断提高,服务行为得到规范,服务水平显著提升,服务环境持续优化,强化了党群服务,密切了党群干群关系。

茗山乡党委紧紧围绕保持党的领导核心地位这一党建战略任务,坚持解放思想、与时俱进、改革创新,建设基层服务型党组织,使党员队伍建设始终符合时代发展的要求,始终符合人民群众的意愿和期待,始终保持旺盛的生机与活力。

(三)组织设置模式更趋合理

组织体系建设,事关党的执政基础。茗山乡在调整小组、划分村庄的基础上,按照“党员数适中、便于开展工作”的原则,根据各村庄已有党员人数,采取独建、联建的方式,在党员数量达到 3 人及以上的村庄建立党小组,党员不足 3 人的村庄与地域相邻村庄联合组建党小组,实现党组织在村庄全覆盖,激活了村级党组织的“神经末梢”。此举一方面使大量有“双带”(带头致富,带领群众共同致富)能力的无职党员成为有职党员,充分发挥党员在政策宣传、社会治安维护等方面的积极作用;另一方面建立起乡党委委员联系村党支部,村党支部委员联系村庄党小组,村庄党小组成员联系群众的长效机制,不断加强党群之间的联系,及时了解广大群众的诉求,积极为群众排忧解难,切实增强了党组织的影响力和凝聚力,实现了党的领导与村民自治的有序对接和良性互动。

与此同时,2016 年,茗山乡围绕公司企业、专业合作社等农业生产链条,通过打造“党小组+合作社+农户+基地”等致富联合体,吸引了 3000 余名外出务工人员返乡创业,新成立各类专业合作社 30 余家。2016 年仅瑞晟公司就提供农民就业岗位3000余个,上半年支付土地流转费和农民工工资1000万余元,农民预计增收5000元。

小调整可以解决大问题。茗山乡创新党小组设置模式,激活党组织"神经末梢",使大批无职党员成为有职党员,充分发挥了基层党组织推动发展、服务群众、凝聚人心、促进和谐的作用,对于扩大党在最基层的覆盖面,提高党在基层的执政能力,进一步密切党群、干群关系,增强村党支部的凝聚力与战斗力,充分发挥基层党组织的战斗堡垒作用和党员的先锋模范作用具有重要意义。

(四)党建核心引领功能彰显

治国安邦,基层为重;全面发展,党建引领。"强化基层党建,引领全面发展",就要充分发挥基层党组织在农村基层党建创新实践中的总揽全局、协调各方的引领核心作用。优秀村支部书记作为农村最基层科学发展、和谐稳定的带头人,是新农村建设的"领头雁"。因此,只有在党组织的正确领导下,充分发挥基层党组织的核心引领作用,村民自治才能更好地体现社会主义民主的本质要求,焕发村庄活力。

"茗山实践"以来,茗山乡各村支部书记岗位职责普遍明晰规范,工作报酬实现稳中有升,发展空间逐步得到拓展,保障机制基本形成,进一步激发了村支部书记队伍活力,为农村各项工作的顺利开展奠定了坚实基础。茗山乡始终坚持党员队伍建设和党的基层组织建设统筹推进,既着眼于扩大党的组织覆盖和工作覆盖,不断加强和改进发展党员工作,壮大党员队伍,优化党员分布;又着眼于发挥党员作用、优化组织设置、健全工作机制、创新活动方式,实现了党员队伍建设和党的基层组织建设相互促进、相得益彰。

在村党支部的领导下,村庄理事会的成立、换届和成员的推选均由村党支部把关;村党支部对村庄理事会的"六进理事会"职责落实情况进行评议;茗山乡党委和村党支部对"两培一选"的党员干部进行考察和培养,将村庄理事会为村级服务型党建的新型载体,鼓励各村庄内党员民主竞选理事会成员、理事会会长,使大批思想硬、品德好、威望高的党员,依托村庄理事会这个大舞台,在反映利益诉求、规范社会行为、化解社会矛盾、扩大群众参与、提供公共服务、增强社会活力、促进社会发展等方面发挥着积极作用。

从全乡农村的党员发挥作用的总体情况来看，共有17名党员在村庄理事会，其中6名党员为副会长。晏庄村刘明益村庄理事会会长、老党员刘付广，组织村民为村里的患白血病小孩捐款近5万元；杨桥村金湾村庄理事会宣传理事、党小组组长金国斌主动义务承担起村庄的日常卫生保洁；华若村柯竹林村庄理事会帮扶理事、党员方则申积极动员村庄群众力所能及地为困难村民解决一些实际困难和问题。

在茗山乡党委领导下，依托有效载体，村级党组织在整合人力资源、土地资源、技术资源、信息资源、市场资源等方面发挥了不可替代的作用，实现了哪里有党员哪里就有党的组织，哪里有党组织哪里就有党员充分发挥作用，村庄党员犹如一面面旗帜，党的基层组织犹如一个个战斗堡垒，以强大的创造力、凝聚力和战斗力，为加快建设美丽、幸福、活力的茗山乡注入不竭动力。

二、基层治理从“单向推动”转变为“双向互动”

茗山乡农村基层党组织建设实践以来，在村党支部的领导下，各村庄将村庄理事会打造为基层党组织建设的新型载体，汇聚能人力量，链接党员和群众，推动组织体系的变化，促活力、促动力，增强了农村基层党组织的战斗力、公信力和凝聚力，巩固了党的执政基础。

与此同时，村庄理事会成为基层党建与村民自治的新型有效载体，通过“三级联动”即政府推动、理事会搭台发动、村民主动，整合乡村人力、物力、财力等资源，激发乡村发展活力，保障理事会持续发展，并通过构建村庄事务协商机制、村民矛盾调处机制、党员干部选拔机制，推动了茗山乡农村基层治理从“单向推动”向“双向互动”的转变。

（一）村民主体作用充分发挥

唯有自治下沉，村民方有动力自我管理、自我发展。为破解村级党组织难题，茗山乡各村庄均建立了常态化、规范化、制度化的村庄理事会。村庄理事会的成立为村民参与村庄公共事务的治理搭建了平台，借助这个平台，村民的合理需求基本都能得到及时有效的回应。村民利益诉求得到及时满足，能够充分激发村民自治的积极性，也吸引了更多有能力的党员和农村致富能手积极参与村庄的建设和治理，壮大了村庄建设队伍，促进了农村各类资源整合。

茗山乡通过村庄理事会把政府的决策变成了农民的自觉行动,提升了基层的执行力,实现了村民的自我管理、自我教育、自我服务,大大激发了农民群众的主动性、创造性和当家作主的责任感,村民的主体作用得到充分发挥,对进一步发展农村生产力,促进农村经济和社会发展产生了重要作用。

1. 村庄人才充分涌现

2015年10月之前,大多数能人、富人等村庄人才还在外面打拼。村里即将成立理事会的消息,吸引了不少村民返乡竞选理事会成员,华若村朱启江村庄理事会会长朱端云介绍,"2016年初我回到村里,一方面是想为家乡父老尽一点责任,更重要的是找到了一个可以组织大伙为村庄干实事的平台"。

茗山乡农村基层党组织新型载体的构建,为村庄能人参与村庄建设、参与村庄事务决策、兴办农村公益事业、参与农村社会治理提供了广阔舞台,吸引了一些优秀的外出务工青年、复转军人、农村致富能手加入村干部这一行列。一批德才兼备、有文化、带领群众致富能力强、热心为村民服务、群众基础好、公正廉洁、作风正派的人被选为村干部,涌现出金牌领头羊柯才胜等典型模范人物,共同参与美丽乡村建设,为乡村治理提供了"智囊团""财力库""义工队""监督岗"。

访谈对象一:汪才兴,中门村某理事会成员,在村庄附近烟炮厂工作。

问:担任理事会成员还要误工出钱,又没有工资,为什么还愿干?

答:我在村庄附近的花炮厂工作,有固定收入,不差那点工资;平日里时间多,村里有个事情也不耽误,即使要花点时间和精力也是愿意的。

问:为什么愿意呢?

答:主要是有成就感,在村庄理事会成立之前,我想提议湾里干点事,想号召大伙一起干,但是完全没人听我的。但是湾里成立了理事会,由我担任会长,通过理事会为村里办了几次实事,比如村里修路、修塘的时候,理事会首先说服村民、组织村民筹钱,又通过村"两委"向乡政府申请到一大笔修路、修塘的钱。最后修了一条水泥路直通村里，水塘也整好了。现在我说话有群众听，还有好多村来找我帮忙，虽说办的事不大，但是得到大伙的信任和认可，感觉很有成就感、荣誉感。

访谈对象二：中门村大汪明村庄党小组组长兼理事会会长，作为村支部书记退休后被选举为理事会会长。

问：作为村庄理事会会长，你不要工资为什么还干得这么热闹呢？

答：我在村附近的公司打工，每个月有两三千块的工资。

问：假如你没有在那个公司打工，你干不干？

答：我是老支部书记和老党员，这是义不容辞的责任。

问：假如你没在公司打工又不是老书记老党员，你还干不干？

答：对于我来说，也干！一生啊，不图名不图利，为村子做点事，百年之后，我可能不在了，但为村子做的事包括修的这个文化活动中心还在，修的路还在，这就是最大的光荣。

2. 村民积极性得到充分调动

以村庄理事会为基石，村民的各项诉求能够及时得到回应，村民的矛盾纠纷能够得到及时化解，鼓励村民“自己的村庄自己建，自己的事情自己办，自己的人民自己管”，实现了小事不出理事会，大事不出村委会，深化了村民自治程度，激发了村民参与村庄事务的积极性。

村民参与村庄公共事务的决策与监督、公益事业的建设与管理，观念也由“我要政府建”，“我等政府建”转变为“我们自己要建”，“靠我们自己建”，村民自我发展、自我管理、自我服务的积极性得到了充分的调动，村庄理事会在群众中得到了广泛的拥护和支持，在村庄理事会的带领下，村庄处处都是热火朝天的建设场面，处处都有感人肺腑的动人事迹。2016 年 4 月，华若村钟家庄村庄进行了堰塘整治，在村庄理事会的组织下，村民不仅为堰塘整治筹集资金，而且纷纷主动参与整治工作。

能人回村任理事，村民看到新希望

柯育良，男，1972 年出生，退伍军人，华若村钟家庄村民，现任钟家庄理事会会长。从2013年开始,柯育良带领几十名湾里的年轻人一直在浙江办服装厂。2015年底,为了搞好村庄建设,经过村民共同讨论决定,钟家庄成立村庄理事会。在推选理事会成员时,村民一致推选为人正直、能力突出、办事公道的柯育良为村庄理事会会长。此时还在浙江开办服装厂的柯育良,得知自己被村民推选为理事会会长后,果断放弃月收入上万元的服装生意,毅然返乡开始发展生态农业。

为了带领村民致富,柯育良凭借多年办厂经验,在村里承包了300余亩土地,成为本村庄流转大户,其种植的花卉苗圃、时令蔬菜等经济作物,热销黄石、武汉等周边城市。随着规模的扩大,他聘请本村闲置在家的村民进行除草、施肥等工作,解决了在村村民的就业问题,大幅度提高了他们的经济收入。

现今,村民收入显著提高,村容村貌焕发一新。虽然柯育良的个人收入远低于原经商收入,回村创业并不划算,但是柯育良说:"老百姓信任我,选我做村庄理事会会长,我就不能拿经济收入来衡量个人得失,庄里还有14个光棍,带领村民把村庄建设好了,让光棍也能娶上年轻姑娘。"

茗山乡牢固树立农民的主人翁意识,把实现好、维护好、发展好农民的根本利益作为发展的根本目的,把增进人民福祉作为发展的出发点和落脚点,构建基层党组织的新型载体,鼓励能人治村,充分调动了农民的积极性、主动性、创造性。

(二)村民自治领域显著拓展

农村基层民主是国家治理能力现代化的重要组成部分。农村基层民主政治建设对于构建社会主义和谐社会,深化农村改革、促进农村发展,深化农村基层党风廉政建设、巩固党在农村的执政基础具有十分重要的现实意义。

不再奔赴"山水迢迢"的行政村,茗山乡各村庄村民在家门口也能感受到民主的力量。村庄理事会成立后,通过开展多领域、多层次、多渠道的基层民主协商,增进了基层民主的深度和广度,拓展了群众表达利益诉求的渠道。村庄中小事由理事会讨论协调解决,事关全体村民的大事则由理事会依据村庄理事会章程，通过户代表会议进行表决。

农村基层党建创新实践过程中，村民小组的撤销或调整、村庄范围的重新划分、村庄理事会的广泛组建以及理事会成员的推选，均是在广泛征求党员、村民小组和村民代表意见和建议的基础上，达成一致意见的结果。

与此同时，在组织村民开展村庄建设的过程中，各村庄理事会均制定了村庄理事会议事规则，使议事、监督的权利真正掌握在广大农民群众手中，保证村民享有知情权、决策权、管理权和监督权。村庄理事会化身为"议事小组"，坚持民主集中制、少数服从多数原则，充分听取各方意见，培养了广大农民群众的民主习惯，实现了"为民做主"到"由民做主"，"政府拍板"到"群众决策"谋划共治的转变，构筑了以民主选举、民主决策、民主管理、民主监督为基本内容的农村基层民主制度的框架，开辟了一条在村党支部领导下建设农村社会主义民主政治的成功之路。

在推进基层治理现代化的过程中，党组织的地位和作用极为重要，茗山乡党委将创新基层党建与推进社会治理现代化紧密结合起来，适应基层治理的新变化、新要求，深化改革、积极创新，充分发挥了基层党组织的战斗堡垒作用，以党建工作推动了基层治理的现代化，为推进基层治理现代化提供了鲜活生动的实践样本。

(三)基层治理效能明显提升

基层治理是一个非常复杂的系统工程。提升基层治理效率不仅需要服务型基层党组织、强有力的党支部书记，更需要"自下而上、双向互动"的基层治理体系。在过去，基层党组织与党支部书记以及村委会，将自身置于管理而非服务的位置，遇到事情包办代替，群众认可度低，吃力不讨好，100块钱只能做50块钱的事情。

实践过程中，茗山乡党委、政府转变以往对村委会"权力主导""层层下压"式的管理模式，通过政策、资金、信息等资源下沉，以政策、财政资金为导向，为村庄建设提供政策、资金支持，从而引导并调动村民参与村庄建设的主动性、积极性，最终形成了财政资金引导、农民群众和社会力量自主投入的良性互动机制，保障了理事会的持续发展。村庄理事会这个新型的村民自治组织的成立，有效推动了基层治理从"单向推动"转变为"双向互动"，村民开始主动找村委会，打算为村庄出点力、做点事，村委会则积极为村庄寻求扶持项目，寻求资金支持，村委会和村庄理事会以及村民之间的关系在参与项目运营的互动中得到有效改善，其合作协同治理村庄事务的效能也得到有效提升。

在村庄理事会的带动下，村民积极参与村庄日常事务的决策与管理，农民群众参与村庄公益事业建设的积极性也得到了充分调动。晏庄村刘明益村庄理事会会长刘付广说，“由于现在都是村民自己想干，村民自己筹资筹劳，村‘两委’的工作也就变得很容易，只需要花 50 块钱，就可以做 100 块钱的事”。对于村庄建设来说，现在干的都是老百姓想干的、愿意干的，很多问题都在村民的参与互动中迎刃而解，村庄治理变得非常轻松而且有效。如今，村民在家门口就可以享受到城里人一样的生活，村庄内的邻里纠纷也可以及时得到化解。随着改革的推进，这些都成为茗山农村基层治理面貌的真实写照。

“茗山实践”以来，大冶市委积极为茗山乡农村基层党建实践提供政策支持，各村村委会积极为村庄理事会提供政策指导、项目支持等各方面的服务。其中，晏庄村、杨桥村、华若村三个村共申报道路硬化、文化广场、村容村貌美化亮化等“一事一议”财政奖补项目 25 个，申请到财政奖补资金 105 万元，涉及 17 个村庄，惠及近 4000 人。

目前，仅晏庄村、杨桥村、华若村已有 20 个项目建成使用，5 个项目正在实施。其中，晏庄村村委会为支持刘明益村庄修建环村道路，向乡政府争取到 10 万元道路硬化资金；杨桥村下杨湾村庄修建户户通，杨桥村村委会通过“一事一议”、申请专项资金等方式为下杨湾村庄争取到 10 万元，为金湾村庄争取到 6 万元“一事一议”奖补资金，用于支持金湾村庄新建健身器材和篮球场。晏庄村、杨桥村、华若村坚持从村民需求出发，积极为村庄争取各类服务项目，从过去的“被动管理”转变为“主动服务”。

刘明益村庄：花 50 块钱办了 100 块钱的事

2016 年 6 月上旬，为了方便村民出行，晏庄村刘明益村庄理事会经过内部商议，打算结合村庄现有道路情况，对村庄的环村道路进行路面硬化。6 月 15 日晚，理事会会长刘付广召集户代表就硬化环村道路一事征求意见。会长刘付广向户代表说明,“要想富,先修路。修这个环村路是为了大伙进进出出方便,但是修路需要大概25万块钱,这个钱怎么来,就需要大伙每家捐一点,我们理事会负责向村委会申请,由村委会向乡政府争取一部分奖补资金。你们可能这会觉得出钱划不来,但是早晚都是要买小车的,路修好了,将来大伙的车可以直接开到屋门口”。听了刘会长的一番话,村民纷纷表示愿意出钱修路,并且愿意出力。

刘付广便向村“两委”提出了修建环村道路及奖补资金的申请。村委会向乡政府积极争取,为刘明益村庄环村道路的修建争取到10万元奖补资金。作为党员、理事会会长,刘付广自己首先拿出了10万元,党小组组长刘典生(退休老书记)拿出2000元,并鼓励大家每户筹资600元起。6月21日,经过统计,刘明益村庄一共筹集到约26万元的修路资金。6月26日,在所需的物资、工具全部到位后,刘明益村庄正式启动了环村道路的硬化工程,工程启动后,村民们义务承担起了道路硬化的施工和日常维护。截至2016年7月10日,刘明益村庄环村道路硬化已经完成了三分之二。

在村支部书记的领导下,在刘明益村庄理事会的组织下,刘明益村庄环村道路硬化的提出、筹备、施工、维护均由村民自己完成,大大减轻了村“两委”的工作压力,从过去村“两委”求着村民做事,转变为现在村民自己要做事,改变了过去包办代替的治理模式,形成了村“两委”、村民双向互动的治理方式。晏庄村支部书记也坦言自己“有了被解放的感觉”,“我们的工作变得简单多了,老百姓不用折腾来折腾去”。同时,由于是村民自己出资修路,为了节约成本,村民自愿出力修路,有效激发了村民参与村庄建设的积极性。

顺应民意、汇聚民力、为民解忧的村庄理事会的成立,不仅凝聚了人心,整合了政府、社会和村庄资源,而且调动了村民建设村庄的积极性和主动性,用50块钱办100块钱事情,达到了事半功倍的效果。

三、村庄建设从“补短治弱”转变为“全面发展”

牢固树立创新、协调、绿色、开放、共享的发展理念,坚持创新发展、协调发展、绿色发展、开放发展、共享发展是关系我国发展全局的一场深刻变革。茗山乡主动适应新形势、新变化和经济发展新常态，变革发展思路，转换发展路径，改变过去新农村建设中“整治弱项、补强短板”的做法，按照“生产发展、生活宽裕、乡风文明、村容整洁、管理民主”的总体要求，牢固树立五大发展理念，大力弘扬改革创新精神，以村庄理事会为载体的茗山乡基层党建创新实践，美化了村民生活环境，助推了村庄经济发展，促进了乡村社会和谐，实现了茗山乡村社会的全面发展。

（一）村民生活环境美化升级

“茗山实践”以前，垃圾集中收集处理还仅仅停留在形式上，实际的收集处理效果与平时检查汇报的情况大相径庭，村庄内污水随意排放，生活垃圾随意堆放，沿路垃圾随处可见，成堆的垃圾比比皆是，村庄环境“脏、乱、差”的现象非常普遍，环境卫生状况极差。同时，大多数村里没有装路灯，“晚上出行一片黑”，进村道路没有硬化，“晴天出行一身灰，雨天出行一身泥”，村民生产、生活极为不便。

村庄理事会成立后，针对村民生产、生活环境现状，在村庄理事会积极组织下，村民积极参与，纷纷筹资筹劳，从“等人建”转变为“我要建”“自己建”，新建公共基础设施，许多村庄装起了路灯，硬化了道路，建起了球场，搞起了村庄绿化等等，村民的生活环境得到了极大改善，村容村貌焕然一新。“茗山实践”以来，杨桥村6个村庄理事会通过组织村民筹资、动员企业老板出资等方式，共筹得510万元资金，新建了4个文化活动中心，整治了2个水塘、1个山塘，新装72盏路灯，建设2.4公里户户通公路，大力实施绿满杨桥工程等。

表1-7　村庄理事会成立前后基础设施建设情况

	路灯数量		道路硬化公里数		文化礼堂数量		球场数量		水塘整治数量		健身设施数量	
	前	后	前	后	前	后	前	后	前	后	前	后
晏庄村	21	55	4	7.7	0	5	0	4	7	8	0	4
杨桥村	13	75	5.5	10.25	1	5	0	3	0	5	0	2
华若村	0	32	0	7.5	0	2	0	2	0	10	0	10

杨桥村:美丽乡村建设,硕果累累

杨桥村位于茗山乡西南方,距茗山乡政府6公里,开车只需10分钟,全村共辖7个自然湾。在村党支部领导、村委会指导下,杨桥村辖区金湾、少山吴湾、上庄吴湾、新屋湾、下杨湾、张文钦湾6个村庄理事会,充分融合各界力量,齐心协力建村庄,村容村貌焕发新气象。

金湾村庄:村民集资250余万元,新建群众活动中心1个,沟渠清淤护砌1000余米,建设户户通道路1000米余,整治生活水塘2口,房前屋后绿化栽树1000棵,安装路灯36盏。

少山吴湾村庄:村民集资100余万元,拆除破旧房屋6栋、厕所16个,建设户户通公路400米、篮球场1个、公共厕所1个,并配合村"两委"协调公路征地400余米且成功修通,正在计划筹资26万元修建村庄门楼。

上庄吴湾村庄:村民集资30万元新建群众活动中心一个,并陆续集资开展广场绿化建设。

新屋湾村庄:村民集资50万元,建设群众活动中心、篮球场1个,安装路灯18盏,整治加固危险山塘1口。

下杨湾村庄:村民筹资筹劳60万元,新建群众活动中心1个,安装路灯18盏,新建水塘1口,积极开展新农村整治。

张文钦湾村庄:动员个体老板出资20万元,建设进组公路1公里,并准备开展路肩硬化建设。

村庄环境美了,基础设施建设好了,农民群众乐了。

杨桥村各村庄理事会积极筹资酬劳,整合村庄各类资源和资金,带领农民进行道路硬化、厕所改造、水塘整治等各类基础设施建设,不仅凝聚了民心,而且改善了村庄基础设施,改变了村庄环境,加快了美丽村庄建设的步伐。

(二)村庄经济内生动力强劲

农村要强,农业必须强;农村要美,村庄必须美;农村要富,农民必须富。村党支部领导下的村庄理事会为茗山农村经济发展带来的巨大变化,特别体现在改善农民的生产和生活方式上。由村党支部牵线搭桥，村庄理事会组织村民与瑞晟公司合作，流转土地种植玫瑰花。晏庄村刘明益村庄理事会副会长刘典生带领由60人组成的队伍加入合作社，进一步整合生产力和生产资料，村民们一样是下地干活，不一样的是可以领工资。“茗山实践”以来，村庄理事会尝试结合村庄优势、特色，整合村庄内人力、土地、技术等资源，通过土地流转、招商引资、成立专业合作社等方法提高村民收入水平，实现了村民增收。

曾几何时，晏庄村、杨桥村几百亩田地中，有200多亩长满了野草。如今这里玫瑰花、薰衣草漫山遍野。“搞土地整合，连片开发，关键是要让村民相信你。我们的做法是由村民共同支配经营收益，按比例分红。”杨桥村张文钦湾村庄理事会会长说。村庄理事会、农民专业合作社……一系列村级组织的出现，配合着村党支部工作，也揭开了茗山村级经济繁荣发展的序幕。

“茗山实践”以来，茗山乡各村庄立足村庄实际，充分利用村庄土地、人才等资源优势，大力推进“一会一品”的农业产业化发展模式。各村庄在茗山乡政府政策扶持下，通过培育农业龙头企业和农业专业合作组织，充分发挥农业龙头企业在资金扶持、技术服务以及延长农业产业链方面的积极作用，增强了农业龙头企业带动村民种养致富的能力，加快了村庄土地流转进程，逐步形成了“大产业、大基地、大市场”的现代农业产业化发展格局。

晏庄村大力发展村集体经济，村集体经营性收入达41万元。晏庄村现有英才种植专业合作社、成龙专业合作社、天培食品菌养殖合作社、嘉禾家具厂、预制场、茗晏花卉合作社、中日合资吉森制衣有限公司等7家村办企业，为村庄300多位业余劳动力提供了就业机会，壮大了村庄经济实力，提升了村庄经济水平，目前晏庄村民人均年纯收入近万元。以“乡村型、生产型、增值型”为主要特点的中国乡村园博会为发展契机，杨桥村在村党支部的领导下，由村庄理事会组织村民根据自家特色，开办了农家乐38家，农家乐从业人员150余人。另有村民开起了农家旅馆，招待前来游玩的旅客。园博会期间，仅杨桥村接待游客就达到10万余人，旅游收入超过312万元。

在农村基层党建创新实践中，在党支部的带领下，茗山乡推动转变农村发展方式，一步步将“美丽资源”转变为“美丽经济”，农业发展走上了有人带头、有人引领的新路子，实现了“党引导、民经营、群众得实惠”的目标，加快了乡村经济发展速度，提升了乡村经济发展水平，实现了基层党建工作与乡村经济发展的深度融合。

（三）乡村社会和谐之风劲吹

从晏庄村、杨桥村、华若村三个村各村庄理事会组建以来，在党员的积极带头下，理事会成员凭借各自的“亲缘、地缘、业缘”等优势，引导村民自我教育、自我管理、自我服务，调处群众矛盾纠纷。90%的矛盾纠纷经过村庄理事会的调解，在村庄内部就得到了解决，实现了“改革零成本，服务零距离”，使村民关系更加和谐融洽，基层信访维稳有效夯实，促进了乡村社会的和谐。

1. 村民关系和谐融洽

村庄理事会组织村民“熟人办熟事，熟人管熟人”，村庄的事情都由村民商量着办，并通过组织村民跳起广场舞等一些群众基础很好的活动，引导村民从家中走出来，互相交流、增进了解、消除隔阂，使部分村民之间的关系由原来的“同住一个村，老死不相往来”的状态逐步转变为“远亲不如近邻”。

广场舞等文化活动，以及针对留守儿童、留守妇女、留守老人等群体的关爱服务活动的开展，丰富了村民的日常生活。不少村庄成立了老年协会、志愿者服务队、舞蹈队等，烟雾缭绕的麻将室改成了功能齐全的活动室，嘈杂的麻将声也变成了嘹亮的歌声和爽朗的笑声。与此同时，村庄理事会还发动村民对低收入群体、困难家庭等弱势群体进行帮扶互助，让他们感受到来自邻居的温暖，使村庄成为一个其乐融融的温暖大家庭。

2016 年 7 月初，晏庄村刘明益村庄某户村民 8 个月大的小孩被确诊为白血病，这对于本就不富裕的家庭无疑是雪上加霜、晴天霹雳。得知这个情况后，理事会会长、老党员刘付广立即召集理事会成员，筹划组织爱心募捐，村庄理事会带头并组织本村庄村民进行爱心募捐，同时向村庄外请求社会募捐。在刘付广的努力下，在村庄内共募集到村民爱心捐款 4 万多元，其中有一位村民捐了近 2 万元，并在村庄外共募集到社会爱心捐款 5000 元。

2. 信访维稳有效夯实

茗山乡在信访维稳上，坚持“什么问题突出就下功夫解决什么问题，什么矛盾集中就花气力化解什么矛盾”的原则，以村委会、村庄理事会为载体，加强风险研判，强化源头治理，努力将矛盾纠纷化解在基层、化解在萌芽状态，避免小问题拖成大问题，避免一般性问题演变成信访突出问题，推动信访维稳工作“下沉”。

加强村委会与村庄理事会之间的协调，村庄理事会通过从生活上关怀上访户的点滴做起，针对他们生活中存在的实际困难，向村委会报告，再由村委会向乡政府请示，主动想办法，找对策，形成合力，构建了各负其责、协调联动的信访维稳工作体系，既帮助上访户走出了困境，实现了“小事不出理事会，大事不出村委会”，也有效缓和了干群矛盾，融洽了干群关系，化解信访矛盾的能力和水平有效提升，基层信访维稳进一步夯实。截至2016年7月，茗山乡村级层面共回应群众诉求39起，有效化解37起，矛盾纠纷化解率达到95%以上。

2015年12月之前，在杨桥村金湾村庄内金姓两个房头，由于历史遗留问题，两房之间一直都是“老死不相往来”的状态。2016年1月金湾组建村庄理事会以来，由于经常需要一起议事，两个房头开始有了简单的交流。在村“两委”的牵头下，金湾村庄理事会对两个房头进行了多次调解，2016年5月，两个房头之间多年的恩怨最终得到圆满解决。

如今，茗山乡每个理事会成员都是信访矛盾纠纷的调解员，在“为政府分忧、为信访分流、为公安减压、为法院减负、为群众解难”方面发挥着积极作用。

调解理事化解矛盾显实效

2015年底，华若村柯竹林村庄村民方某因为建房问题，与两户邻居刘某、陈某发生矛盾纠纷，吵得面红耳赤。“方某因为建房，影响到周边的道路间距，刘某等人觉得可能会给他们的出行带来不便，所以极力反对建房。”柯竹林村庄理事会调解理事柯国强说，在方某建房期间，刘某等人时常因为此事与方某发生口角。为了顺利调解矛盾，柯国强多次上门与他们摆事实、讲道理，并邀请三家人面对面交流、谈心，这才让原本闹僵的气氛渐渐缓和了许多。

经过近两个月的调解，三家人终于握手言和，方某建房也得到了所有邻居的许可。“确实有很多事情，都需要相互间多沟通，只要双方都能坦诚相对，这些矛盾纠纷就不存在了。”矛盾化解了，房屋也能继续修建了，方某欣喜不已。

现在，“有求必应、随叫随到”已成为茗山乡村庄理事会成员和村委会成员的“招牌”，村民只要有事就会找理事会成员或者村干部。“理事会成员、村干部处理事情公平公正，我们干吗要跑到镇里、县里去上访呢？”75岁的张大妈朴素的话道出村民们的心声。在村庄理事会与村委会的协同下，村庄的各种矛盾纠纷得到了有效的化解，村民的信访需求也随之减少，茗山乡基层信访维稳得到有效夯实。

遏制湾子间潜在的上访源头

2016年4月，晏庄村张大亨湾浇注水泥路时占用了柯益凤湾祖坟前的地界，双方争执不下，村民柯某扬言要携带汽油与他人同归于尽，还要到黄石上访。时值外出青年回乡扫墓之时，双方人员“声势浩大”，如果处理不当，稍有不慎都将酿成一场大的群体性事件。正当双方人员不断聚集到事发现场时，村委会干部接到村庄理事会成员报告后马上赶到现场，一方面组织双方的理事会成员稳定双方情绪，另一方面马上在双方监督下实地勘察、丈量所被占用的土地情况。对于被占用的十几平方米土地，柯益凤湾要求张大亨湾以宅基地标准赔偿三四万元；张大亨湾则认为修路造桥本是民生工程，最终受益的还是全村人。见现场无法解决问题，村干部邀请两湾理事会成员到村委会开协商会，最后经调解双方各退一步，张大亨湾补给柯益凤湾1200元地皮占用费，道路继续建设，村里负责帮忙修缮祖坟。在村委会与村庄理事会成员协调联动下，两湾的矛盾纠纷得以有效化解，使潜在的信访问题化解在萌芽中。

依托村庄理事会平台，发挥其成员在人缘、地缘、亲缘等方面的优势，交付他们宣传政策法规、收集社情民意的责任,村庄有效回应了村民的各种利益诉求,改变了过去认为靠法律解决不了问题,要靠上访、信访,靠找门路、托关系,甚至采取聚众闹事等极端行为的观念,不仅和谐了乡村邻里关系,也使基层信访维稳有效夯实了,推动了和谐村庄的建设。由村民民主推选产生的村庄理事会,为村民之间架起一座"连心桥",真正成为村民之间的"和事佬",奏响了美丽村庄建设的"和谐曲",与村民一道齐力谋求发展,描绘着和谐,分享着平安。

第四节　党建引领·活力村庄:方向与条件

2016年7月1日,在庆祝中国共产党成立95周年大会上,习近平总书记再次强调,"建设中国特色社会主义的主要任务,就是到2020年中国共产党成立100年时实现第一个百年奋斗目标、全面建成小康社会,为进而到本世纪中叶中华人民共和国成立100年时实现第二个百年奋斗目标、建成富强民主文明和谐的社会主义现代化国家打下坚实基础"。"两个一百年"的奋斗目标嘱咐我们,一定要不忘初心、继续前进,一定要勇于变革、勇于创新,永不僵化、永不停滞,不断夯实党的执政基础、增强党的执政能力,永葆党的青春活力,确保党始终成为中国特色社会主义事业的坚强领导核心。

为有效破解农村基层党组织面临的现实问题、农村基层治理面临的现实困境,为顺利实现"两个一百年"的奋斗目标奠定坚实的基础,自2015年10月开始,大冶市委从加强党的执政能力建设和先进性建设的战略高度,做出统一部署、提出明确要求、切实加以推进。在市委、市政府的领导下,茗山乡党委始终坚持抓住根本,面向群众,把握节点,示范带动,典型引路,创新手段,整合资源,强化保障,按照"党政主导、村民自治,科学谋划、突出特色,改革创新、依法治理"的原则,突出"党建""自治""效果"三个关键节点,积极开展了农村基层党组织建设的实践探索。

茗山乡的农村基层党建创新实践正是以当前党的基层工作面临的服务能力弱化、队伍培养乏力、发展资源不足等具有普遍性的问题为导向和切入点,坚持以基层党建为核心和抓手,创新并确定村庄理事会作为农村治理服务基本单元,在此基础上通过"六进三评",强化党群服务,实现了党群服务的常态化、项目化、规范化；实行“两培一选”，完善了党员干部培养体系，实现了党员干部来源的广泛性，增强了党员干部的适应性；坚持“三级联动”，推动资源整合优化，实现了资源整合的多元化和专业化以及基层治理效能的绩优化，保障了村庄理事会的持续发展。

茗山乡农村基层党建创新实践，坚持以党建引领为核心，以村庄理事会为基础，全面而有效地破解基层党建难题，激发并增强农村地区的内在活力，提升党在广大农村基层地区的执政能力，推动了基层党组织向“服务型”转变，基层治理方式向“双向互动”转变，农村发展向“全面推进”转变，最终实现了基层党组织的全面进步、全面过硬，推进了基层治理的现代化，保障了农村地区的长治久安、繁荣稳定和可持续发展。

一、党建引领，夯实执政基础

首先，以党建引领为核心，充分发挥基层党组织在农村基层党建创新实践中的总揽全局、协调各方的领导核心作用。村庄理事会的成立、换届和成员的推选，由村“两委”组织开展，村党支部严格把关；村党支部对村庄理事会的“六进理事会”职责落实情况进行评议，进一步巩固了村党组织的核心领导地位；大冶市委组织部、茗山乡党委和村党支部对“两培一选”的党员干部推行民主性选拔、针对性培养和动态化管理模式，不断改善农村党员干部的年龄结构和文化结构，为基层积蓄人才，增添发展后劲；扎实开展各类主题活动，充分发挥党员的先锋模范作用。

其次，以理事会搭台为基，在充分尊重群众首创的基础上，将村庄理事会打造为基层党组织的有效载体，能够实现党员和群众的“双向互通”，鼓励村庄党员进入理事会，为党员充分发挥先锋作用、模范作用以及战斗堡垒作用提供载体。通过“两培一选”，将一大批能力强、基础硬的人才输送到党员干部队伍当中，有效增强党组织的战斗力和凝聚力；通过民主方式组建村庄理事会，逐步健全理事会运行机制，注重发挥理事会在村庄政治、乡村基础设施建设等事关村民切身利益事项方面的主体作用；通过村庄理事会汇民智、聚民心、理民情、解民怨，将全体村民凝聚在村“两委”周围，村庄理事会成为群众利益的维护者和代言人，实现了党建工作向基层有效延伸，架起了党群干群沟通的桥梁，党的领导和村民当家作主实现了有机融合。

二、整合资源，激发基层活力

首先，“茗山实践”是以党建引领为核，以理事会搭台为基，将村庄理事会打造为村级服务型党组织建设的新型载体，明确村庄理事会的服务功能包括基层党建、村庄经济发展、村庄整治、人民调解、科技服务、文明创建六大方面，强化党群服务，并通过支部评议，对理事会的职责落实情况进行考评，提升服务质量，推动党群服务的常态化和规范化。以村庄理事会为载体，通过“两培一选”，培养带头服务、带领服务、带动服务的党员干部队伍，建立服务意识好、服务作风好、服务水平高、服务氛围好的党组织领导班子，最终实现了基层党组织服务意识明显增强，服务能力明显提高，服务成效明显提升，强化了党群服务，密切了党群干群关系，实现了基层党组织向服务型转变。

其次，茗山乡党委充分尊重群众首创精神，珍惜群众创造成果，通过政府调动各方资源，激发农民群众的主动性、创造性，由“政府拍板”到“群众决策”，推动了政府治理方式从“管理”向“治理”转变。村庄理事会充分发挥平台优势，整合村庄内人力、土地、技术等资源，组织村民共同商讨和解决村庄重大事务，激发村民积极性；村民是村庄建设的主体，注重发挥村民的主体作用，培养村民自治意识，鼓励村民主动参与村庄建设，从而降低政府施政成本，最终实现政府和群众的双赢。最终，茗山乡党委通过注重尊重群众首创精神，政府引导调动、理事会搭台发动、村民主动，由“为民做主”到“由民做主”，保障了持续发展，实现了基层治理方式向双向互动转变。

再次，茗山乡党委主动适应新形势、新变化和经济发展新常态，按照“生产发展、生活宽裕、乡风文明、村容整洁、管理民主”的总体要求，推动村庄经济、生活环境、社会风气等方面的统筹推进。在党的引领下，借助村庄理事会，村庄的“美丽资源”转变为“美丽经济”，增强了村庄经济的内生动力。在村庄理事会组织下，村民积极筹资筹劳，从“等人建”转变为“我要建”“自己建”，村民生活环境得到极大改善；理事会利用地缘和亲缘优势，在村民之间架起一座“连心桥”，成为村民之间的“和事佬”，奏响了美丽村庄建设的“和谐曲”，党群、干群以及群众之间的矛盾得到及时化解，推动了和谐村庄的建设和农村社会稳定，实现了农村发展向全面推进转变。

以党建引领为核、理事会搭台为基的“茗山实践”，将村庄理事会打造为基层服务型党组织的有效载体，通过“六进三评”，推动了基层党组织向服务型转变，并通过“两培一选”，实现了基层服务型党组织服务意识明显增强，服务能力明显提高，服务成效明显提升。坚持政府引导调动、理事会搭台发动、村民主动的“三级联动”机制，整合优化各方资源，激发了村民热情，提升了治理效能，保障了持续发展，实现了治理方式向政府与村庄的双向互动转变。在党组织的引领下，村庄理事会结合村庄特色，整合人力、土地、技术等村庄资源，将“美丽资源”转变为“美丽经济”，推动基层党建工作、乡村治理方式与村庄发展思路的深度融合，坚持村庄经济的发展、生活环境的美化、和谐社会的构建等方面的全面推进，实现了农村发展向全面推进转变。

三、耕耘希望，党旗迎风飘扬

茗山乡始终坚持以问题为导向，以化解农村基层党组织建设的现实困境为主要任务，致力于破解农村党员结构不优、党员干部后继乏人的困境，解决党员队伍能力不足、党员先锋模范作用发挥不明显的问题，转变村级党组织凝聚力下降、党群干群关系不和谐的状况，破解党员服务意识淡薄、党组织服务群众力度不够的难题。在市委、市政府领导下，“茗山实践”有效破解了农村基层党组织建设和乡村治理面临的现实难题，推动基层党建和乡村治理现代化稳步向前。

从国家治理宏观层面看，“茗山实践”所具有的典型代表性、功能的可拓展性、模式的可复制性以及发展的可持续性，对于巩固党在基层的执政基础，提升基层执政能力，推动基层治理体系和治理能力现代化，从而实现“两个百年”的宏伟目标，具有重要的参考和借鉴价值。

茗山乡的农村基层党建创新实践，体现了基层党组织建设的“四个过硬”要求。一是组织过硬，健全建强党的基层组织体系，激活基层组织建设的“神经末梢”，扩大党组织和党的工作覆盖面，加强党支部规范化建设，做到组织过硬。二是班子过硬，大力加强基层干部队伍建设，党员干部要拧紧世界观、人生观、价值观这个“总开关”，做到心中有党、心中有民、心中有责、心中有戒，打造信念坚定、素质优良、结构合理、敢于担当的领导班子，做到班子过硬。三是队伍过硬,认真做好发展党员和党员教育管理工作,建设一支信念坚定、素质优良、规模适度、结构合理、作用突出的党员队伍,做到队伍过硬。四是作用过硬,着眼于履行党的政治责任、巩固党的执政基础、实现党的执政使命,加强党的基层组织建设,把政治功能与服务功能统一起来,推动发展、服务群众、凝聚人心、促进和谐,做到作用过硬。

"茗山实践"的经验启示在于,基层党建的发展创新,要在实践探索中做到"四个坚持"。一是坚持始终不忘初心、继续前进,坚信基层党组织的执政基础在人民,基层党组织的战斗力在人民,充分发挥广大人民群众的积极性、主动性、创造性。二是坚持贯彻"从群众中来,到群众中去"的群众路线。尊重群众和基层的首创精神,学习群众的实践经验,听取群众的意见建议,实现好、维护好、发展好群众的切身利益,使我们党始终拥有不竭的力量源泉。三是坚持推进基层民主政治的深入发展,长期坚持、全面贯彻,扩大群众的有序政治参与,保证群众广泛参与社会治理,形成生动活泼、安定团结的政治局面。四是坚持推进基层党组织的建设更好地与国家基层治理现代化相契合,切实找准立足点、切入点和结合点,使改革发展成果共分享,朝着实现小康社会的目标稳步迈进。

扎根田野的基层党建是最为鲜活、最贴民情、最接地气的实践。回归田野,这是茗山乡农村基层党建创新实践的最终目的。基层党建的"茗山故事",以创新精神全面推进党的基层事业迈上新的台阶,以其内在的丰富性、生动性和实效性,巩固和夯实了党在基层的执政基础,提升和强化了党在基层的执政能力,充满生机和活力的基层治理新格局正在成长之中。

茗山乡的农村基层党建创新实践昭示着,希望正在田野上,春风和煦,党旗飘扬!

四、不忘初心,改革继续前进

2014 年 12 月 30 日,习近平总书记在中央全面深化改革领导小组第八次会议上强调,"气可鼓而不可泄,要巩固改革良好势头,再接再厉、趁热打铁、乘势而上,推动全面深化改革不断取得新成效"。改革是一个复杂的系统工程,需要不断地深入和深化,既不能一蹴而就,也不能一劳永逸。当前茗山乡农村基层党建创新实践,推动了基层服务型党组织加速转型,实现了基层党组织向服务型转变,基层治理方式向政府与村庄的双向互动转变,农村发展向统筹推进转变。

大冶市委将继续深入调研,检验实践成效,并及时发现、分析和总结当前实践工作中遇到的新情况、新形势,进一步解放思想、完善方案、创造条件,继续深化农村基层党建创新实践工作,努力为全省、全国农村基层党建创新实践做出典型示范。

一是进一步强化农村基层党组织建设。把农村基层党建工作与正在深入开展的“两学一做”学习教育有机结合起来,拓宽“两学一做”学习教育的途径,检验“两学一做”学习教育的效果。同时,以学促做,把开展“两学一做”学习教育作为农村基层党建改革工作的有效载体和有力抓手,全面推进和深化农村基层党建改革工作,进一步强化农村基层党组织的政治引领功能,做好思想政治工作,推动党的路线方针政策在农村落地生根;扎实推进基层服务型党组织建设,多为群众办好事、办实事,不断提升服务能力;加强对村级各种组织的统一领导,敢于负责、主动作为,促进村级其他组织沿着正确方向健康发展。

二是继续加大村庄理事会的支持力度。通过项目申报、资金支持、政策引导、机制构建的方式,多方扶持村庄理事会发展壮大,对村庄理事会进行合理的制度化安排,防止村庄理事会行政化,真正发挥其自治功能、服务功能。建立健全人才长效激励机制,社会性激励与政治性激励并重,继续完善“两培一选”机制,不断激发人才履职的积极性、主动性;结合“互联网+服务”模式,运用微信、微博、地方政府网站、地方电视台等媒体平台,树立先进典型,加强典型示范,营造良好的舆论氛围。

三是进一步加强村庄特色资源的整合。开展村庄资源地图编制工作,展示村庄各类资源的分布情况,确定村庄各类优势资源、稀缺资源,为各村选定申报项目、制定发展规划、确定现阶段及未来发展重点等方面提供参考。首先,开展村庄资源地图绘制活动,以村庄理事会为单位,引导村民集体讨论村庄的自然资源(地理环境、动植物、矿物等)、旅游资源(交通景观、历史纪念物等)、人口资源(乡贤、专业人员等)、产业资源(农业、林业、渔业、矿业、工业等)、文化资源(宗族祠堂、信仰节俗、文化礼堂等)等方面,并在地图上详细标注。其次,在村民讨论绘制村庄资源地图的基础上对村庄资源地图进行分类、整理和加工，并通过公告栏、微信群联动平台等形式向全体村民公布，以增加村民对村庄资源的了解。

四是拓宽投融资渠道，满足村镇建设需求。一方面，对现有中央各部门支农惠民政策进行全面清理，强化县市财政部门对涉农项目和资金的审查和统筹，并设立单独账户统一管理。整合基层和农村社区项目资金，提高资金的使用效率和效益。另一方面，在加强政府投入的同时，要广开财路，多元筹措。要进一步拓宽民资进入渠道，鼓励引导社会资本投入社会服务管理，吸引海内外冶商回乡创业，形成社会服务管理多渠道投入和多元化供给机制；调动社会力量的参与，大力发展公益慈善事业。与此同时，要充分利用财政杠杆调动金融市场，加强银企合作，用好现代投融资工具，发挥金融的作用。此外，要积极争取上级有关部门的支持，并推动相关制度和政策的改革，让改革发展成果更多更公平地惠及广大人民群众。

党旗指向、党建为核的改革探索，正在茗山乡的大地上加速推进！

第二章　优势导向　改革领航

土地问题是我国最大的政治和社会问题。作为一项基础性制度安排，土地制度是整个社会结构的基础。农村宅基地制度是土地制度的重要组成部分，承载着重要的政治、经济和社会功能，在推动农业发展、促进农村稳定和保障农民安居等方面做出了历史性贡献。近年来，伴随工业化和新型城镇化的深入发展，农村经济社会环境发生深刻变革，农民需求日趋多元，利益关系更加复杂，影响因素更加多样，农业现代化、农村空心化和农民兼业化趋势愈发明显。由于宅基地“规划管理制度不健全，审批管理滞后，登记管理制度不完备以及退出和流转制度缺失”，农村地区一户多宅、面积超标、隐性交易、闲置浪费和退出不畅等现实问题不断凸显。现行宅基地制度无法充分满足我国农村经济社会深刻变革和农民生产生活的多元需求，成为制约乡村社会发展和实现农民美好生活需要的重要因素，迫切需要通过深化改革予以调整。

湖北宜城、湖南浏阳、江西余江作为15个宅基地制度改革试点地区中的3个代表地区，在改革过程中分别重点突出政府、市场与自治组织的重要作用，形成了“精准施策，精细运作”的宜城模式，“市场驱动，经社协同”的浏阳模式和“政府引导，政社联动”的余江模式，为全国宅基地改革的深入推进提供了经验与借鉴。本章将农村宅基地制度改革置于农村现代化中，置于乡村振兴战略和城乡融合的发展背景下，深入研究农村宅基地制度改革试点地区的有益探索和成功经验，对试点地区的探索、创新、经验及其特点进行比较全面和系统的分析、概括和总结，分析政府、市场、自治组织在改革中的角色定位，为乡村振兴战略与城乡融合背景下农村宅基地制度的改革提供经验借鉴。

第一节　精准施策　精细操作——湖北宜城宅改观察

土地制度是我国的一项基础性制度安排,事关经济社会发展、人民安居乐业、国家长治久安。宅基地制度是土地制度的重要组成部分,深化宅基地制度改革,既是土地制度改革的关键内容,也是新农村建设的重要环节。随着工业化和城镇化快速推进,农村经济社会环境发生了深刻变革,农民需求日趋多元,利益关系更加复杂,影响因素更加多样,引发了宅基地闲置浪费与城镇用地紧张、宅基地限制流转与宅基地资产属性凸显、农民权益保护与宅基地福利属性等诸多矛盾。因此,开展农村宅基地制度改革既是规范宅基地流转、建立城乡统一土地市场的客观需要,也是提高农村土地资源配置效率的客观需要,同时又是维护广大农民群众土地合法权益、确保农村社会和谐稳定的客观需要。

党的十八届三中全会审议通过的《中共中央关于全面深化改革若干重大问题的决定》指出,要"保障农户宅基地用益物权,改革完善农村宅基地制度,选择若干试点,慎重稳妥推进农民住房财产权抵押、担保、转让,探索农民增加财产性收入渠道。建立农村产权流转交易市场,推动农村产权流转交易公开、公正、规范运行"。党的十九大报告提出实施乡村振兴战略,要求按照产业兴旺、生态宜居、乡风文明、治理有效、生活富裕的总要求,加快推进农业农村现代化。改革农村宅基地制度,完善农民住房保障机制,探索宅基地有偿使用与自愿退出机制和农民住房财产权抵押、担保、转让的有效途径是农村土地制度改革的重要组成部分,是实施乡村振兴战略的重要举措。根据党中央、国务院的决策部署,包括宅基地制度改革在内的农村各项改革正在扎实开展,一些重要改革事项试点工作正在有序推进。

2015 年,宜城市被确定为全国 33 个农村"三块地"制度改革试点县(市、区)之一,主要承担农村宅基地制度改革试点任务。自 2015 年 3 月试点以来,宜城市始终坚持问题导向,以党中央、国务院以及相关部委有关农村宅基地制度改革决策部署和具体要求为方向指引,以满足农村居民生产生活现实需要为目标,以新型城镇化综合试点与农村宅基地制度改革有机结合为抓手,着力探索具有宜城特色的地方实践。

实践中,宜城市坚持制度设计精准化、测算标准规范化、权益保障精细化、日常管理有序化、政策激励科学化的改革路径,在确权颁证、有偿使用、有偿退出等方面进行了有益探索,保障了农民户有所居,促进了农民财产收入增长与农村耕地面积增加,提升了宅基地管理水平,形成了精准施策、精准发力、精细管理、精细运作的宜城模式。但随着改革进一步深入推进,宜城面临着市场要素尚未精致培育,法律法规尚未精确设计,农民需求尚未精细了解,改革资金尚未统筹使用,社会组织尚未精巧激活等现实困境。农村宅基地制度改革是一项综合性极强、系统性极高的探索工程。现阶段,宜城应当按照"摸清情况、打牢基础、引领规划、稳步推进"的总体思路,从加强制度规范、完善领导体制、调动市场要素、满足农民需求、激发改革活力、坚持村民自治等方面入手,不断完善"精准施策,精细操作"的宜城模式。

一、现实背景与实践意义

农村宅基地制度是土地制度的重要组成部分,承担着重要的政治和社会功能,在促进农业发展、维护农村稳定和保障农民安居等方面发挥着重要作用,农村宅基地制度改革关系农民切身利益,具有十分重要的现实意义。

(一)现实背景

宜城市宅基地分配不均,使用权转让缺乏约束,退出机制不畅等现实难以适应当前城市化快速推进,农村人口大规模向城镇迁移以及土地节约集约利用的新形势,农村宅基地制度迫切需要通过一系列体制机制创新予以完善。

1. 一户多宅,面积超标

一户多宅现象突出。根据我国相关法律法规的规定,只有本村村民才能取得本村集体所有的土地建造宅基地,且只能以"户"为单位申请,个人不具有申请宅基地的主体资格。2004 年修订的《中华人民共和国土地管理法》对宅基地的取得和利用做出了一户一宅的管理规定,但该制度对于"户"的界定、分户条件等重要问题并未做出明确规定。

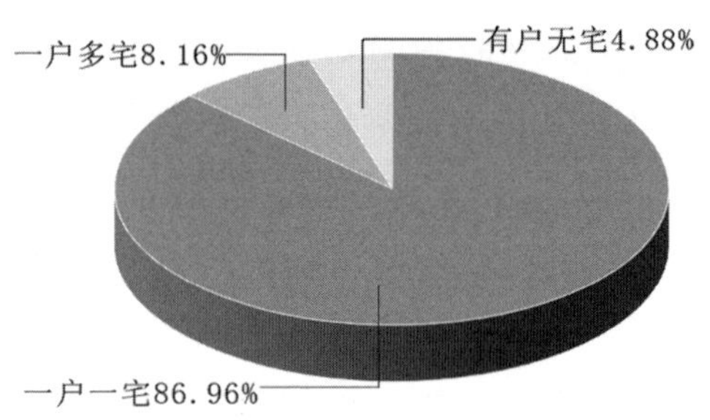

图 2-1　宜城市农村宅基地使用情况分布

对“户”界定的模糊,再加上继承、私有观念、疏于监管、历史遗留等原因导致宅基地公平分配存在问题,一户多宅现象突出。调查显示,宜城市农户共计 10.66 万户,现有农村宅基地约 11.24 万宗。其中,一户一宅 9.27 万户,占总户数的 86.96%;一户多宅 0.87 万户,占总户数的 8.16%;有户无宅 0.52 万户,占总户数的 4.88%(如图 2-1 所示)。

表 2-1　宜城市农村一户一宅超占面积占比情况

超占面积范围	百分比
>200 m^2	81%
>240 m^2	63%
>300 m^2	38%

资料来源:根据调研资料整理而成。

面积超占问题严重。 因我国长期实行无期限、无偿使用的宅基地管理方式,农民占有宅基地无成本,导致大量农户超占宅基地,宅基地使用和分配不平等。《湖北省土地管理实施办法》(鄂土资发〔2014〕35 号)规定,农民建房使用农用地面积不得超过 140 m^2,使用未利用土地(建设用地)不得超过 200 m^2。2015 年,宜城市调查摸底发现,全市农村宅基地面积大于 200 m^2 的占 81%,大于 240 m^2 的占 63%,大于 300 m^2 的占 38%(见表 2-1)。超占面积农户数量为 8.63 万户,占总户数的 81%,其中,南营、王集、板桥等镇(办)的部分村比例高达 90% 以上,超占多占问题严重。

2. 限制流转,“隐形”买卖

为节约有限的农村土地资源,保护耕地,发展农业生产,我国法律法规对宅基地的转让给予了极为严格的限制。2004 年修订的《中华人民共和国土地管理法》第六十二条规定“农村村民出卖、出租住房后,再申请宅基地的,不予批准”。但随着社会主义市场经济的飞速发展和经济体制改革的广泛深入,客观存在的土地市场供求关系使农村宅基地的流转有了巨大的市场,宅基地买卖、出租、抵押等形式的流转已大量存在,形成了以自发流转为主要特征的农民宅基地隐形市场。据统计,宜城市农村宅基地流转面积达6441.04亩,占宅基地总面积的12.79%。全市私下交易宅基地的共有2.14万户,占总户数的20%以上,不规范流转现象普遍存在。如板桥店镇上湾村七组40户私下交易宅基地,占总户数的47%;刘猴镇长乐村七组37户私下交易宅基地,占总户数的30%。

3. 人去楼空,闲置荒废

随着农村城镇化进程的加快,农村宅基地长期闲置的现象日益凸显。一方面,部分农户长期在外工作或经商,大部分时间定居外地,导致宅基地长期闲置。而农户普遍认为宅基地是祖辈留下的遗产,属于私有财产。受这种观念影响,农户自愿退出意识淡薄。另一方面,这些宅基地一般都是通过合法途径得到的,村集体经济组织无权收回,因此造成农村房屋、宅基地空置闲置现象不同程度存在。另外,由于村庄规划不合理、农村人口老龄化及城镇子女继承或受赠父母在农村的住宅或宅基地,也导致了农村住宅大量闲置、无人居住。据宜城市国土资源局统计,该市农村闲置宅基地、一户多宅占用地及村内闲置地约8万亩,占农村居民用地总面积的50%。

(二)实践意义

围绕着权益保障和取得方式、有偿使用的制度安排、自愿有偿退出机制、管理制度等关键性环节和方面,我国形成了农村宅基地改革的总体目标,早在中共中央办公厅、国务院办公厅印发的《关于农村土地征收、集体经营性建设用地入市、宅基地制度改革试点工作的意见》(中办发〔2014〕71号)中就得以清晰而完整的界定,而保障农民户有所居、推动土地集约利用、激发村庄发展活力、提升土地管理水平等则成为改革的预期红利。

1. 保障户有所居

为了适应城镇化和农民集中居住的新要求,中央要求地方试点“探索农民住房保障在不同区域户有所居的多种实现形式”。基于此,宜城市力求在农村宅基地制度改革中,加快农村宅基地确权登记发证工作的进度,科学确定农村宅基地用地面积标准，及时研究制定解决超占面积、一户多宅等历史遗留问题的意见和办法，探索不同类型的宅基地退出模式，以实现不同区域的居民户有所居，为农村宅基地制度改革顺利推进奠定基础。

宜城市以需求为导向，以集约为原则，将破解农民建房难问题与推进城乡统筹发展、优化城乡空间布局相衔接，通过多种形式保障农民住房需求，提高农民居住品质。在确权颁证的基础上，宜城针对不同类型村庄因地制宜确定宅基地面积，对超出标准的收取有偿使用费，确保宅基地公平分配；为解决农村普遍存在的一户多宅、面积超标等问题，宜城制定配套实施办法，明确宅基地申请和使用"户"的标准与分户原则，强化制度约束作用；完善宅基地审批办法，明确宅基地申请条件和办理时限，接受社会监督，切实维护农民依法取得宅基地的正当权益；为保障农民户有所居，宜城以推进新型城镇化战略与宅基地制度改革相结合为导向，以自愿有偿为前提，采取精准战略，一地一策，明确宅基地退出的范围、补偿标准和程序，建立和完善宅基地有偿退出制度，保障符合条件农户的宅基地需求。

2. 集约利用土地

农村宅基地不合理使用既影响土地资源有效配置、耕地动态平衡，也不利于生态、社会和经济可持续发展。在农村宅基地制度改革过程中，要继续坚定地贯彻和落实节约土地的基本国策和节约资源的要求。

宜城市以推进土地节约集约利用为目标，希冀通过制定相关规划，统筹各业各类用地，科学安排建设用地空间和开发时序，合理确定农村居民点布局和规模。在保障农民住房的基础上，宜城严格控制农村居民点用地总量，鼓励通过改造原有住宅，解决新增住房用地的需求。宜城市明确规定村内有闲置未利用的宅基地，不得批准新增建设用地；农民新建住宅优先利用村内空闲地、闲置宅基地和未利用地等。为了逐步引导农民居住适度集中，宜城根据土地利用规划、城镇建设发展规划，结合新农村建设，以量力而行、方便生产、改善生活为原则，因地制宜，按规划、有步骤地推进农村居民点撤并整合和小城镇、中心村建设，引导农民居住建房逐步向规划的居民点自愿、量力、有序集中。

为加强农村土地统筹利用，宜城市因地制宜，合理划定功能区位，加强农村宅基地管理；与农村集体经济组织和农户协商，确定宅基地回购价格，购买村庄内部退出的宅基地。同时,该市在预留一定面积用于宅基地再分配的基础上,大力发展退宅还耕、旅游产业等经营性项目以及教育、医疗等公益性项目。在改善村民居住环境的同时,实现村内资源有机整合,促进节约集约用地,提升耕地保护水平。

3. 激发村庄活力

农村土地制度改革逐渐盘活了农民手中沉睡的资源,将其变为可抵押的资产。农民对于农村承包土地、宅基地以及经营性集体建设用地等拥有了更多的收益权,农民财产权益将得到更有力的保障。

为彰显宅基地的用益物权属性,宜城市建立农村宅基地动态管理信息系统,在摸清宅基地底数、掌握宅基地使用现状的基础上,成立专门工作部门,统一处理宅基地登记事宜,以保证确权工作顺利开展。完成宅基地确权基础后,通过完善宅基地流转制度和抵押制度,构建宅基地市场化交易机制,不断强化农房抵押权能,从而有效解决农民贷款"抵押难""担保难"问题,使农民的"死资源"变成"活资本",增加农民土地财产性收益,壮大集体经济,增加耕地,最终激发农村发展活力。

4. 提升管理水平

在农村宅基地制度改革中,宜城市以乡镇党委、政府为后盾,以国土资源部门为"排头兵",力求形成党委领导、政府负责、部门协作、公众参与、齐抓共管的农村宅基地管理工作格局。

规划是宅改的基础,土地利用规划和村庄规划是严格控制宅基地标准、合理划定功能区位的前提。宜城市试图以土地利用总体规划为龙头,以因地制宜编制不同地区土地利用规划为核心,根据"多规合一"思路,坚持近、中、远期相结合的原则,科学编制和调整完善能够统一控制、统一布局、相互衔接、同步实施的新型城镇化发展规划和农业产业发展规划等相关规划,实行"一张图"管理宅基地。

宜城市以问题为导向,以政府引导和村民自治相结合为抓手,建立健全宅基地制度改革的配套政策及其工作机制,指导各行政村(社区)建立实用、管用的村规民约,将宅基地管理、有偿使用、自愿有偿退出等宅基地制度改革的内容纳入重点事项;成立村民事务理事会,制定村民理事会相关工作制度,明确宅基地制度改革中的组织职责、议事章程、办事流程等,强化和落实农村集体经济组织的所有权主体地位。为完善审批制度,宜城市将存量建设用地的审批权限下放至乡级人民政府,减少审批环节,缩短审批周期;同时推动管理农村宅基地的共同责任机制和监督管理制度建立,落实工作责任,形成执法监管合力,提高监管效率。

二、主要做法及创新经验

宅基地制度改革既涉及广大农民切身利益,也是推进农业人口进城落户的重要配套举措。宜城市通过出台农村宅基地管理、有偿使用、自愿有偿退出、农房抵押贷款等9项配套试行制度,确保各项改革按照既定时间表、路线图扎实推进,不断提高改革精准化、精细化水平。

(一)主要做法

结合距城远近、经济发展水平和地形地貌实际,按照代表性、典型性原则,宜城市分别在城乡接合部、镇政府驻地、平原以及丘陵等4类区域中选择8个村(社区),进行先行先试(如表2-2所示)。在实践过程中,宜城市坚持制度设计精细化、测算标准规范化、权益保障精细化、日常管理有序化、政策激励科学化的改革路径,在确权颁证、有偿使用、有偿退出等方面进行了有益探索,保障了农民户有所居,促进了农民财产收入增长与农村耕地面积增加,提升了宅基地管理水平,形成了"精准施策,精细操作"的宜城模式。

表2-2 宜城市农村宅基地制度改革试点村(社区)

序号	乡(镇)	试点村(社区)
1	刘猴镇	胡坪村
2		钱湾村
3	小河镇	新华村
4	鄢城街道办事处	白庙村
5	郑集镇	何骆村
6	流水镇	刘台村
7		黄冲村
8	板桥店镇	罗屋村

资料来源:根据宜城市相关政策整理而成。

1. 制度设计精准化

精准管理要以制度为根本,宜城市自承担改革任务以来,以制度创新为核心、以制度建设为主线,积极稳妥地推进各项改革工作。结合前期调研情况,宜城市汲取其他地区宅基地管理理念和典型做法,并聘请武汉大学资源与环境科学学院专家团队进行指导,编制了《宜城市农村宅基地制度改革试点实施方案》。在方案中提出了“多规合一”“按时段实行阶梯式分年度有偿使用”“无规划不审批、无设计不建房”等9个创新点,以及建立执法新机制、全域推进土地整治和增减挂钩等5个突破点。方案体现出宜城特色和制度创新,为国家层面相关法律法规的修订完善,提供了可借鉴的经验和建议。

表2-3　宜城市农村宅基地改革配套制度

文件名称	核心内容
《宜城市农村宅基地管理办法》	完善农村宅基地规划,明确农村宅基地申请条件和用地标准、农村宅基地审批、登记发证等
《宜城市农村宅基地历史遗留问题处理办法》	梳理各种类型历史遗留问题,给出具体确权登记解决方案
《宜城市农村宅基地有偿使用办法》	确定宅基地有偿使用面积标准、有偿使用对象、有偿使用标准及有偿使用费的收取和监管等
《宜城市农村宅基地自愿有偿退出办法》	明确农村宅基地退出方式、退出补偿和奖励标准及退出后的统筹利用机制等
《宜城市农民住房财产权抵押贷款暂行办法》	规范农民房地产权证、不动产抵押登记、价格认证等办理抵押贷款流程
《农村宅基地收益资金管理办法》	规范宅基地收益资金管理流程,确定资金分配与使用方案
《农村宅基地回购资金管理办法》	明确农村宅基地回购资金来源于宅基地有偿使用收益和土地增减挂钩项目奖补
《农村宅基地制度改革村民自治办法》	规范村民建房用地、宅基地有偿使用、自愿有偿退出、土地收益收支管理等
《村居干部经济责任审计试行办法》	细化村居经济管理有关规定,制定对村居干部经济违纪违法的处理处罚办法,加强对村居干部经济责任审计

资料来源:根据宜城市相关政策整理而成。

根据总体方案,宜城市制定了各项配套实施办法,先后出台了《宜城市农村宅基地管理办法》等 9 项试行制度,为试点改革提供制度保障(见表 2-3)。试点乡镇也依据各地实际情况制定了相应的实施办法,村级组织将农村宅基地分配、有偿使用、自愿有偿退出等加入村规民约,进一步规范宅基地管理。

2. 测算标准规范化

为了让农户公平享受宅基地权益,宜城市采取政府制定基准价格与集体确定调节系数相结合的方式,优化有偿使用费收取标准。该市以 2010 年修订的《湖北省土地管理实施办法》确立的宅基地法定面积(200 m^2)为标准,超占面积分别按基准地价乘以不同调节系数缴费。宅基地等级和收费标准划分科学,得到了大多数群众认可,目前宜城市已收取有偿使用费 1176.9 万元,占全市应收总数的 89.7%。

政府明确基准,划定区间。政府依据距城远近和经济条件,在划定宅基地法定面积基础上,制定宅基地有偿使用费阶梯式年基准价格。依据主城区、副城区和工业园区及镇政府所在地、传统集镇、中心村与普通村五个等级,该市划分了每平方米 1~21 元不等的农村基准地价,对超出面积的宅基地进行梯度收费(如表 2-4 所示)。

表 2-4 宜城市宅基地有偿使用费年基准价格

等级	收费(元/平方米·年)
主城区	21
副城区和工业园区及镇政府所在地	11
传统集镇	6
中心村	3
普通村	1

村级民主决策,制定有偿使用区间收费系数。民主决策作为村民自治的核心,对于破解乡村治理难题,维护农民群众根本利益有着重要意义。考虑到村级资金管理使用和农民的承受能力,宜城市遵循村民自治、民主自愿原则,参照《宜城市农村基准地价》标准,选择系数修正法计算缴费金额,按

年度收取有偿使用费。基准价格的调节系数由村委会召集村民代表大会集体决策与审议,纳入村规民约。

表 2-5 宜城市宅基地有偿使用费年调节系数

<table>
<tr><th colspan="3">标准</th><th>收费</th></tr>
<tr><td colspan="3">宅基地面积≤200 m^2</td><td>免费使用</td></tr>
<tr><td rowspan="3">宅基地面积>200 m^2</td><td rowspan="2">本村成员</td><td>一段(200 m^2<宅基地面积≤村规民约或本村实际平均面积)</td><td>在基准价格的 0.1~1 倍之间收费</td></tr>
<tr><td>二段(宅基地面积>村规民约或本村实际平均面积)</td><td>在基准价格的 1~2 倍之间收费</td></tr>
<tr><td>非本村成员</td><td>根据住房用地总面积</td><td>在基准价格的 1~2 倍之间收费</td></tr>
</table>

资料来源:根据宜城市相关政策整理而成。

综合考虑湖北省法定面积标准与村规民约中确定的面积标准,按先宽后严、从少到多的原则,形成有偿使用费阶梯式测算标准体系(如表 2-5 所示)。超过 200 m^2 而达不到村规民约或本村实际平均面积的,按村民代表大会选取 0.1~1 的系数收费调节;超过村规民约或本村实际平均面积的,由村民代表大会选取 1~2 的系数收费调节;非本村成员的,按住房用地总面积,在基价的 1~2 倍的基础上收费调节。

3. 权益保障精细化

保障居住权利。为保障户户有宅,宜城市以一户一宅、面积法定为前提,以居者有其屋为目标,以探索不同区域农民户有所居多种实现形式为主要途径,完善宅基地的取得方式,保障农户住房权益。

宜城市运用大数据采样合理确定宅基地面积,通过搜集全国 21 个省(区、市)的宅基地面积标准数据,选取省内具有代表性的 14 个样本区 2935 个样本点进行分析论证,确定以人均耕地作为宅基地面积标准的主要参考因子,合理划分档次(如表 2-6 所示)。

表 2-6　宜城市农村宅基地面积标准

<table>
<tr><th colspan="2">类型</th><th>保障形式</th><th>户均宅基地面积</th></tr>
<tr><td colspan="2">城市规划区</td><td>建设农民公寓和农民住宅小区</td><td>≤90 m²</td></tr>
<tr><td colspan="2">镇政府所在地、传统集镇</td><td>集中统建，建设新型社区</td><td>≤140 m²</td></tr>
<tr><td rowspan="3">传统农区</td><td>人均耕地面积≤1 亩</td><td rowspan="3">一户一宅，面积法定</td><td>≤160 m²</td></tr>
<tr><td>1 亩<人均耕地面积≤2 亩</td><td>≤180 m²</td></tr>
<tr><td>人均耕地面积>2 亩</td><td>≤200 m²</td></tr>
</table>

资料来源：根据宜城市相关政策整理而成。

为确保农民户有所居与公平享受宅基地权益，宜城市因地制宜采取多种保障形式，制定各类型宅基地面积标准。按城市、建制镇、传统农区三个层次，确立了五个档次宅基地面积使用标准。在土地利用总体规划确定的城镇建设用地规模范围外的传统农区，继续实行一户一宅、面积法定的宅基地分配制度。对于一户一宅制度已经难以为继的区域，在农民自愿的基础上，探索通过集中统建、集中建设农民公寓和农民住宅小区等方式，落实一户一宅。

“活化”用益物权。在确权颁证的基础上，宜城把宅基地资源推向市场进行交易，将“沉睡的死资产”变为“流动的活资本”，允许宅基地在一定范围内进行转让、出租、抵押，并建立流转机制，赋予宅基地及农民住房财产权，保障宅基地的用益物权。

确权登记颁证工作，关系到农村的和谐稳定与农民的切身利益。宜城市整合国土局、房管局部分职能，成立不动产登记局，构建“房地”统一登记机制，完成全市农村宅基地的地籍测量和权属调查，同步开展农民住房测量。通过宅基地登记和房屋登记，进一步摸清了当前农村宅基地管理使用中存在的突出问题。在妥善处理宅基地建房面积超标严重、审批手续不全、权利主体界定困难、确权登记困难等历史遗留问题后，宜城市分批向农民发放不动产权证书，确保每宗宅基地权属清晰。各村（社区）依据外业测绘、内业建库录入、问题梳理、原因分析、历史遗留问题处理的流程，按照“能发则发、应发尽发”的要求，完成确权登记发证任务。截至 2016 年底，全市已完成 170 个村 10 万户宅基地测绘登记工作和 8 个试点村（社区）的确权登记发证工作。

明确宅基地产权，发放不动产权证（房屋及宅基地产权证书），是农民办理抵押贷款的前提。农房确权颁证后，宜城市大胆创新，把宅基地资源推向市场进行交易，推行宅基地抵押贷款，激发了农村新活力。该市通过与金融部门沟通，出台了《宜城市农民住房财产权抵押贷款暂行办法》，赋予宅基地权能，鼓励符合条件的农民贷款，由市政府对开展宅基地抵押贷款业务的金融机构进行奖励。农房抵押贷款破解了长期以来农民融资缺乏有效担保物的难题，改变了宅基地不能抵押融资的历史，挖掘了宅基地的潜在价值。

4. 日常管理有序化

精细化的前提是全面与完备，要求在各地各部门之间、各领域之间、政府和社会力量之间以及各项工作的具体单元和环节之间，建立强有力的衔接配合、信息互通、统筹协调的指挥调度和流程操作体系。为扭转农村土地无序利用局面，宜城市实行土地利用、城镇建设、农业发展、村庄建设等规划的“多规合一”，在主体功能区以及国土规划的基础上组织制定覆盖全部国土面积的城镇规划和乡、村规划；同时以村庄为单位或根据自愿原则，组成村庄联合体或以乡镇为规划编制单元制定控制性详细规划；确保规划严格实施，强化规划严肃性，改革期内，镇域总体规划、村庄建设规划未编制完成前，除危房改造、工程建设搬迁、因灾倒房外，暂停农村宅基地审批和新建住房，规划编制完成后，宅基地分配使用严格按照规划审批和建设，从严落实“无规划不审批，无设计不建房”。

宜城市对农村宅基地审批制度进行改革与完善，在宅基地审批方式上，使用存量地的由当地镇（办）政府审批，报市国土资源局备案；使用新增地的由当地镇（办）政府审核，报市政府审批。同时提供“一站式”服务，推行“一次性”办结，优化审批管理流程，最大程度减少审批环节，提高办事效率。为加强宅基地日常监管，宜城市在试点镇成立综合执法局，明确执法主体，建立了镇、村、组三级巡查报告机制，有效减少农民乱建房现象。以小河镇为例，该镇创新管理手段，整合国土、城管、城建等各方力量，把执法权限统一后下放到村集体，对土地利用规划下的违法建房行为进行监管。

5. 政策激励科学化

农村宅基地退出对保障农户宅基地权益、盘活农村宅基地资源、促进耕地保护等具有重要意义。在试点过程中,宜城市通过土地政策组合,多措并举,引导农户自愿有偿退出宅基地。

宜城市明确规定,不以退出宅基地使用权作为农民进城落户的条件,宅基地退出完全由集体经济组织成员出于自身利益考虑自愿申请,不附加任何强制条件。退出的宅基地由村委会回购,资金来源于宅基地有偿使用收益和土地增减挂钩项目奖补。村民宅基地退出后将复垦成耕地。根据《宜城市农村宅基地自愿有偿退出办法》(以下简称《办法》)规定,自愿退出的宅基地在移交土地时由村委会给予补偿和奖励。退出的宅基地补偿标准,由各村按照《办法》,结合本村实际自行议定。如流水镇刘台村二组村民李成林家是一户两宅,有偿退出政策实施后,李成林退出老宅基地,获得7700元补偿。目前,刘台村有40户农民自愿将多余宅基地退出,退还面积达33.5亩。

(二)创新经验

为推进宅改进程、完善宅改运行机制、提升宅改工作效率,宜城市通过对宅基地改革的综合规划与统筹协调,有效提升了宅基地管理水平,化解了改革阻力。

1.施策精准:寻求村民利益最大公约数

在宅改过程中,宜城市以民意为基础,通过调查问卷、入户访谈的形式合理采纳农户意见和建议,并邀请专家团队座谈、咨询,充分协商,制定改革方案,保障其科学性和实践性。对农房确权登记颁证标准、有偿使用费收取细则、有偿退出实施模式、农房抵押贷款等进行规范,通过精准化设计制度,保障农户合法权益,探索增加农民财产性收入渠道,为宅基地改革的顺利推进奠定良好的基础。

宜城市在改革实践中通过国家法律与村规民约的协调统一,寻求村民利益的最大公约数。自宅基地制度改革试点推行以来,宜城市算好农民增收、耕地保护、集体收入"三笔账",详细解读改革政策。各试点乡镇、试点村在积极向村民宣传国家土地法律法规的基础上,通过制定宅基地管理村规民约,创新宅基地管理方式,强化了国家法律与村规民约的配合,有效化解了改革阻力。试点村在制定宅基地管理村规民约过程中,充分征求村民意见,将绝大多数村民的合理诉求以明确的条文在村规民约中体现出来,从村民提出个人意见、集体讨论研究到凝聚共识、达成统一意见，均增进了村民对宅基地村规民约的理解，形成了对宅基管理村规民约的精神的认可，为宅基地面积的确定、有偿使用费的收取、宅基地有偿退出政策的执行奠定了良好的民意基础，避免了宅基地管理村规民约成为一纸空文。

2. 发力精巧：政府主导与部门联动保障

在宅改过程中，宜城的县、乡两级政府加强组织领导，精准发力，形成了县级政府主导，国土资源部门搭建平台，乡级政府执行，村级组织参与，各部门各司其职、协调联动的工作机制，确保宅改工作稳步推进。

宜城市遵循“政府主导、国土搭台、部门联动、整体推进”的机制，形成部门联动、齐抓共管宅改工作格局的运行模式。通过成立农村宅基地制度改革试点领导小组，对宅改进行统一领导、决策部署，制定宅基地制度改革目标责任书，落实工作责任制。明确镇（办、区）党委主要负责人为宅改试点工作第一责任人，成立以分管领导及驻村（社区）干部、村干部为主要成员的领导小组，组建驻村（社区）工作专班。组织召开镇（办、区）党委会议专题研究部署宅基地制度改革，明确部门责任分工，构建风险防控与预警机制，及时处理改革试点中的利益分歧与矛盾问题，促进了宅改效果的提升。

3. 过程精致：调动农民参与改革的积极性

宅基地是农村集体经济组织共有资源，充分发挥村民自治和调动农民参与的积极性是宅改的题中应有之义。村民委员会作为基层自治组织，以村规民约、民主协商等方式化解宅改阻力，调解利益分歧与矛盾。农民参与改革的实践唤醒了农户作为集体成员的权利意识，提升了农民主体地位，提高了宅基地改革的效率。

在宅改过程中，宜城市政府主导制定有偿使用费基准价格，在此基础上，村集体通过召开村民大会具体审议、集体决策，确定基准价格的调节系数。各村庄建立建房理事会，强化宅基地建设的管理，保障了村民的知情权和参与权，提高村集体组织的自治能力，提升了农村宅基地的管理水平。农村集体经济组织主导宅基地流转和退出，加强和规范管理，同时集体经济组织成员直接参与改革，充分协商，凝聚共识，参与探讨制定宅基地改革具体方案；集体成员共同分享因有偿使用和退出等原因形成的土地增值收益的自治格局，为创新广大农村的治理结构提供了改革借鉴。

4. 运作精细:因地制宜与因村定策衔接

宜城市遵循因地制宜与因村定策相结合的基本原则,在尊重地方特色的基础上坚持统筹规划,精细运作,以达到协调统一。

在推进宅改过程中,宜城市根据区域地形地貌,分类建设,充分尊重农民意愿,在镇政府所在地、非建制镇和传统集镇推行新型农村社区建设,实行集中统建、多户联建、个体自建等建设方式,有效推进"拆旧建新",将农民废弃、闲置的宅基地无偿或有偿退出、有序拆除,将偏远山区、村庄的农民宅基地逐步腾退到生活方便的新型社区,实现了宅基地的集约利用(如表2-7所示)。

表2-7　宜城市宅基地建设规划情况

建设方式	典型地区	主要举措
统建	流水镇落花潭社区	政府采取招投标形式,在建设标准上实行"四统一"①,在基础设施上实行"十配套"②,形成了集住宅、商业、医院、学校、活动中心等配套功能一体的新型化社区,能满足近十万人入住
自建+联建	雷河镇和平社区	政府统一规划,进行土地平整与基础设施建设,出台优惠政策鼓励农民买地建房,采取"三户一联"方式建房

资料来源:根据调研资料整理而成。

在因地制宜的基础上,宜城市根据各村实际,着力推行六种"有偿退出+"模式,鼓励农民自愿有偿退出宅基地(如表2-8所示)。以新型城镇化试点镇流水镇为例,该镇实行"有偿退出+聚居区建设"模式。试点过程中,该镇依据镇域规划,建设落花潭聚居区,规划建设特色民居243栋,建筑面积84000 m^2,并通过政策激励和优惠政策等办法,鼓励镇域范围内符合条件的农民自愿退出宅基地,购房入住新区。刘猴镇胡坪村采取了"有偿退出+农业产业化发展"模式,该村以发展现代农业产业(葛根)为支撑,通过"公司+专业合作社+农户"的方式,将6户村民腾退的宅基地复垦还田,增加耕地面积3.5亩,流转

① "四统一"指统一规划、统一房型、统一基础设施配套、统一建设。

② "十配套"指水、电、路、绿化、幼儿园、广场、超市、卫生室、便民服务中心、垃圾处理站建设配套。

给胡坪公司种植葛根，达到了盘活农村零星宅基地的积极效果。

表 2-8　宜城市宅基地“有偿退出+”模式

模式	典型地区	主要做法
有偿退出+聚居区建设	流水镇落花潭社区	结合新型城镇化试点，采用优惠政策激励，加快农民聚居区建设
有偿退出+农业产业化发展	刘猴镇胡坪村	公司+专业合作社+农户
有偿退出+美丽乡村建设	流水镇莺河村	依托自然风光和优势资源，开发休闲观光农业，引导农民退出宅基地，建设美丽乡村
有偿退出+项目引进	雷河镇七里村	结合招商引资项目建设，回购拆迁农民宅基地及房屋，集中到新农村聚居点，以最优惠价格统一安置新房，同时安排农民在企业就地打工就业
有偿退出+土地增减挂钩	雷河镇廖河村、板桥店镇罗屋村	实施增减挂钩项目
有偿退出+精准扶贫	流水镇曾湾村	统一安置自愿有偿退出的“三无”老人、孤寡老人、失独老年夫妇

资料来源：根据调研资料整理而成。

三、改革困境与思路对策

“精准施策，精细操作”的宜城模式取得了显著成效，但同时面临着一系列现实问题。当前，宜城市应当秉持精准化、精细化的理念，从深化农村改革特别是农村土地制度改革的大局出发，通过精巧的制度设计和细致的过程推进，夯实农户宅基地用益物权和住房财产权，建立适合社会主义市场经济要求的土地要素有序流动、平等交换、合理利用的宅基地流转市场，实现土地资源优化配置和农民财产性收入增加的目标。

（一）改革困境

农村宅基地制度改革，关乎农民切身利益。随着改革进一步深入推进，宜城市宅基地制度改革面临市场要素尚未精致培育，法律法规尚未精确设计，农民需求尚未精细了解，改革资金尚未统筹使用，社会组织尚未精巧激活等现实困境。

1. 市场要素尚未精致培育

市场化是宅基地制度改革的未来发展方向。党的十九大报告强调要继续发挥市场在资源配置中的决定性作用,政府要守护和激活市场。在市场经济条件下,宅基地使用权作为用益物权,只有通过市场机制进行合理流转,才能保障农村集体和农民在产权约束的范围内配置资源以获取最大收益。

宜城市在推行宅改过程中,政府始终发挥主导作用,市场驱动作用有限。由于当前禁止农村宅基地使用权有偿流转,同时对农村宅基地实行严格管理,因此,尽管宜城市在农村宅基地退出试点中取得了成效,但是难以实现大的突破与创新。由于政策设计与扶持精准度不够,市场机制难以在农村宅基地退出系统中发挥作用,宅基地整理的结余建设用地指标,市场需求比较少,政府主导下的宅基地退出机制无法实现宅基地资源的优化配置和有效利用。这必然会造成土地资源浪费和利用效率低下,不利于宅基地整治复垦及吸引更多企业开发投资,也对形成公平公正的土地流转市场有一定的制约作用。

2. 法律法规尚未精确设计

合法性是开展农村宅基地制度改革的前提。对于宅基地有偿使用、流转和有偿退出等改革试点内容,目前还没有明确可依据的法律,法律制度障碍成为农村宅基地制度改革精细运作的制约因素。

集体经济组织成员资格认定缺乏标准。2004 年修改后的《中华人民共和国土地管理法》允许宅基地在村集体经济组织内流转,这一规定使得宅基地交易中出现对“同一集体经济组织成员”的认定问题。成员资格问题涉及农村集体经济组织成员的切身经济利益,涉及农村集体经济组织资产的管理、处置和利益分配问题,是否享有农村集体经济组织成员资格是农村依法享有政治、经济、文化和社会各项权利的基本条件。而目前对成员资格的认定,既没有法律法规依据,也没有其他规范性文件来明确。由于缺少明文规定,成员资格认定没有统一的法定标准,宜城市在实践中千差万别,甚至出现了“一村一策”的做法。由此可见,统一对农村集体经济组织的成员资格进行界定已经十分必要和迫切。

有偿使用费收支无法律支撑。在与农村集体经济组织成员的民主协商下，宜城市修订有偿使用标准和确定有偿使用方案，设立专门的公开透明化资金账户，建立长效的有偿使用管理机制，加强宅基地有偿使用资金管理。宜城有偿使用费的收取采用“一年一交”与“三年一交”两种方式，但由于我国目前尚未制定有偿使用费收取的具体法律法规，对多占宅基地等没有做出相应的处罚规定，只能利用村规民约约束或不提供相应福利，约束力比较弱，由于缺乏法律支撑，有偿使用费后续收取难度大。

宅基地流转法律政策存在矛盾。2004 年修改后的《中华人民共和国土地管理法》对宅基地使用权流转进行了严格限制，第六十二条规定，“农村村民出卖、出租住房后，再申请宅基地的，不予批准”。因为宅基地集体所有，村民基于身份而取得使用权，条文中所讲的“农村村民出卖、出租住房”实际仅限于农村集体经济组织内部村民之间的相互转让。即我国对农村宅基地使用权采取有限制流转的做法，宅基地流转限制在村集体范围内，并且严格禁止农村居民的住宅和宅基地在城乡居民之间流转。这一规定与《中华人民共和国物权法》将宅基地使用权界定为用益物权相悖，也与社会形式发展不相适应。

有偿退出补偿未明确规定。关于农户退出宅基地是否能获得相应补偿以及如何补偿问题，我国现行法律没有明确规定，只提到，对于自愿腾退宅基地者，集体应给予鼓励和奖励，并未具体规定宅基地的收回程序、补偿标准等实质问题。另外，2007 年颁布的《中华人民共和国物权法》第一百五十二条规定，“宅基地使用权人依法对集体所有的土地享有占有和使用的权利”，却没有规定宅基地使用权人拥有“收益”的权利。当农户宅基地面临退出补偿时，其宅基地的价值基本得不到体现。

3. 农民需求尚未精细了解

历史问题成为瓶颈。目前，宜城市已有近八成农户缴纳有偿使用费，但仍有约两成应缴农户未交费，这部分农户以非本村集体经济组织成员为主。非本村集体经济组织成员，源于复杂的历史原因而持有农村宅基地。针对其多占的宅基地，对其征收更高标准的有偿使用费，却不对房屋确权颁证，缴费也无法获得证书，因此，“外来户”普遍选择不缴纳，或通过私下交易规避缴费。不缴费行为甚至带来负面效应，出现“老实人吃亏”现象，打击其

他村民积极性，一定程度上影响后续有偿使用费收取，户籍限制影响有偿使用在集体内的统一性和公平性。

农民预期无法满足。目前宜城市宅基地自愿有偿退出效果不明显，主要在于农民对宅基地预期收入较高而退出补偿标准低，自愿有偿退出相关机制有待进一步完善。宅基地长期的无偿取得与无期限使用，使得部分农民形成了宅基地属于个人所有物的认知。随着经济社会发展和城镇化的持续推进，农村宅基地资产属性日益显化，宜城市城郊接合部与城市基本等值化，部分农民更愿意选择进城居住，同时保留宅基地和农民身份，农房即使破旧，无法居住，也不愿放弃。原因在于，宜城市周边地区土地资产具有很大的潜在增值空间，农民对宅基地权益及其农民身份的未来附加值有较高预期，因而不愿退出多占宅基地，留其闲置增值与积累，造成城郊出现大量“空心村”现象。

4. 改革资金尚未统筹使用

政府财力投入有限。资金是规划与政策实施的强力保障，政府如何筹措改革启动资金，实现滚动、良性循环的改革资金链是宅基地改革运转的难点。目前，由于缺乏规划配套资金，宜城村庄建设规划编制仅完成30%，规划先导作用未得到有效发挥。部分村庄存在建房管控无规划、无设计，管理主体责任不明，总体布局与市政府要求不相符等现象。

村级集体资金不足。由于宅基地流转受限，缺乏市场价格标准，在宅基地退还集体经济组织的过程中，补偿金额往往是通过农民与集体经济组织“谈判”的方式确定。宜城市村集体资金不足，有偿退出补偿标准较低，激励不到位，再加上入住新区的基础设施不完善，现行组合政策对农民未形成足够利益驱动，导致农户退出宅基地意愿性不强、积极性不高。

社会资本引进不够。宜城市实施宅基地整治复垦，主要是政府部门统一复垦整理，社会资本引进明显不足。资金来源的单一性，导致了复垦过程中资金紧缺，退出的宅基地未及时进行收储和开发。建设新的居民聚居区，需要大量资金保障项目完成，在政府财政瓶颈与民间资本投资极少的情况下，资金链条薄弱，随时可能面临资金断裂的风险。

5. 社会组织尚未精巧激活

宅基地属于农村集体经济组织产权的一部分，推行宅基地改革，有利于农民拥有宅基地的完整产权，保障农民权益。因而实施宅基地制度改革应充分发挥村民自治作用，让农民自我管理、民主协商、集体决策。但宜城市社会组织尚未精巧激活，其基层治权单位一般下移至行政村一级，而产权多以村小组为单位，这就造成产权单位与治权单位的“非对称性”。

产权与治权关联性不强，造成村民参与改革积极性不高，改革成效较低。宜城市宅改试点地区，村委会下村开展工作，村民参与意识不强，配合度不高，有偿使用费收取困难，宅基地退出较难推进，形成改革阻力。村民理事会作为自愿性组织，参与到改革过程中执行决策，不仅能充分发挥村民自治的作用，提高改革绩效，而且能协调处理利益矛盾纠纷，节约改革成本。调研发现，宜城市选取的宅基地改革试点村，多数没有组织成立宅改村民理事会，村委会成员面对繁琐复杂的宅改工作，工作效率低，耗时耗力耗财。

（二）对策建议

农村宅基地改革的精准与精细，就是以有偿使用、有偿退出、宅基地流转等问题为导向，深入剖析问题的症结所在、群众的期盼所在，真正提高群众幸福感与获得感。因此，宜城市应树立精准理念，把精准、精细要求贯穿到宅基地改革的整个过程与各个环节，做到精准把脉、精准施策、精准落地，持续提高改革的精准化、精细化水平。

1. 加强制度规范，提升制度设计精准度

科学严谨的制度规范和程序设计，是农村宅基地改革精细化、高效化运行的制度保障。在宅改过程中，宜城市面临农村集体经济组织成员资格认定没有统一而明确的标准，有偿使用费收支无法律支撑，有偿退出补偿标准不一，农房贷款利农效应未发挥的困境，亟待相关法律和制度进一步完善。

统筹规划村庄土地利用。宜城市应深入乡镇、村组、农户，了解社情民意，摸清基本情况，加强制度规范，实现土地集约节约利用。指导乡镇、村制定《农村集体经济组织成员资格认定办法（试行）》《村民事务理事会工作制度》等制度，为试点工作的有序推进奠定良好基础。

完善农房抵押相关规定。2016 年 3 月 15 日中国人民银行出台的《农民住房财产权抵押贷款试点暂行办法》在试点城市实行，该办法有一定的突破性，但在很多方面仍需要完善。一方面要适当扩大农房转让主体范围，将农房转让主体限定为能够提供稳定收入来源的农户，以此让更多的农户通过农房抵押获得融资来进行农业生产；另一方面使受让主体范围扩大，将农房的受让主体扩大为有农业户口的人，适当地扩大受让主体可以使农房抵押的办法在实践中更容易操作。

2. 完善领导体制，促进主体互动精细化

宅改是一项综合性极强的系统工程，既需要上下联动，又需要部门协同。精细化更强调多元主体关系的厘定以及主体间合作机制的构建。但在实际操作中，政府、农村集体经济组织的职能协调不当，必须完善领导体制，加强部门协调，在细分权责、细化任务的基础上，通过资源的有效整合，实现合力效应。

明确相关主体定位，发挥协作力。宜城要发挥地方政府、农村集体经济组织和农户“三位一体”作用。坚持地方党委、政府在农村改革中的引领者地位，是宅改的根本保障。宜城市应注重发挥政府的规划引领、激励引导作用，严控农民违章、无序建房，引导农民自愿腾退闲置浪费的宅基地，以优惠政策引导农民进城入镇；坚持把农村集体经济组织作为改革的主导力量和运行主体，充分尊重农民在改革中的主人翁地位，保障村民的知情权、监督权、参与权，切实保障农民的宅基地权益。

加强村组干部培训，强化认知力。村组是宅改的实施主体，强化村组干部认知水平是推进宅改的重要抓手。针对村组干部政策认知不足、执行能力不强等问题，可通过组织培训等形式，强化其认知力。为此，可通过专题培训和专家讲座以及以会代训等形式，全面提高村组干部的政策认知和业务水平。

增强部门指导力度，增强执行力。国土资源部门在宅改中负有业务指导责任。针对村组干部在改革中面临的群众配合不力、改革持续性担忧以及业务能力不强等问题，国土资源部门应加大业务指导力度，引导他们摆脱现存问题，增强作战能力。

培育村庄社会组织，发挥带动力。村民自发成立的组织在凝聚村民意识、增强政策宣传和行动引领示范中发挥着重要作用。为此，应着力培育由村庄老党员、老干部、老教师、老军人和老模范等“五老”群体组成的村民事务性理事会，以价值生产为动力，充分发挥他们在宅基地分配、流转、有偿使用、有偿退出、抵押担保和增值收益分配等方面的民意搜集、政策宣传以及民意汇集和示范带动作用。

3. 调动市场要素,促进市场培育精细化

党的十九大报告强调,“使市场在资源配置中起决定性作用,更好发挥政府作用”。市场决定资源配置是市场经济的一般规律,市场经济本质上就是市场决定资源配置的经济。宅改在市场经济的大背景下进行,要求打破限制流转的农村宅基地使用权制度约束,使农村宅基地的利用朝市场化的方向发展。因此,宜城市在发挥行政主导作用的同时要充分调动市场要素。

完善土地交易市场。在健全法律约束机制的前提下,建立并完善农村房地产一级、二级市场,让农村建设用地使用权和住房所有权实现公开竞价交易,逐步与城镇房地产市场体制接轨。宜城市应对市场接轨实行严进严出,对新增宅基地的申请条件严格限制,而存量的宅基地在符合规划的前提下鼓励流转,积极盘活,以发挥资源的最佳效能。对不符合规划需要整治的村庄,在坚持尊重农民意愿、保障农民权益的原则下,按照规划推进农村土地综合整治,依法盘活利用好农村现有宅基地。

搭建指标交易平台。通过增减挂钩项目将废弃、退出的宅基地复垦调剂为城镇建设用地,争取将指标上升到省、全国的交易平台进行交易,增加增减挂钩项目土地增值收益。同时,及时将增减挂钩项目增值收益返还农村,用于拆旧复垦、补偿安置、基础设施和公益设施等建设,真正做到以工促农、以城带乡。此外,要结合各乡镇实际,适度提高补偿补助标准,确保老百姓生活水平不降,长远利益有保障,调动农民旧宅基地复垦积极性,实现农民愿意、农民参与、农民受益、农民满意。

加快推进土地复垦。宜城市应采取财政拨付、招商引资、融资贷款等多渠道筹措旧宅基地复耕资金;整合交通、水利、农业等领域的避让搬迁、精准扶贫等涉农专项资金,统筹安排到增减挂钩项目区使用,变“分散输血”为“合力造血”;把增减挂钩周转指标用于城市经营性建设用地的收入及时回笼,作为新一轮增减挂钩项目的资金保障,发挥各项资金的叠加效益,推进旧宅基地复耕。开展宅基地整治也应体现利农惠农政策,让农民在宅基地整治中得到实惠,如农民搬迁可以采用土地置换的方式,原有宅基地复垦后指标归个人,可以流转取得收益。农民到小城镇或城市购买住宅的,原有宅基地可以折算为建设用地指标或货币给个人。

4. 满足农民需求,确保权益保障精细化

现阶段,进城农民不愿意退出宅基地的主要原因是补偿低于预期。只要退出机制合理,补偿标准较高,相关权益保障到位,宜城相当部分进城农民有退出宅基地的意愿。因此可从调整农民收益预期、完善利益补偿机制等方面来保障农民合法权益,赢得农民支持。

实现宅基地依法公正取得。宜城要加快推进村庄规划编制、土地利用总体规划编制和农村地籍调查,下放审批权限,简化审批手续,加强村民自治和民主管理,探索不同区域户有所居的不同实现形式,以完善的措施、配套的政策保证农民宅基地合法权益。围绕实现户有所居,保障宅基地的依法公平取得,针对不同地区的特点,在传统农区,实行一户一宅、面积法定的宅基地分配制度;在人均耕地少,二、三产业比较发达的地区,以及进行土地整治、地质灾害治理等地,实行相对集中统建、多户联建等方式落实一户一宅;在土地利用总体规划确定的城镇建设扩展边界内,探索集中建设农民公寓、农民住宅小区。

调整农民收益预期。乡村干部要积极向村民宣传《中华人民共和国宪法》(国办发〔2006〕2号)第10条、《中华人民共和国土地管理法》(2004年修订)第8条第2款有关宅基地所有权归农民集体所有的规定,农村居民只具有宅基地使用权,农村集体经济组织成员内农村居民,符合宅基地申请条件的,可申请一块规定面积的宅基地建房,当房屋废弃时,农村集体经济组织有权收回宅基地。通过对中华人民共和国土地管理法律的宣传,引导村民树立法律意识,调整宅基地"属于祖产"的错误观念,从而调整心理预期。同时,要依托村规民约的约束功能,对宅基地自愿有偿退出的对象、条件、方式、补偿标准、增值收益分配等进行规范,从而让村民对宅基地增值收益的分配与补偿有一个理性的预期。

建立利益补偿机制。要依托户籍改革政策,为进城农民解决城镇住房、养老、医疗等问题,变单一的农村社保为多元化社会保障体系。在现有新型农村合作医疗保险、新型农村养老保险的基础上,进一步完善农村社会保障制度,建立城乡统一的社会保障体系,提高农民社会保障水平,使其能很好地融入城镇生活,为宅基地自愿退出解除后顾之忧,以此赢得农民的支持。针对城镇化进程加快,大量农村人口进城务工,部分农民在城镇买房定居,

"空心村"现象严重,为鼓励进城农民自愿有偿退出宅基地,通过建立"有进有出"的制度创新,规定在农村集体经济组织认可的前提下,进城农民退出宅基地后仍保留原农村集体成员身份,并享有相关经济分配权益;需返乡创业的,可通过公开择位竞价重新取得宅基地。

5.激发改革活力,促进资金整合精细化

如何激发内生活力,是宅改需要突破的关键问题,而资金不足制约着改革顺利开展。因此,宜城市应坚持"多个渠道饮水,一个龙头放水"的思路,在合理增加政府财政支撑基础上,大力发展集体经济和引导社会资本注入,并整合各类惠农资金,推动惠农资金最大化使用。

加大整合力度。宜城市要加大农村发展政策、资金整合力度,优化支出结构,推动村庄发展规划与产业发展规划的编制,以及宅改政策的落地生根。宜城市有关部门对纳入统筹整合使用范围的财政涉农资金,编制好本地资金利用规划,按照效益最大化原则配置资源,将宅改成效作为衡量资金统筹整合使用工作成果的主要标准。要实施政策捆绑性激励,让改革有红利可期。在完善政策体系的同时,要组合多项惠农政策,进行宅基地项目整合,形成组合性政策激励,使宅基地制度改革有红利可期。

发展集体经济。成立村级合作社(或公司),发展村庄集体经济,为推进宅改提供资金支持。村级合作社(或公司)在政府政策、资金扶持下,制定产业发展规划,发展符合村级发展实际的产业,在带动村民参与产业发展、增加收入的同时,为村集体提供经济来源。

引进社会资本。可使社会资本进入乡村农家乐产业环节运营,推动宅基地经营功能的有效发挥,发展壮大村庄经济,为村庄废弃宅基地的有偿退出提供经济基础。通过政府和社会资本合作、政府购买服务、贷款贴息、设立产业发展基金等有效方式,充分发挥财政资金引导作用和杠杆作用,撬动更多金融资本、社会帮扶资金参与宅改。

6.坚持村民自治,确保社会参与精细化

精细化治理不能仅凭政府的单兵作战,而应突出政府、社会与公众的多元协作,不能过于强调政府的科层指令,而应适当引入社会的参与和监督。推行宅改要求农民拥有宅基地的完整产权从而保障农民权益,但宜城市宅改中基层治权单位一般只下移至行政村一级,而产权多以村小组为单位,就会造成产权单位与治权单位的“非对称性”。宜城市应该始终坚持“农民事,农民办”,为强化宅基地村民自治管理,建立健全村民事务理事会,在党委政府领导下,通过权力下沉,扩大村民事务理事会权能,充分发挥村民事务理事会在宅基地制度改革具体实施中的主导作用,使得社会参与精细化。

强化村民理事会作用。农村宅基地属于农村集体所有土地,宅基地制度改革属于农村集体事务,涉及农民核心利益,宅改应充分发挥村民自治作用,让农民自我管理、民主协商、集体决策。通过强化村民事务理事会作用,让村民理事会管理村内事务,让村民成为决策执行者,减少制度改革的阻力。推行宅改,探索宅基地有偿退出,需要制定退出补偿标准,承担退出补偿资金,而宜城宅改面临财政资金瓶颈,基于此,宜城市应出台《关于进一步加强村民事务理事会建设的实施意见》等文件,在各自然村成立和完善村民事务理事会,以村民事务理事会为抓手,推动宅改工作实施。

扩大村民理事会权能。宜城市各乡镇应通过权力下沉,赋予村民理事会部分宅基地管理权利,规定乡镇政府和村委会在为当事人出具证明、办理各种证照、申请享受权益及办理其他事项时,应事先由村民事务理事会签署意见,对于个别不配合宅改工作的“钉子户”或“赖皮户”,以后若需要办理相关事务,村民理事会可拒绝签字。通过权力下沉,扩大村民理事会权能,充分发挥村民事务理事会在宅基地申请、有偿使用、流转、退出、收益分配等事务民主管理中的作用,推动宅改工作顺利进行。在宅改中将精准化定位,政府引导要与村民自治相结合,以激发村庄内生动力为抓手,充分发挥村民理事会这一村民自治组织的重要作用,妥善处理政府行政指导和村民自治主导之间的关系,准确界定各级政府的“推”“退”角色,使政府归位。

宜城市应充分发挥乡贤参与作用,进一步凝聚乡贤力量,创新乡贤文化,利用春节期间乡村知名人士、社会贤达返乡之机,召开乡贤团拜会、座谈会、茶话会、联谊会、餐叙会、恳谈会、发展论坛等多种形式,积极构建乡贤参与宅改机制,引导乡贤“议政不参政,议事不主事”,使他们为村庄宅改出智、出资、出力。

第二节　助力村庄　政社联动——江西余江宅改观察

土地制度是国家的一项基础性制度安排,是国家治理体系的重要内容,事关经济社会发展和人民生活安康。农村宅基地制度是土地制度的重要组成部分，其承担着重要的政治和社会功能，在促进农业发展、维护农村稳定和保障农民安居等方面发挥着重要作用。现阶段，我国广大农村地区普遍存在宅基地利用粗放、取得困难和交易不畅以及监管不力等缺陷，突出表现为“四多”（一户多宅多、面积超标多、布局散乱多和权属不清多）和“三违”（违法取得、违法建设和违法买卖）问题，致使农村节约集约用地水平不高和农民土地财产性权益受损。

党的十八届三中全会对深化改革作出了全面部署，土地制度改革是其中一项重要工作，也是改革的难点之一，深化农村宅基地制度改革是其重要内容。此会议审议通过的《中共中央关于全面深化改革若干重大问题的决定》指出，要“保障农户宅基地用益物权，改革完善农村宅基地制度，选择若干试点，慎重稳妥推进农民住房财产权抵押、担保、转让，探索农民增加财产性收入渠道。建立农村产权流转交易市场，推动农村产权流转交易公开、公正、规范运行”。十九届中央全面深化改革领导小组第一次会议强调“不得以退出宅基地使用权作为农民进城落户的条件”，重申“农民变居民”不影响集体土地承包权、农村宅基地使用权、村集体经济分配权。强调“不得以退出宅基地使用权作为农民进城落户的条件”，为农村宅基地的盘活和使用设置了红线，对地方管理者构成有效约束，避免宅基地被资本投机觊觎和侵蚀，同时允许农民出租闲置的宅基地，以宅基地使用权入股，使宅基地成为农民的又一项可持续财产性收入来源。根据党中央、国务院的决策部署，包括宅基地制度改革在内的农村各项改革正在扎实开展，一些重要改革事项试点工作正在有序推进。

江西省余江县①是农村宅基地制度改革试点县（市）级单位之一②。自

---

① 余江县地处江西省东北部，位于信江中下游，县域面积 932.8 km^2，其中城区面积 10.7 km^2，全县常住总人口 38.51 万人，其中农业人口 30.02 万人（占全县总人口的 77.75%），辖 11 个乡镇（7 镇 4 乡），7 个农垦场，其中乡镇所辖 113 个行政村（1 个行政村正在实施整村搬迁），1040 个自然村（908 个不在城镇规划区内）。2016 年，县域生产总值 121 亿元，财政收入 18.05 亿元，分别位于全省第 66 位和 42 位；城镇和农村居民人均可支配收入分别为 2.7 万元和 1.41 万元，分别略低于和高于全国平均水平，属于典型的欠发达传统农业县。

② 实际上，按照中央部署和国土资源部要求，余江县自 2016 年 10 月起，由单一实施农村宅基地制度改革试点调整为统筹协调推进农村宅基地、集体经营性建设用地入市和土地征收制度改革三项试点。

2015年3月试点以来，该县始终坚持问题导向、目标导向和基层导向，通过“关口前移”和“源头治理”，建立健全村民事务理事会，再造传统组织资源助力，充分发挥农村基层村民自治和传统组织助力作用，有效解决农村宅基地使用和管理中存在的突出问题，最大限度满足村庄居民生产生活需求；通过出台指导制度和编制村庄规划，强化宅改中的制度助力和规划引领作用；通过整合涉农项目，以美丽乡村综合改革示范点创建和“一改促六化”全面建设美丽乡村为导向，强化宅改中的资源助力，促进了农村各项基础设施建设。

改革过程中，余江县始终坚持政社联动改革导向，坚持政府行政指导和村民自治主导有机衔接，妥善处理县乡政府与村庄自治组织之间权责关系，发挥主体联动作用；通过多元媒介和典型示范等措施进行层层组织动员联动；通过多元激励捆绑凝聚改革动力；初步建立“依法公平取得、节约集约使用、自愿有偿退出”的宅基地管理制度，充分发挥政府在宅改中的推动、引导、宣传和监管作用和村民事务理事会的组织、主导作用，坚持分类推进和分步实施相结合，以改革“4阶段14步骤”为工作细则和“两探索两完善”为主要任务，细化改革标准和步骤，妥善处理总体目标与阶段任务关系；坚持因地制宜与因村施策相结合，最大限度保障农民土地权益。

营造政社联动网络、再造传统治理资源、培育村庄自治组织、助力村庄民事民决，是余江县农村宅基地制度改革的主要特色。

一、宅改“决战”的余江命题

当前，我国正处于全面深化改革的关键阶段，也是农村综合改革的重要时期，更是农村“三块地”改革的决战时期。土地是牵涉利益群体最多的资源，土地制度改革牵一发而动全身，迫切需要通过一系列体制机制创新予以完善。宅基地制度改革试点过程中，余江县立足于农村宅基地利用和管理中存在的突出问题，以党中央、国务院以及相关部委有关农村宅基地制度改革决策部署和具体要求为方向指引，以满足农村居民生产生活现实需要为目标，以夯实村民自治基础和再造传统社会组织为抓手，着力探索具有余江特色的地方实践。

（一）土地利用混乱

余江县农村绝大多数村庄无村庄整体发展和土地利用规划，对农民建房重审批轻监管，选址随意性较大，盲目向村庄外和道路两旁扩张，绝大多数村庄存在一户多宅多、房屋面积大、空心化严重、布局朝向杂、违法建房多、私下买卖乱等问题。

一户多宅多。现行《中华人民共和国土地管理法》第六十二条规定，“农村村民一户只能拥有一处宅基地，其宅基地的面积不得超过省、自治区、直辖市规定的标准”。然而，长期以来，我国农村地区土地利用重审批轻监管，加之受农房流转不畅、建新不拆旧和“宅基地是祖业”的传统观念影响，广大农村地区普遍存在着一户多宅现象。就余江县而言，该县农户共计7.3万户，其中一户一宅4.4万户，一户多宅2.9万户，全县近四成（39.73%）农户属一户多宅家庭（见表2-9）。

表2-9　余江县农村宅基地面积信息

	全县（万户）	试点（万户）
农户	7.3	6.4104
一户一宅	4.4	4.4935
一户多宅	2.9	1.0756

在开展宅改试点的12个乡（镇、场）中，农户6.4万户，人口达23.84万人，宅基地宗数6.7433万宗，其中一户一宅44935户，一户多宅10756万户，分别占试点区总户数的70.1%和16.78%，试点地区将近两成的农户属于一户多宅家庭，一户多宅现象普遍。

面积超标多。2000年江西省人民代表大会常务委员会审议批准的《江西省实施〈中华人民共和国土地管理法〉办法》规定，农村村民建住宅应在用地面积标准限额①内进行。就现状来看，余江县一户一宅中存在大量面积超标现象。

---

① 《江西省实施〈中华人民共和国土地管理法〉办法》第四十一条规定，县人民政府应当根据本地实际情况在下列规定的限额内制定农村村民建住宅的用地面积标准：（一）占用宅基地和村内空闲地的，每户不得超过180平方米；（二）占用耕地的，每户不得超过120平方米；（三）因地形条件限制或居住分散而占用荒山、荒坡的，每户不得超过240平方米。农村村民一户只能拥有一处宅基地，凡地少人多的地方，住宅用地必须从严控制，标准就低不就高。人均住房占地面积已经达到市、县人民政府规定的最高用地面积标准的，不得批准占地建住宅。

统计数据显示，全县农村宅基地 9.24 万宗，村庄建设用地 7.8 万亩，宅改前人均建设用地面积 170m^2。参与宅基地改革的试点地区农户达 64104 户，宅基地面积为 1232.43 万 m^2，户均宅基地面积为 192.25 m^2。一户一宅数量为 38018 户，其中一户一宅超标数量为 10643 户，占试点区总户数的 16.60%，占一户一宅总数的 27.99%，将近三成的农户宅基地面积都超过了标准。

表 2-10　余江县各乡镇一户一宅面积使用情况

乡镇	总数(户)	达标(户)	超标(户)	超标占比(%)
高公寨	1432	1361	71	4.96
画桥镇	3435	2271	1164	33.89
黄庄乡	3226	2596	630	19.53
锦江镇	7011	5150	1861	26.54
潢溪镇	6889	4666	2223	32.27
春涛镇	3493	2453	1040	29.77
平定乡	2916	1979	937	32.13
中童镇	1572	998	574	36.51
杨溪乡	2936	2685	251	8.55
邓埠镇	1681	1361	320	19.04
洪湖乡	857	11	846	98.72
马荃镇	2570	1844	726	28.25
总计	38018	27375	10643	27.99

就各试点乡镇而言，一户一宅超标占比最大的是洪湖乡。该乡一户一宅 857 户，超标数量 846 户，超标占比高达 98.72%。12 个乡镇中，高于超标占比平均值（27.99%）的乡镇超过一半，有的农户甚至因圈院子超占面积达上千平方米（见表 2-10）。

违法建房多。乡镇土地利用总体规划和村镇规划是农村宅基地审批的基础条件，也是农村宅基地管理的前提要件。受长期以来推行的城乡二元体制影响，余江县重城市发展轻农村发展，这在规划上表现尤为明显。与城市发展总体规划和土地利用总体规划或控制性详细规划相比，余江县农村地区并无村庄整体发展规划和土地利用规划。

同时,余江县乡镇国土资源管理部门人员极少,加之受思想观念和执法观念落后影响,难以对所辖各村庄住房建设进行有效监管。乡镇国土资源部门代行农村建房规划职能,规划的专业性、精确性不高,导致农村建房规划滞后和监管松弛,致使农村存在大量违法建房现象。2013—2015 年,余江县农民建房审批 2671 户,面积 33.68 万 m^2,其中占用耕地 6.87 万 m^2,占审批宅基地面积的 20.4%。以潢溪镇为例,该镇面积 46.7 km^2,人口数量为 4.2 万人,是一个典型的人多地少的乡镇。2013—2015 年,该镇审批宅基地占用耕地 5085.27 km^2。耕地后备总量严重不足,耕地保护形势极其严峻。与此同时,为寻求更好的交通位置,村庄盲目向外扩张,新建住房不断向村庄外围延伸,村庄规模无序扩大,大量优质耕地被消耗。

(二)村庄居民期盼

因血缘继承、监管不力和“建新不拆旧”,加之村民长期以来形成的“宅基地是祖业”观念影响,余江县农村普遍存在着房屋老旧,村庄道路狭窄且多属泥土公路,农民雨天出行极其不便,“晴天一身灰,雨天一身泥”是村庄道路环境的真实写照。与此同时,出于传统的养殖习惯和节约成本考虑,不少农民在养牛、鸡、鸭、鹅等畜禽时,在住房周围散乱建设畜禽养殖设施。这些附属设施长期不使用,坍塌破损普遍,缺乏清理和修缮,严重影响着生产生活环境。脏乱差的生产生活环境使农民对宅基地改革的愿望极其强烈。

为了解农民宅基地改革意愿,有效推进农村宅基地制度改革,2015 年 4 月 17 日—30 日,余江县委组织县党政领导干部 13 人,选取黄庄乡、平定乡、马荃镇和杨溪乡作为样点,围绕“落实集体经济组织主体,如何激发村民事务理事会和群众参与改革的热情”和“集体经济组织如何利用‘四大手段’,在不突破‘三个保证’的情况下,达到改革的‘三个目的’,实现‘五个收益’”[①]等内容,对农民进行为期三轮的专题调研。

调研数据显示,七成的受访农民表示希望对废弃的房屋进行拆除;94.37%的受访农民认为,应当对乱占地建房现象进行治理。与此同时,就

① “四大手段”是指有偿使用、有偿退出及流转、土地增值收益分配、严格宅基地审批和管理;“三个保证”是指保证村庄规模不突破,保证杜绝违规建房,保证农民户有所居;“三个目的”是指制度创新、盘活存量、优化布局;“五个收益”是指建房用地得到保障,耕地得到保护,增加农民财产性收入,村庄环境得到改善,房屋可以抵押。

宅基地分配公平性而言，37.71%的受访农户表示，本村宅基地分配不公平，需要通过改革实现宅基地的公平分配。此外，68.88%的受调研对象表示，希望对超标准占用宅基地行为收取有偿使用费。

（三）传统组织基础

按照村民自治原则进行集体土地管理，是村级治理最重要的工作，也是我国农村土地集体所有制的内在制度要求。按照法律规定，我国农村土地属于集体所有，农村土地管理权由村民委员会、村民小组或者对应的集体经济组织掌握。在余江县，村民小组仅仅有村民小组长和出纳，且因误工补贴偏低等原因，小组长工作的积极性和主动性不高，迫切需要激活村民自治的组织基础。

宗族网络是乡村社会重要的组织基础。江西省是我国传统以血缘为纽带的宗族网络保留相对完整的区域之一。早在2008年，为创新社会管理和延伸工作手臂，鹰潭市结合农村发展新形势和新变化，号召在全市农村以自然村为单元，建立起村党组织领导下的村民自我管理、自我监督、自我教育、自我服务的新型村民自治组织——村民事务理事会，有效扩大了基层群众自治范围，推进了基层民主，延伸了新时期党在农村的工作手臂，探索出一条对农民进行广泛动员、有效组织、经常教育的新途径。

2009年，为顺利推动社会主义新农村建设，在鹰潭市政府指导下，余江县部分村庄和村民小组就组建了村民事务理事会。理事会成员由村庄各派系和宗族代表组成，他们在村庄公共物品供给、派系利益维护、矛盾纠纷调解、村庄秩序维持以及异己力量团结等方面发挥着重要作用。理事会成立后，成员通过发动村民、筹资酬劳以及土地资源调配来推动村庄基础设施建设。但当时的理事会多“因事而建、应时而建”，并无正式的规章制度，在新农村建设结束后有的已经解散或有组织没动力。

农村宅基地属村民集体所有资产，村庄居民希望何种组织管理农村宅基地，一定程度上反映了其配合程度。宅改前，余江县对村庄居民调研数据显示，66.57%受访群众认为应该由本村理事会而非乡政府或县政府管理，这在一定程度上反映出村民事务理事会在推动农村宅基地改革中的重要作用。因此，完善并充分发挥村民事务理事会这一传统组织显得尤为重要。

(四)中央政策倡导

现阶段,农村宅基地制度是仅存的资源稀缺程度很高但仍然采取福利性分配的制度安排之一,其合理程度关系农民切身利益发展,影响着农民的基本生产和生活需要。现行宅基地制度安排,在推动"三农"发展方面发挥着重要功能,但面对当前的新型城镇化、农村空心化和农业现代化,也仍然存在诸多缺陷。盘活潜在的农村土地财富,扩大农民土地权益,促进城乡用地合理配置成为宅基地制度的改革方向。

十八届三中全会做出了全面深化改革的重大抉择,提出了"赋予农民更多财产权利"和"改革完善农村宅基地制度"的改革目标。围绕宅基地制度改革目标,2014 年 12 月 31 日,中共中央办公厅、国务院办公厅印发《〈关于农村土地征收、集体经营性建设用地入市、宅基地制度改革试点工作的意见〉的通知》(中办发〔2014〕71 号)(以下简称《意见》)。《意见》指出,要积极试点"两探索一完善",即"探索宅基地有偿使用制度和自愿有偿退出机制,完善宅基地权益保障和取得方式,完善宅基地管理制度",对宅基地的制度改革进行了具体决策部署。在此基础上,国土资源部紧密结合《意见》要求,按照具有代表性和基础性等条件,选择了包括余江县在内的 15 个县级单位进行农村宅基地制度改革试点实践,具体细化了宅基地制度改革试点的主要内容,即"以切实保障和维护农民宅基地权益为出发点和落脚点,完善宅基地权益保障和取得方式,探索宅基地有偿使用制度,探索宅基地资源有偿退出机制,完善宅基地管理制度,建立健全'依法公平取得、节约集约使用、自愿有偿退出'的宅基地管理制度"。

整体来看,余江县宅基地制度改革试点是在中央政策允许的框架内,基于现阶段农村宅基地使用和管理存在的现实问题,以满足农村居民现实需要为目标要求,以充分发挥传统组织资源为基础,以"探索有偿使用和有偿退出,完善宅基地权益保障和管理制度"为主要内容,坚持问题导向、目标导向和基层导向的现实选择。

二、助力村庄:改革重心与优势导向

余江县通过建立村民事务理事会,出台县级指导性制度办法,强化村庄规划引领,整合多种涉农项目资金,为余江县试点村宅基地制度改革提供组织助力、制度助力、规划助力及资源助力，推动余江县宅基地制度改革工作有序开展。

（一）坚持重心下移，发挥组织助力

农村宅基地属于农村集体所有土地，宅基地制度改革属于农村集体事务，涉及农民核心利益，宅基地制度改革应充分发挥村民自治作用，让农民自我管理、民主协商、集体决策。为强化宅基地村民自治管理，余江县始终坚持“农民事，农民办”，通过建立党委政府领导的村民事务理事会，扩大村民事务理事会权能，充分发挥村民事务理事会在宅基地制度改革中的主导作用。

建立村民事务理事会。一方面，余江县农村地区宗族特征较为明显，与行政组织相比，村庄稳定的传统宗族网络在情感维系、利益平衡和矛盾化解中发挥着巨大作用。通过成立村民事务理事会，将政府的改革任务转化为村庄内部事务，使村民成为决策设计者和执行者，可以减少制度改革的阻力。

另一方面，推行宅基地制度改革，探索宅基地有偿退出，需要承担大量的退出补偿资金。余江县财政收入低，财政状况薄弱，县级财政无力承担巨额补偿资金。基于此，余江县出台《关于进一步加强村民事务理事会建设的实施意见》等文件，决定在各自然村成立和完善村民事务理事会，以村民事务理事会为抓手，推动宅基地制度改革工作实施。

为统筹协调宅基地制度改革工作，余江县选择以自然村为单位，在全县1040个自然村先后成立和完善村民事务理事会，选举产生8752名村民事务理事会成员。余江县第一批宅基地改革试点村在2009年开展新农村建设时已建立村民事务理事会，为配合此次宅基地制度改革工作，余江县进一步夯实基础，继续完善村民事务理事会，增加村民理事会成员，参与宅基地制度改革工作实施。通过召开村民大会，按照公平性、稳定性、代表性原则，以“各房管各房”的方式，推选村庄内部有能力、有威望、做事公平公正、群众集体认可的人员，选举产生村民事务理事会成员，发挥村民自治在宅基地制度改革中的主导作用。

扩大村民理事会权能。为真正发挥村民事务理事会在宅基地制度改革中的主导作用，余江县出台《关于进一步强化村民事务理事会对宅基地管理权责的通知》，赋予村民事务理事会在宅基地申请、有偿使用、流转、退出、收益分配等宅基地事务民主管理中的12项宅基地管理权利，明确15项宅基地管理义务。

表 2-11　村民事务理事会 12 项宅基地管理权利

序号	权利内容
1	对农村集体经济组织成员资格进行初审
2	受理村民建房申请
3	制定本村集体宅基地分配方案
4	制定本村集体宅基地增值收益分配方案
5	制定本村集体宅基地有偿使用费的起征面积、标准
6	对精准扶贫建档立卡对象、五保户的宅基地有偿使用费予以减免
7	制定本村集体宅基地无偿退出、有偿退出办法
8	收取宅基地有偿使用费
9	对有偿退出宅基地的村民按标准进行补偿
10	对宅基地流转的条件进行严格把关并收取流转收益
11	管理本村集体资金、资产、资源
12	与村民签订《自愿退出宅基地协议》

资料来源：根据余江县《关于进一步强化村民事务理事会对宅基地管理权责的通知》整理。

在明确界定村民事务理事会职责的同时，余江县各乡镇进一步下放权力，扩大村民理事会权能，赋予村民理事会宅基地管理权利。规定乡镇政府和村委会在为当事人出具证明、办理各种证照、申请享受权益等相关事务时，应事先由村民事务理事会签署意见，未经理事长签署意见，村委会不能开具证明或加盖公章；对于个别不配合宅基地改革工作的“钉子户”或“赖皮户”，以后若需要办理相关事务，村民理事会可拒绝签字。

（二）坚持“三上三下”，实现制度助力

为突出农村宅基地改革的“试制度，试成效”，余江县始终坚持问题导向和目标导向，由 11 个乡镇挂职县领导协同相关部门人员，驻村 15 天调研乡镇情况，做到三天一汇报，三天一汇总。余江县宅改办根据调研意见草拟政策文件，由挂职县领导将政策文件带到乡镇、村组征求意见，宅改办根据各乡镇、村组意见继续修改完善。通过“三上三下”，出台县级层面《余江县农村宅基地有偿使用、流转、退出暂行办法》等 23 项宅基地管理制度。

表 2-12　余江县宅基地制度改革部分文件

类别	余江县级制度办法
宅基地权益保障和取得方式	农村村民退出宅基地进城购买安置房方案
	余江县深化农村宅基地制度改革促进农业转移人口市民化实施方案(暂行)
	余江县深化农村宅基地制度改革促进城镇化发展暂行办法
	余江县城乡核心区内农民住房保障实施办法
宅基地使用、退出机制	余江县农村宅基地有偿使用、流转和退出暂行办法
	关于加强农村宅基地流转的实施意见
	余江县宅基地综合整治暂行办法
	余江县农村退出闲置宅基地综合利用实施方案(暂行)
宅基地管理制度	余江县农村村民建房批后监管实施意见
	余江县农村村民建房管理暂行办法
	余江县农村集体经济组织成员资格认定办法(试行)
	关于进一步强化村民事务理事会对宅基地管理权责的通知
	余江县农村不动产确权登记工作实施办法(试行)
工作机制	江西省余江县农村宅基地制度改革试点实施方案
	关于全面深入推进农村宅基地制度改革试点工作实施细则
	余江县村庄规划编制工作实施方案
	关于开展美丽乡村综合改革示范点建设实施方案
	余江县美丽乡村建设土地整理项目实施方案
	余江县城乡建设用地增减挂钩工作实施方案

资料来源:根据余江县宅基地制度改革试点制度汇编整理。

(三)编制村庄规划,强化规划助力

土地利用规划和村庄规划是严格控制宅基地标准,合理划定功能区位的前提,是管理农村宅基地的基础。为解决农民建房和村庄发展缺乏规划管控问题,余江县成立村庄规划编制领导小组,出台《余江县村庄规划编制工作实施方案》。按照“多规合一”要求,先后投入 2000 余万元,通过招投标,选定 6 家甲级资质技术单位,编制 116 个行政村总体规划,1040 个自然村村庄规划和土地利用、土地整治规划，控制宅基地用地规模，优化村庄布局。

在村庄规划全县覆盖的基础上，余江县强化规划管控，严格规范管理村庄建设用地，加强村庄各项规划对宅基地审批、使用和管理的约束作用，注重规划落实与宅基地退出、统筹利用协调并行，推动宅基地制度改革有序开展。同时，为保证规划落到实处，进一步强化乡镇、村委会和理事会的职责，实行严厉的问责制度，杜绝农民随意建房、杂乱无序现象。

（四）整合涉农项目，提供资源助力

为推动宅基地制度改革，加强乡村基础设施建设，打造美丽乡村，增强群众获得感，余江县向江西省国土资源部门积极争取配套项目政策，整合新农村建设、精准扶贫、城乡建设用地增减挂钩、土地整理、农村危房改造、农业开发等各类政策项目资金近 4 亿元，申请土地增减挂钩指标扩大到江西省全省范围内交易，承诺完成宅基地制度改革的试点村可优先安排新农村建设项目资金，做到政策项目资金向宅基地改革试点村纵向倾斜，为各乡镇、村组宅基地制度改革提供动力和资金支持。

三、政社联动：改革路径与实践特征

党的十八大以来，政社联动作为基层社会治理创新模式和内在驱动，为实现政府治理与基层社会自治有机衔接和良性互动探索出了一条有效途径。推动政府行政管理与村民自治的有效衔接和良性互动，充分发挥政府与社会在村庄治理中的积极性，是基层治理现代化题中应有之意。余江县通过主体联动、制度联动、宣传联动、激励联动、政策联动、实践联动，积极探索“政府指导、村民事务理事会主导”的宅基地有偿使用、退出等制度，有效实现政社联动。

（一）合力统筹攻坚，强化主体联动

坚持基层导向，明确主体定位。明确各级行动主体的职责权限，找准主体定位，是宅基地改革的前提条件。农村宅基地属村庄集体所有资源，其分配、使用和管理理应由村庄集体经济组织来管理；政府主导村庄宅基地改革存在着财政支持薄弱和极易引致冲突的可能。基于上述考虑，余江县在改革之初，就坚持宅改的基层导向和村庄导向，坚持“县委领导、国土指导、乡

(镇)统筹、村级实施、理事会主导、群众主体”的工作主线，妥善处理政府与村庄角色，明确政府与村庄的权力范围和作用边界，充分发挥政府在改革中的推动、引导、宣传和监管作用，将宅改任务交由村庄理事会来主导实施。

明确部门职责，条块职能联动。农村宅基地改革涉及面广、关联性强，是一项复杂的系统工程，需要相关部门协同配合。在宅基地改革过程中，余江县委将此项改革作为“书记工程”实施，县委、县政府将试点工作列入重要议事议程，县委书记、县长亲自挂帅，县级各部门主要领导干部组成农村宅基地制度改革试点工作领导小组，配强配足工作力量，明确各职能部门具体责任，充分发挥宅改的组织、宣传、引导和监督等作用。

干部下乡驻村，部门齐抓共管。余江县在宅改过程中，从各单位抽调人员组建业务指导组、综合协调组和督察组等工作队伍，专职全程负责改革试点日常具体工作，按照“分工协作，各司其职”的要求形成工作合力。为建立健全联动工作机制，切实推进美丽乡村综合改革示范建设，确保农村宅基地制度改革试点工作顺利开展，该县下发《美丽乡村综合改革示范建设县级领导挂点联系制度》，实行县级领导挂点联系乡镇、包村制度，每个县级领导挂点联系 1 个乡镇或包 1 个行政村。

推行分级包保，强化监督考核。改革过程中，余江县实行县四套班子领导挂点联系改革难点村，实行“县挂乡、乡驻村、村包组、组联户”负责制，层层传导压力、步步压实责任。该县由县委组织部从县直机关单位抽调驻村干部，与驻村乡镇科级干部及村委会干部组成工作组，试点期间，县乡干部与原单位脱钩，脱产蹲点，吃住在村，协助试点村宅改推进工作。该县还将改革试点作为干部考核任用的“指挥棒”，通过改革锻炼干部、发现干部和培养干部，强化宅改任务完成在县乡干部年度考核和选拔任用中的激励作用。

(二)多元主体参与，实现制度联动

在县级文件的指导范围内，余江县宅改办组织各试点乡镇党委书记、分管领导、国土所长、规划所长等乡镇、村干部以及村民理事会成员到余江县委党校封闭培训，集中酝酿，因地制宜制定符合本村集体的宅改制度办法，积极调动乡镇和村组党员干部、村民理事、群众代表、乡贤代表参与制度设计,增强制度执行力。通过多元主体参与,余江县各乡镇依据本镇实际情况,因地制宜,出台了村民事务理事会宅基地管理工作考核评比办法等11项运行制度(见表2-13),村组层面出台了集体经济组织成员认定等9项实施办法(见表2-14)。

表2-13 乡镇11项运行办法(以锦江镇为例)

序号	乡镇11项制度办法
1	锦江镇农村宅基地制度改革试点实施方案
2	锦江镇村庄规划编制工作实施方案
3	锦江镇在宅基地制度改革试点工作中进一步规范农民建房管理的实施意见
4	关于锦江镇农村宅基地制度改革试点工作三级联动实施方案
5	锦江镇村民事务理事会管理办法
6	锦江镇村民事务理事会宅基地管理工作考核评比办法
7	锦江镇建房管理暂行办法
8	锦江镇试点村农村宅基地制度改革工作实施方案
9	锦江镇宅基地黑名单管理试行办法
10	关于印发锦江镇《宅基地制度改革考核奖惩机制》等6项制度机制的通知
11	关于进一步加强镇土地巡查队人员管理的意见

资料来源:根据锦江镇宅基地制度改革工作机制文件汇编整理。

在余江县级23项制度办法和乡镇11项运行办法的指导意见下,各自然村依据本村实际情况,因村制宜,制定了村组9项实施办法。

表2-14 村组9项实施办法

序号	村组9项制度办法
1	宅基地有偿使用办法
2	宅基地退出、流转办法
3	集体经济组织成员资格认定及户的界定办法
4	农民建房审查细则

续表

序号	村组9项制度办法
5	村庄规划执行办法
6	宅基地分配方案
7	宅基地增值收益分配办法
8	村民事务理事会工作制度
9	村规民约

资料来源:根据锦江镇灌田村畈堂寺小组、平定乡洪万村洪家组等村组办法整理。

鼓励多元主体参与,充分尊重群众首创精神,通过县、乡、村三级联动实施制度供给,探索创新出一套可操作的宅基地管理办法,使宅基地制度改革实践有依据、有标准、有参照。

(三)层层组织动员,加强宣传联动

要改变农民“宅基地是祖业”的传统观念,增强农民的集体土地意识,需要政府统筹联动,大力进行改革宣传。余江县通过县、乡、村、组四级联动,开展干部培训,集中酝酿制度;利用新闻媒体宣传、网络宣传、会议宣传、广告宣传、资料宣传、流动宣传等多元媒介,向广大群众联动宣传宅基地制度改革政策,营造浓厚的改革氛围。

四级干部业务培训。增强干部对宅基地改革政策的认知,提高干部综合素质和业务能力,可以确保改革工作中统一思想、明确任务、强化责任。余江县委、县政府先后组织召开12次县、乡、村、组四级干部动员大会,召开64次县级调度会议,组织18次村组、村民理事会、群众代表、乡贤代表集中封闭培训,每月组织工作推进会、参观交流会,研究解决实际操作问题。中国人民大学教授刘守英为余江县领导干部进行专题辅导,余江县各乡镇召开动员大会、培训会,对乡镇、村组干部和理事进行培训,酝酿乡镇层面的制度机制,理事会集中封闭培训,召开群众大会,商定宅改措施,制定村组宅改办法。

多元媒介联动宣传。借助纸质载体、信息网络等多元媒介,可以全方位、多角度开展宣传,营造宅基地制度改革“全党动员、全民参与”的良好氛围。余江县、乡、村、组主要通过发放政策手册(含知识问答读本、一封信、画册等)、派送一次性宣传纸杯、建立工作微信群、开设微信公众号、群发短信、制作宣传标语和户外宣传牌、电视宣传报道、编排宅基地制度改革为主题的小品和快板、到乡镇演出、参观典型宅改点、组织召开乡贤茶话会、观看《余江县"一改促六化"工作汇报》视频短片、成立政策宣讲团、开设宅基地改革试点政策宣讲课等多种方式，大力宣传农村宅基地制度改革。

表 2-15　宣传方式

序号	宣传方式	数量
1	发放政策手册、一封信、画册等	32 万份
2	派送一次性宣传纸杯	10 万个
3	建立宅改工作微信群	760 个
4	开设微信公众号如"余江三项试点"	3 个
5	群发短信	26 万条
6	制作宣传标语	2960 条
7	制作户外宣传牌	816 块
8	电视宣传报道	75 次
9	成立政策宣讲团	1 个
10	开设宅基地改革试点政策宣讲课	230 堂

资料来源：根据调研访谈资料整理。

通过多元媒介联动，向广大村民和在外经商、务工人员大力宣传宅基地制度改革试点政策，让农民群众了解宅基地制度改革的目的、内容和意义，推动宅基地制度改革试点工作的顺利开展。

(四)激发内生动力，多元激励联动

为激励各乡镇、村组积极参与宅基地制度改革工作，余江县整合了新农村建设、精准扶贫、城乡建设用地增减挂钩、土地整理、农村危房改造、农业开发等各类政策项目资金近 4 亿元，为率先完成宅基地制度改革的试点村优先安排新农村建设项目资金(30 万元/村)，为适合开展土地增减挂钩并已通过宅改验收的村庄积极申报土地增减挂钩项目。通过配套项目政策捆绑，做到政策项目资金向宅基地改革试点村纵向倾斜，调动试点村的宅改积极性。

针对村民理事成员没有工作报酬、任务繁重、畏难等问题，余江县通过"物质激励+精神激励+政治激励"等多元激励联动，调动村民理事会成员参与宅基地改革的积极性。通过召开县、乡、村、组四级干部会，让工作表现突出的村民理事上台发言，增强理事成员的荣誉感、成就感、自豪感，对理事成员进行精神鼓励；由乡镇、村委会给予适当误工补贴，对村民理事成员进行物质鼓励；通过开展优秀十佳理事会的评选，将优秀十佳理事长及成员优先列入村“两委”班子候选人，对村民理事进行政治激励。通过多重激励，激发村民事务理事会的内生动力，推动宅基地制度改革的顺利进行。

（五）统筹多项改革，形成政策联动

推进农村土地制度改革必须服务于全面建成小康社会战略目标。要围绕建设社会主义新农村和增加农民收入深化农村土地制度改革。为了加强改革协同性、耦合性、系统性、全局性，余江县以农村宅基地制度改革为前提，统筹新农村建设、美丽乡村建设、精准扶贫等多项改革，形成政策联动。

结合新农村建设联动推进。2015年3月—11月，余江县结合新农村建设，选择41个自然村先行先试，推进宅基地制度改革，美化村容村貌，积累相关经验。

结合美丽乡村综合改革示范建设联动推进。2015年12月—2016年4月，余江县结合“1+N”①美丽乡村综合改革示范建设，选择20个行政村，增加172个试点自然村，推进宅基地制度改革工作。

结合“六化同步”联动推进。2016年4月—11月，余江县结合“一改促六化”②美丽乡村建设，扩大试点范围，选择余江县剩下的96个行政村，每个行政村选出50%的自然村，全面推行宅基地改革。

结合三项试点联动推进。2016年12月至今，余江县统筹协调推进农村宅基地制度改革、农村集体经营性建设用地入市、土地征收制度改革三项试点，在余江县剩余50%的自然村开展宅基地制度改革，实现自然村全覆盖，全面总结经验，形成可复制、可推广、利修法的实践成果。

---

① “1+N”是指以农村宅基地制度改革为统领，统筹推进农村集体资产股份权能改革试点、农民住房财产权抵押贷款改革、生态文明示范村创建、精准扶贫、新农村建设、农村淘宝、农村生活垃圾专项治理、把纪律和规矩挺在前面、基层党组织建设等N项改革和重点工作。

② “一改促六化”是指以农村宅基地制度改革为统领，全面推进农业发展现代化、基础设施标准化、公共服务均等化、村庄面貌靓丽化、转移人口市民化、农村治理规范化“六化”建设。

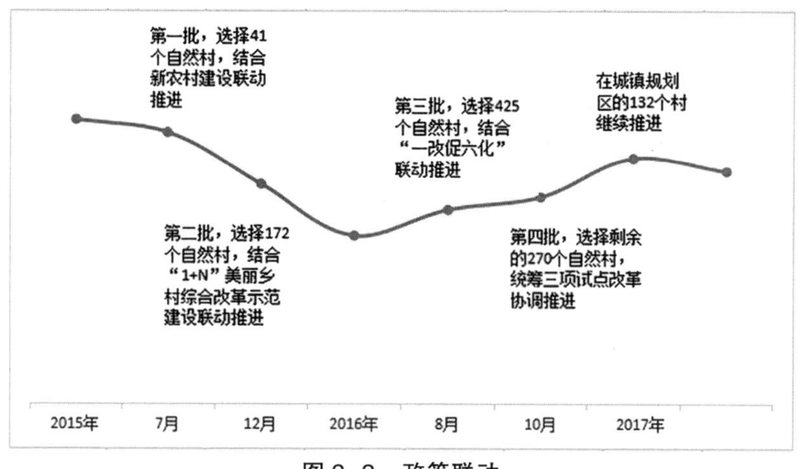

图 2-2 政策联动

在城镇规划区继续推进。除城市规划区外，余江县 908 个农村宅基地制度改革试点村分四批全面开展，覆盖面达 87.3%，并计划在 2017 年，进一步在城镇规划区的 132 个村庄继续统筹推进宅基地制度改革试点工作。余江县通过统筹多项改革政策，形成改革合力，助力村庄基础设施建设，释放改革综合效应，增强群众幸福感和获得感。

(六)坚持公平公正，多样实践联动

农村宅基地制度改革要坚持完善宅基地权益保障和取得方式，探索宅基地有偿使用、自愿有偿退出机制，完善宅基地管理制度的目标导向。余江县各试点村以县级制度办法为基础，以“党委领导，政府指导，村民事务理事会主导”为工作主线，以公平公正为准绳，因地制宜，实行一村一策，民主化界定户宅，多途径保障户有所居，积极探索宅基地有偿使用、自愿有序退出、增值收益分配、择位竞价等制度。

由民决策，民主界定户宅。余江县在一户一宅界定中，结合农村实际，综合考虑农村户籍关系、土地承包、居住情况等因素，合理界定户、宅。为完善一户一宅合理分配机制，余江县出台《余江县农村村民建房管理暂行办法》《余江县农村集体经济组织成员资格认定办法(试行)》等文件，规定农村村民一户只能拥有一处宅基地，其宅基地面积不得超过本办法规定的标准；本集体经济组织男性成员达到法定结婚年龄可立为一户；纯女户家庭中女性成员已结婚属于入赘的可立为一户；父母原则上与一子合并一户，确需分户的,必须经村民会议或村民代表会议同意(新分户的建房用地面积不得超过60平方米)。各乡镇、村组在县级文件指导下,始终坚持村集体民主决策。在村民事务理事会主导下,各村组因地制宜,实行一村一策,制定差异化制度,民主化界定户宅。

因地制宜,多途径户有所居。余江县按照地域范围,划分县城规划区、集镇规划区、传统农区和边远山区,因地制宜,多途径保障户有所居,鼓励有条件的农户自愿放弃宅基地进城落户,推进城镇化。为保障城乡核心区农民住房需求,改善农村人居环境,余江县专门印发《余江县城乡核心区内农民住房保障实施办法》,在县城规划区实行统规统建,通过建设公寓式或住宅小区式住房,保障户有所居。在乡镇规划区,余江县采取统规统建、统规自建或多户联建的方式保障农村居民户有所居。例如潢溪镇万山村上谓洲组,作为宅基地制度改革第一批试点村,实行整村搬迁,在潢溪镇核心区采取统规统建方式集中安置23户,通过"差异化定价+抓阄确定"择位竞价方式①取得宅基地,由村集体经济组织统一规划、统一建设。在传统农区,余江县继续推行一户一宅、面积法定的宅基地分配制度,保障农户住房需求;针对边远山区符合建房条件且自愿放弃的,探索在本乡镇范围内进行调剂并实行有偿使用,引导农民向集镇、中心村集中,促进就地城镇化。

表2-16 多种方式保障户有所居

序号	类型	保障方式	目的
1	城乡核心区	统规统建,公寓式或住宅小区式住房	改善人居环境,节约集约用地
2	乡镇规划区	统规统建、统规自建或多户联建	节约集约用地
3	传统农区	一户一宅、面积法定	满足农民住房需求
4	边远山区	探索本乡(镇)范围内宅基地调剂和有偿使用	引导农民向集镇、中心村转移,促进城镇化
5	自愿放弃宅基地的	享受购房、教育等政府优惠政策	鼓励有条件的农户退出宅基地,节约集约用地,促进城镇化

资料来源:根据《江西省余江县农村宅基地制度改革试点实施方案》整理。

① 上谓洲组村民事务理事会按照区位不同进行差异化定价,确定宅基地竞价底价为500元/m^2、480元/m^2,村民通过抓阄方式取得宅基地,每户宅基地面积在80~120m^2之间。

为鼓励符合条件的农户自愿放弃宅基地进城落户，余江县专门出台《农村村民退出宅基地进城购买安置房方案》，针对全部退出宅基地到城镇居住的村民，或符合宅基地申请条件而放弃申请资格到城镇居住的村民提供相关优惠政策。例如农民进城落户后可优先购买政府优惠的商品房，在政府回购价的基础上优惠10%，平均优惠600元/m² 左右；采取“时间换空间”办法，保留进城农户农村集体资产分配权和宅基地使用权，若进城农户确实不适宜城市生活，允许其15年后返回原村重新申请宅基地；为进城农户提供和城镇居民同等的福利待遇，包括住房、就业、创业、医疗、养老、教育、生育等社会保障。

因村施策，阶梯式有偿使用。为保证宅基地公平取得，解决宅基地超标准占用、闲置浪费问题，余江县出台《余江县农村宅基地有偿使用、流转和退出暂行办法》，在县级制度办法指导下，实行村民事务理事会主导的宅基地有偿使用制度。

余江县级层面制定了指导性的起征面积标准（120～240平方米/户），对一户一宅超标准占用宅基地的、一户多宅的多宅部分以及非本集体经济组织成员通过继承房屋或其他方式占有和使用宅基地的按照阶梯式收取有偿使用费。规定超出起征面积1～50平方米的按每年10元/m² 收费，每增加50平方米标准提高5元/m² 收费；一户多宅的多宅部分按照阶梯式收费；非本集体经济组织成员通过继承占有宅基地的按每年5元/ m² 收费，以其他方式占有宅基地的按每年20元/m² 收费。

为体现宅基地取得公平，同时减少改革助力，有偿使用费缴费户数 般控制在本村集体经济组织总户数的15%以内。各村组在余江县指导性标准范围内，因村施策，以本村一户一宅平均建房面积为基础，上下浮动20%，由村民事务理事会差异化制定本村宅基地有偿使用起征面积。例如潢溪镇渡口村上黄组，村庄建房平均面积为224 m²，村民理事会以此为基础，向上浮动，将起征面积定为230 m²，并通过召开村民大会，经集体表决，讨论通过。

发挥党员、村组干部、村民事务理事会成员、村民代表积极交纳有偿使用费的带头作用，通过收取滞纳金、不予分配集体收益、村规民约约束、“红榜”和“白榜”公示、列入失信人员名单等多种方式促使农户按时交纳费用。

村民事务理事会负责收取有偿使用费，乡镇人民政府和村委会积极协助。有偿使用费纳入村集体收益，主要用于旧村改造、宅基地退出补偿、村庄基础设施建设、公共设施、公益事业及误工人员的误工补贴等，其收支明细进行村内公示，接受民众监督，保证取之有道、用之有据。

表 2-17　各村组起征面积

县级起征面积			$120\sim240m^2$/户
乡镇、村组起征面积	大部分村、组		$240m^2$
	潢溪镇渡口村上黄组		$230m^2$
	锦江镇乐泉村	乐村小组	$210m^2$
		邱家小组	$190m^2$
		新农村小组	$180m^2$
	锦江镇最低起征面积		$160m^2$

资料来源：根据对余江县各试点乡镇、村组有偿使用起征面积调研情况整理。

巧设活用，多元化自愿退出。余江县以无偿和有偿退出相结合的多元化退出办法，探索宅基自愿有序退出制度。对户外的厕所、闲置废弃的畜禽舍、倒塌的住房、影响村内道路及公共设施建设的院套等建筑物或构筑物，实行无偿退出；对一户多宅的多宅部分、非本集体经济组织成员在农村占有和使用的宅基地，实行有偿退出。余江县级指导性补偿标准规定，住房按建筑面积 $20\sim150$ 元/m^2 补偿，厨房和厕所等辅助用房、畜禽舍、柴火间等按占地面积 $10\sim30$ 元/m^2 补偿。

在宅基地制度改革中，余江县财政无力承担有偿退出补偿款，补偿资金由集体经济组织自行筹集。在余江县级指导性补偿标准范围内，各乡镇、村组事务理事会根据本村集体经济收入情况，因村制宜，集体决策，公平施策，自主选择有偿退出、无偿退出、有偿与无偿相结合等多种退出方式，并制定有偿退出具体补偿标准。

由于大部分村庄缺乏集体收入来源，村集体经济薄弱，没有能力承担有偿退出补偿，为体现公平公正，整村实行无偿退出，这是多数试点村的主要退出方式。例如黄庄乡，已无偿退出宅基地占比达 99.16%。

此外，各乡镇、村组根据自身经济发展水平差异，从多种途径探索解决补偿资金来源问题。例如潢溪镇，因该镇人多地少，土地纠纷多，且潢溪镇经济实力较强，大多试点村实行有偿退出，已有偿退出占比 51.83%；春涛镇段村祝家小组 5 个村民理事自筹资金，垫资 10 万余元，实行有偿退出；平定乡洪万村洪家组因本组在外经商人员较多，在外乡贤人士捐资 36 万元，有偿退出范围内的宅基地有 35 宗，洪家组对这 35 栋房屋全部实施有偿退出；还有一些经济实力较弱的试点村，则通过台账式管理①，实行有偿退出。

表 2-18　宅基地退出方式

退出方式	典型乡镇		退出标准	资金来源
有偿退出	潢溪镇	渡口村上黄组 逢叶村祥八组	石木结构 80 元/m^2，石混结构 120 元/m^2	乡政府垫资
台账管理	较为普遍		—	—
无偿退出	黄庄乡沙湾村肖家组		—	—
	春涛镇段村祝家小组		住房 50 元/m^2	村理事自筹
	平定乡洪万村洪家组		石木结构 50 元/m^2 石混结构 30 元/m^2	乡贤捐资
有偿+无偿退出（住房有偿退出，附属设施无偿退出）	锦江镇灌田村畈堂寺小组		石木、砖木结构 30 元/m^2，石混、砖混结构 60 元/m^2	有偿使用费
	锦江镇石港村杜家村小组		老村：砖（石）木结构 50 元/m^2，砖（石）混结构 80 元/m^2 新村：无偿退出	土地增减挂钩
	邓埠镇仪凤村桥西殷家		石木结构 60 元/m^2，石混结构 80 元/m^2	城郊村，征地收入等集体自有资金

资料来源：根据对余江县各试点乡镇、村组退出方式调研情况整理。

① 由村集体与宅基地退出户签订退出协议，登记退出面积，暂不支付退出补偿。待其家庭成员以后符合建房条件，集体重新安排面积相等的宅基地，超出部分和其他村民一样交纳择位竞价款；或者待集体通过收取宅基地有偿使用费、择位竞价款再支付宅基地退出户退出补偿。

为民施策,弹性化增值收益。为探索建立宅基地增值收益分配机制,余江县专门出台《余江县农村宅基地增值收益分配指导意见(暂行)》,界定宅基地增值收益范围,明确宅基地增值收益分配方式。

宅基地增值收益主要包括土地增减挂钩收益、择位竞价款、有偿使用费、流转、出租、抵押融资、对外投资收益等。余江县始终坚持"农民事,农民办",规定宅基地增值收益分配方式在乡镇政府和村"两委"的指导下,经村民代表大会或村民大会讨论确定。各村、组结合本村实际,根据宅基地增值收益多少,自主选择分配到户或留存集体使用不进行分配,宅基地增值收益分配情况须纳入乡(镇)"三资"监管平台,对分配情况进行村务公开,接受村民监管和政府监督。

缺乏集体收入来源,宅基地增值收益少的试点村,不具备分配条件,大多选择将收益留存村集体使用,主要用于村庄基础设施建设、有偿退出补偿等集体事务。例如潢溪镇渡口村上黄组,退出宅基地后实行土地"增减挂"项目,新增水田 17 亩,按照每亩 5 万元的标准,收益 85 万元,该村选择将宅基地增值收益作为村集体收入,留存村集体使用,用于村庄基础设施建设。

以制规行,抓阄式择位竞价。为凸显宅基地区位优势,促进土地节约集约利用,提高宅基地利用效率,规范宅基地择位竞价,余江县专门出台《农村宅基地择位竞价指导意见(暂行办法)》,规定对新增宅基地实行由村民事务理事会主导的择位竞价取得方式。

宅基地择位竞价方案由村民事务理事会制定,各村、组按照水田不得低于 280 元/m^2,旱地、园地不得低于 160 元/m^2,其他土地不得低于 100 元/m^2 的指导性标准制定本村、组宅基地竞价底价。余江县大多数村组将新增宅基地的竞价底价定为 100 元/m^2,少数村组,如潢溪镇万山村上谓洲组,因整村搬迁,实行统规统建,村民事务理事会按照区位不同进行差异化定价,将择位底价定为 500 元/m^2 和 480 元/m^2,并通过抓阄方式确定每一户具体位置。

通过"差异化定价+抓阄确定"择位竞价方式,体现宅基地使用的公平、公正、公开;凸显区位优势不同的宅基地价值,迎合农民对优势区位的偏好;避免村民之间对同一地块不断竞价,造成价格虚高,破坏集体内部和谐。截至 2017 年 5 月,余江县共有 49 宗宅基地采用择位竞价方式分配,涉及面积 5600 m^2,已交纳择位竞价款户数 45 户,交纳择位竞价款 145.50 万元。

四、余江实践的经验与贡献

余江县作为宅基地制度改革试点地区，在改革过程中积极探索，不断进取，不仅取得了一系列丰硕的成果，同时也形成了独具特色的余江样板，为改革的全面推开提供了经验借鉴。

（一）余江宅改的实践成果

宅基地制度改革试点过程中，余江县在“县委领导、国土指导、乡镇统筹、村级实施、理事会主导、群众主体”工作思路的指导下，通过助力村庄，政社联动，推动村庄全面发展，促进基层治理能力的显著提升。在短短的两年内，不仅实现了宅基地集约节约利用，美化了村庄环境，淡化了宅基地私有观念，壮大了集体经济；同时借助以村民事务理事会为载体的改革实践，激发了基层治理的内在活力，实现了政府与社会组织的有序衔接。

1. 村庄建设全面发展

农地配置集优。以“有偿+无偿”“时间换空间”的方式引导村民退出宅基地，余江县释放出大量的存量土地资源，同时通过坚持规划引领，解决了村庄宅基地杂乱无章的现状，实现了农地的优化配置。

余江县在宅基地制度改革试点过程中，通过有偿与无偿相结合的办法推动农户有序退出大量土地，其中包括废弃的猪牛栏、厕所、危旧房、闲置的一户多宅等。根据数据统计，目前全县共退出宅基地 27530 宗，面积共计 3788 亩，其中无偿退出 22299 宗，面积 2887 亩，有偿退出 5231 宗，面积 901 亩，收回村庄规划内土地面积 881 亩，村庄规划外复垦宅基地 574 亩。彻底消除了试点村的空心化现象，释放存量土地可满足大部分村庄未来 10~15 年的农民建房用地需求，避免新占耕地。不仅有力地保护了耕地资源，同时为村庄建设的进一步发展提供了空间。

为了积极引导和鼓励农民自愿退出一户一宅宅基地或放弃申请建房资格进城落户，余江县通过进一步完善和实施扩大就业、土地流转、住房保障、义务教育、社会保障等政策，同时保留进城农户原有农村待遇不变，并且允许进城农户 15 年后自愿选择是否再回村建房等方式，为进城农民解决后顾之忧，确保农民进城入镇后生活水平有提高，有效解决了农民两头占地的情况，释放了存量土地。截至 2017 年 5 月，全县共有 235 户提交弃退宅基地、进城优惠购房申请,其中 186 户正在办理或已办理购房手续。针对已退出土地,余江县积极引导村庄对腾退宅基地中宜耕土地进行复垦,目前共实现新增耕地 574 亩,有效保护了耕地资源,实现了村庄土地的集约节约利用。

村庄环境美化。在宅基地制度改革试点过程中,村庄基础设施不断完善,居住环境得到进一步优化。改革试点前,各村庄普遍存在废弃禽畜舍、猪牛栏、露天厕较多,附属设施缺乏,道路泥泞,废弃危旧房众多,垃圾无人处理等问题。余江县投资 2000 万元进行全县村庄规划编制,在村民建房方面严格执行村庄规划,要求宅基地改革后的新建房屋统一建筑风格、统一户型、统一面积标准、统一房屋外立面、前后留足通道和停车场所,改变了以往村庄杂乱无章的状态。在进行宅基地退出的同时,余江县同样重视改革试点配套工作的开展,对试点村庄的后期建设进行跟进。各村庄也积极利用收取的有偿使用费、择位竞价费、乡贤捐款等进行旧村改造以及村庄的基础设施建设等。

随着宅基地制度改革的深入推进,余江县统筹多项农村改革项目,加强村庄环境治理以及基础设施完善,大力推进美丽乡村建设。在对村庄环境卫生进行摸底调查的基础上,大力开展环境治理工作,规范村庄畜禽栏舍建设,全面整治水塘沟渠,实现全县新修村内沟渠 154.06 公里。余江县还建立和完善了“户分类、村收集、乡转运、县处理”的城乡一体化生活垃圾收运处理体系,提高了农村垃圾的减量化、无害化、资源化处理水平,并且建立村庄保洁长效机制,增强环境卫生治理的持续性和有效性。此外,余江县积极开展村庄绿计、亮化、美化工程,加快推进“森林村庄”建设,利用房前屋后的零星空闲宅基地,以及道路两侧退出的宅基地,种植柚子、柑橘等果树或者景观树。截至 2017 年 5 月,全县增加绿化面积 12.68 m^2,村庄绿化率达到 20%,人居环境得到显著优化。

集体经济壮大。在宅基地制度改革试点中,有偿使用费的收取、土地增减挂钩、择位竞价、土地流转等内容一定程度上壮大了村集体经济收入,促进了村民收入的增加。在余江县,宅基地有偿使用以集体经济组织为主导,根据《余江县农村宅基地有偿使用、流转和退出暂行办法》,集体经济组织可以针对“因历史原因形成一户一宅超标准占用宅基地的,一户多宅的,以及非本集体经济组织成员通过继承房屋或其他方式占有和使用宅基地的”农户收取有偿使用费。统计数据显示，截至 2017 年 7 月底，全县已有 5716 户缴纳有偿使用费，已收取费用共计 770 万元。

为了顺利推进宅基地制度改革试点工作，余江县向省国土资源部门争取，实现土地增减挂钩指标在省域范围内流转使用，为村庄腾退土地实现财产性收益提供可能。《余江县城乡建设用地增减挂钩工作实施方案》规定，“拆迁补偿复垦工程费实行打捆包干”①，同时规定土地增值收益 100% 返还给乡镇，要求乡镇将土地增值收益用于和谐秀美乡村建设。据余江县农村宅基地制度改革试点工作领导小组办公室工作人员反映，在试点过程中，乡镇将土地增减挂钩资金全额返还各村小组。调查发现，各村小组主要将该部分资金用于村内有偿退出费用的支出，剩余部分由村民自主分配。目前，全县共拨付增减挂钩项目建设资金 1650 万元，实现户均增收 4230 元。同时集体支付退出补助款 1432 万元，有偿退出户均增收 4200 元。

同时，各村庄通过村级制度的制定将宅基地流转收益纳入集体经济收入。其中《平定乡蓝田村宋家组宅基地退出、流转办法》将流转收益分为房屋收益和宅基地收益，规定“房屋收益归产权人所有，宅基地收益原则上不得低于同期分配宅基地（建设用地）交纳的价款，宅基地转让按收益的 15%，出租收益按租金的 20% 上交本村集体经济组织”。杨溪乡江背村委会科理陆家村小组、余江县潢溪镇万山村委会上谓洲组等村小组同样存在类似规定。此外全县共实现择位竞价宅基地 49 宗，收取择位竞价费 145.50 万元，此类收入同样由村集体进行支配。

2. 乡村和谐之风盛行

宅基地私有观念淡化。长期以来，公有私用的宅基地管理制度使农民产生错误观念，认为“宅基地是祖业”，部分村民将宅基地视为个人的私有财产，超面积建房盛行。同时，由于人口更替、农村人口结构改变（老年人群比重增加）、继承、赠予等情况增多，宅基地“建新不拆旧”，面积超标、一户多宅现象严重。对此，余江县坚持“一户一宅、面积法定”，针对一户多宅、超占面积的宅基地，由村民自主选择退出或者交纳有偿使用费，向申请

① 包干标准：农村居民点复垦为水田的 5 万元/亩，复垦为旱地的 4.5 万元/亩，复垦为其他农用地的 4 万元/亩，废弃的砖瓦窑用地 1.2 万元/亩。

新增建设用地建房村民收取择位竞价费，引导农民采取拆旧建新方式解决建房用地，从而有力地淡化了农户的宅基地私有观念，推动农户退出超占宅基地，实现节约集约用地。

改革试点前，申请宅基地成本较低，农户基于个人利益考量，大量申请宅基地建房，房屋利用率低，宅基地浪费严重。通过宅基地制度改革，余江县要求村民事务理事会对新增宅基地根据位置不同收取相应的宅基地择位竞价费，且建新必须拆旧，一定程度上提高了宅基地申请成本，无建房需求农户暂缓申请建房，节约村庄建设用地。2017 年以来，全县原址改建 800 户，新增占用农用地建房仅 83 户，占用农用地建房是改革前 2014 年的 45%。

此外，余江县积极发挥村庄建设规划的引领作用，要求村民建房严格遵循统一规划、统一布局、统一面积、一户一宅。通过出台《余江县农村村民建房管理暂行办法》，对建房面积以及违规建房的惩罚内容等进行严格规范，各村组分别制定《农民建房管理细则》，严把建房各个关口，坚持严格执行规划，严格一户一宅，严格建房条件，严格建房公示，从根本上杜绝违规建房。促进了农民占有、使用宅基地回归到面积法定的一户一宅起点，形成了公平公正的农村建房秩序，彻底改变了农民建房有法不依、有规不循、有新房无新貌的旧格局。

村庄社会风气改善。在过去，村庄之间及村庄内部利益纠葛和矛盾纠纷较多，如 2000 年，洪家村四个小组建造高速公路占用村庄 50 多亩田地，其中两个小组村民不满平均分配方式，与村小组产生巨大矛盾，至今未能化解。潘家村小组因历史原因，宗派之间纷争不断，且经常发生械斗，以致几十年间几乎没有召开过一次完整的村民大会，严重制约了经济的发展以及村庄环境的治理。与此同时，政策落实效果不佳，干群关系紧张，改革任务往往难以有效推进。宅基地制度改革试点的开展，通过发挥村民主导作用，实现了村内矛盾的化解，促进了集体意识的提升，转变了村庄的社会风气。

宅改过程中，村民搁置矛盾，打破了僵局。余江县中童镇坂上潘家村小组在改革之前存在一户多宅，新增宅基地难申请，违建房侵占良田等问题。在改革试点中，借助建立完善村民事务理事会，潘家村小组推选出一位受到两派认同的理事长，加上前期改革宣传以及部分试点村取得的成绩提供了良好的示范作用，在理事长的带领下，两派村民放下积怨，共同加入宅基地制度改革与村庄的规划建设中。全村仅用3天时间就拆除48栋危旧房、猪牛栏、露天厕所，拆除面积共计1.4万平方米，退出的集体土地可满足村内未来10年的农民建房用地需求。在村民的共同努力下，全村复垦8亩腾出土地，并且对地势低洼的区域进行填平，修建700米左右的排涝沟渠和穿村公路，解决了村民行路难的问题。

由村民事务理事会承担宅基地制度改革试点的主要工作，利用熟人社会中的人情关系进行化解，消除了政府机构在政策实施中的阻碍。改革中实现的村庄环境美化、道路畅通等，进一步增强了群众的获得感，增强了村民内部的自我认同，大大提升了村庄的凝聚力，有效改善了村庄社会风气。

3. 基层治理能力提升

内生活力激发。村民自治是广大农民群众直接行使民主权利，依法办理自己的事情，创造自己的幸福生活，实行自我管理、自我教育、自我服务的一项基本社会政治制度，同时也是社会主义民主政治的重要内容。余江县改变政府主导的传统做法，在《江西省余江县农村宅基地制度改革试点实施方案》中提出“坚持政府引导，集体经济组织主导，充分发挥村民自治和村民事务理事会的民主管理作用，激发群众内生动力，充分调动群众参与改革的积极性和主动性”的重要原则，建立完善村民事务理事会，激发了村民自治的内在动力，有效地推动了试点工作的进行。

村民事务理事会大多由各房推选代表组成，理事会成员能力突出，在宗族中具有较高威望，能够代表各房意见。由于改革内容涉及村民切身利益，且以村民事务理事会为主导进行开展，村民与理事会成员关系密切，打破了政府主导中存在的干部与村民之间的隔阂，提高了农民有序参与村务管理的自主性和积极性。改革试点前，村民参与自治积极性不高，村民代表大会等参与人数少，有些村庄甚至长达数年、数十年未召开村民代表大会。余江县宅基地制度改革试点通过鼓励村民自己决定有偿使用费的起征面积以及有偿退出的补偿标准等内容，通过将理事会作为各村新的议事决策机构，定期举行会议，对收集到的村民意见和建议展开讨论，并以投票的形式做出决策，提升村民的参与感与获得感，进一步提高村民自治能力。

政社联动有序。宅基地制度改革任务艰巨、形势严峻，将政府作为主导改革的单一主体一定程度上会制约改革的有效推进。余江县通过政社联动，激发传统社会组织的活力，明确了政府与村民事务理事会的职能、职责和权限，建立了有效的沟通机制，实现了政府行政管理与基层群众自治的有效衔接。

村民事务理事会是余江县宅基地制度改革中一个特殊的村民自治组织，在改革中发挥着显著的作用。事实上，早在2009年，为了顺利进行新农村建设，余江县已经在部分村庄和村民小组建立该组织。由于建立之初缺乏完善的规章制度，权责界定不清晰，村民事务理事会的职能范围、权力限度以及责任范围较为模糊。再加上受传统行政主导的影响，村民事务理事会虽然一定程度上组织和动员村民参与基层事务的管理，但是在效度和持续性上严重不足，无法充分发挥自治组织的功能，政府的行政管理与群众的基层自治无法有效衔接。

在宅基地制度改革试点过程中，为了充分发挥村民事务理事会的功能，实现政社联动，余江县农村宅基地制度改革试点工作领导小组办公室发出《关于进一步强化村民事务理事会对宅基地管理权责的通知》，对村民事务理事会的权利、职责、责任追究、考核奖惩进行明确规定。同时，制定《余江县农村宅基地制度改革试点工作领导小组工作规则》《余江县农村宅基地制度改革试点工作领导小组办公室工作规则》等规章制度，对改革领导小组的职责任务等内容进行规定，确保在改革过程中政府与村民自治组织在职责上分工明确，责任清晰，相互协作。

余江县坚持"政府引导，集体经济组织主导"的改革思路，在厘清政社边界的同时，通过建立完善政府与村民事务理事会的工作机制，实现了二者的有效联动。在余江县，长期以来，村小组层面的自治能力较弱，自治组织与政府之间联系较弱，基层政府的政策到了村小组一级难以落实。在宅改过程中，余江县制定县、乡、村、组四级联动机制，同时实行"县挂乡、乡驻村、村包组、组包户"的负责制，实现了政社有序衔接。

（二）余江模式的经验借鉴

在两年多的宅基地制度改革探索与实践中，余江县作为我国传统农区的典型代表，积极探索，大胆创新，积累了丰富的实践经验，形成了具有余江地方特色的宅基地制度改革经验,对我国全面推广宅基地制度改革提供了借鉴。

1. 改革思路:从“行政主导”到“政社联动”

余江之所以能够在宅基地制度改革中取得良好的改革成效,最突出的特点就在于改变传统行政单向主导的形式,实行政社联动共治。

村民是农村改革的主体,是农村各项社会事业的直接受益者。宅基地制度改革本身是对现阶段农民的宅基地使用权和农房所用权的调整,充分发挥村民的主体地位,尊重农民群众创造精神是改革有序进行的可靠保证。传统改革多以行政单向主导为主,改革直接利益相关者缺乏表达诉求的渠道,无法直接参与并解决相关问题。由于村民与政府之间缺乏有效沟通,村民对政策不理解,往往会采取不支持甚至抵制的行为。政府对村民真实诉求的不理解,同样也会造成对改革对象权益的严重侵害。这就导致大多数改革难以有效推进,政策难以落实。余江县依托村民事务理事会推进宅基地制度改革的探索,适应了我国社会治理走向的大变动,尤其是适应农村发展及其治理创新大趋势的战略性思维,为我国村民自治的完善和深化开拓了全新的视野。

政社联动共治一定程度上提升了改革的公平性。改革前,余江存在“一户多宅、多占宅基地的,往往在村里也有钱有势。没钱没势的人家,一处宅院也未必建得好,更别说占下好几处”的现象,宅基地分配公平性缺失,干群关系紧张。

由村民事务理事会作为改革的主导者,村民有了反映诉求的渠道,并且成为改革真正的参与者与实施者。村民借助理事会获得了改革事务的自主支配权,能够自主决定村组规章制度以及改革标准,同时在对宅基地管理过程中,坚持干部、党员、理事带头的原则,以实际行动服从和支持改革,做到公开公平公正,让农民亲身感受到改革带来的良好转变,有效地推动了改革的进行。

在提升村民公平感的同时,通过这一形式,余江不仅借助村民自我管理、自我监督降低了行政监督成本,同时有效减轻了宅基地管理以及退出的资金压力。由于宅基地退出费用由村集体经济组织承担,行政单一主导下,赔偿不到位往往会引起诸多矛盾纠纷。实行政社联动共治,村民获得多少赔偿款，赔偿款如何筹集由村民自主决定，政府的资金压力大大减轻。打破了政社之间的隔阂，宅基地管理的灵活性得到极大提高，推动了宅基地制度改革试点的顺利进行。

余江县对于村民自治的大力支持，拓展了多元参与主体，乡贤的作用得到发挥。乡贤是农村经济社会发展的推动者、改革创新的开拓者、美丽乡村建设的参与者。建构乡土认同观念，经济反哺村庄是乡贤社会价值再生产的重要方式，这在宗族网络完整的地方尤为突出。余江县是宗族网络比较完整的县域之一。宅改过程中，余江县充分发挥乡贤参与作用，进一步凝聚乡贤力量，创新乡贤文化，利用春节期间乡村知名人士、社会贤达返乡之机，召开乡贤团拜会、座谈会、茶话会、联谊会、餐叙会、恳谈会、发展论坛等多种形式，积极构建乡贤参与宅基地制度改革机制，引导乡贤“议政不参政，议事不主事”，使他们为村庄宅改出智、出资、出力。截至 2017 年 5 月，全县知名人士共捐资 580 万元，用于宅基地退出补偿、村内基础设施建设。平定乡沙溪张家村张志辉放弃国外经商，中童镇坂上潘家村潘良胜放弃在新疆的事业，牵头成立村民事务理事会并垫资 15 万元用于宅基地退出补偿。

2. 改革路径：从单项突破到统筹联动

余江在宅改中综合农村各项改革项目，增强了改革的耦合性，释放了改革的综合活力，弥补了传统单项改革存在的部分缺陷，包括资金短缺，改革动力不足等问题。

余江是全国农村综合改革试验区，承担多项改革任务，但在具体实践中以单项突破为主，改革项目之间没有实现有效协作。以新农村建设为例，改革内容涉及村庄环境美化、道路建设、基础设施建设等内容，势必要求村民拆除废旧房屋，对宅基地建房进行规划。村民基于自身利益考量，一方面希望进行新农村建设，另一方面又拒绝拆除废旧房屋，从而使新农村建设面临僵局。针对这个现状，余江以宅基地制度改革为契机，将新农村建设点作为激励方式，引导村民进行宅基地有序退出，宅基地改革的顺利推进，同时推动了新农村建设的改革进程。

在整村推进阶段，余江县以农村宅基地制度改革为统领，统筹推进集体资产股份权能改革、农民住房财产权抵押贷款改革、精准扶贫、新农村建设、农村淘宝等 N 项改革和重点工作，全面推进“1+N”美丽乡村综合改革示范建设,改变了项目资金分类投放,利用效力低的困局。同时在全面覆盖过程中进一步融入"一改促六化",以农村宅基地制度改革为统领,全面推进农业发展现代化、基础设施标准化、公共服务均等化、村庄面貌靓丽化、转移人口市民化、农村治理规范化"六化"建设,释放改革综合活力。

五保户、特困户等特殊群体的安置问题是宅基地制度改革中的一个突出问题。这部分村民大多住在占地面积大、破旧的危房里,自身无经济能力盖新房,从而导致改革面临拆了旧房就没有"安身立命之所",不拆旧房,改革工作难推进的两难选择。通过将宅基地制度改革与"交钥匙"工程项目相结合,余江县整合民政、精准扶贫等资金,为村庄解决分散供养五保户及无经济收入和来源的建档立卡贫困户的住房问题提供资金支持。各村借助项目资金建造"幸福楼""居家养老中心",为自愿退出原有老宅的特殊群体提供住房,集中安置全村的特困户,不仅解决了特殊群体的宅基地退出问题,同时加大了农村危房改造的力度,改善了居住条件,实现精准扶贫。

通过发挥各项改革的协同作用,余江县不仅实现了项目资金的有机结合,同时增强了农村的获得感,提升了改革的规模效应。在余江县,宅基地实行适度有偿退出,补偿款由村集体承担,由于大多数村集体经济基础薄弱,补偿资金不足,村民退出积极性不高。村庄一户多宅,废弃危旧房等众多,村庄规划杂乱,美丽乡村建设等项目同样无法有效开展。借助宅基地制度改革,余江县将改革与美丽乡村建设相结合,对完成改革试点的村庄进行重点倾斜,向每个试点村提供 30 万元的资金支持,配套实施村庄绿化、亮化、美化工程。在土地整治过程中,余江县立足村庄规划,开展田水路林村综合整治。空心房、零星倒塌建筑及废弃猪牛圈拆除后腾出的空地,采取宜建则建、宜农则农、宜绿则绿的原则,村边道路进行总体规划,全面硬化,打通村与外界道路联系;水沟依据设计方案、排水需求和便民、生产实际,保持通畅;路边、空地、沟边全面绿化。

此外,现行试点村在改革中取得的显著成效激发了非试点村的改革热情。前期没有纳入改革试点范围的村,现在主动要求纳入改革试点,群众对改革试点由"要我改"变为"我要改"。平定乡耙石村鹤膝塘小组理事长吴华斌在看到邻村进行改革发生的变化后,意识到改革能够真正给农民带来好处,因而主动要求进行改革。

3. 改革方式:从两权分离到三权分置

余江县在宅基地制度改革试点过程中对产权的明晰和细化进行探索,将宅基地占有权从使用权中剥离,实现宅基地所有权、使用权两权分离到所有权、占有权和使用权三权分置的转变。主张"落实集体所有权、稳定农户占有权、放活土地使用权",为推行宅基地有偿使用和有偿退出,解决普遍存在的一户多宅、宅基地闲置以及"城中村""空心村"等问题奠定基础。

按照法律规定,集体经济组织享有宅基地的所有权。长期以来农村宅基地无偿分配、无限期占用,导致宅基地权利边界模糊,权能关系混乱,集体所有权虚置。余江县通过强化集体对宅基地的处分和收益权,进一步明确宅基地的集体所有。余江县出台余宅改办字〔2015〕5 号文,明确一户多宅不符合规划的多宅部分,户外的厕所、闲置废弃的畜禽舍、倒塌的住房、影响村内道路及公共设施建设的院套等建筑物或构筑物必须拆除,将宅基地退还集体。对于不符合村庄规划、长期闲置、超标准占用的宅基地,赋予集体经济组织收回宅基地的权利,及时纠正和有条件调整、收回宅基地。同时探索由农村集体经济组织主导宅基地有偿使用,强化集体经济组织对宅基地的处分权。宅基地有偿使用费由集体经济组织负责统筹、管理。宅基地收益在集体经济组织与宅基地使用者之间进行合理分配。在流转的过程中,农民只享有宅基地之上的房屋收益,不享有宅基地的收益。

占有权与使用权的混用是导致现有专家学者反对宅基地使用权流转、进行市场化配置的主要原因。长期以来,宅基地制度强调保障功能,坚持集体所有、成员使用,禁止市场化流转。部分专家学者认为,现有社会保障不完善,农户通过市场配置宅基地资源存在风险,农民退出宅基后可能会丧失基本的居住权。事实上,宅基地流转主要是使用权的流转,并不影响农民的居住权。居住权是农户作为集体经济组织成员的基本权利,不论宅基地如何流转,都无法改变农民家庭作为集体经济组织成员的居住权。

农民的居住权是农民能够在集体经济组织内部居住的权利,对居住权的保障是使农民合法安全安心地占有自己的宅基地,并且使用、流转宅基地的前提。余江县规定宅基地退出与农民的集体经济组织成员身份不挂钩,农民退出宅基地后保留集体经济组织成员身份,同时在余土改办字〔2017〕16 号文中规定,允许农民将宅基地占有权通过转让、出租等方式流转给在全县范围内部符合宅基地申请条件的成员，保证了宅基地的可交易性；宅基地流转中产生的房屋收益归产权人所有，宅基地收益应在集体经济组织和原宅基地使用者之间进行合理分配，在一定程度上显化了宅基地财产价值。同时允许宅基地使用权与农民住房所有权一并抵押。占有权与使用权的分离，保障农民可以通过流转、退出宅基地获取宅基地收益，同时由于集体经济组织成员身份未改变，农民也可以在自己的宅基地流转后购买他人的宅基地，再次获取宅基地的占有和使用权。

五、使改革运转起来

余江县在宅基地制度改革试点中，创新传统改革模式，通过“政府引导，村民主导”的方式，引导农民广泛参与到改革过程中，取得了显著的改革成效，不仅实现了村庄建设的全面发展，营造了和谐的乡村氛围，提升了农民的自治能力，同时也提供了政社联动、统筹联动、三权分置等改革经验，为改革的全面推行提供了借鉴。由于改革正处于试点阶段，仍存在资金短缺、监管薄弱、动力持久性不足等问题。为了使改革真正运转起来，在深化改革的过程中应坚持市场化、主体性、持续性的原则，发挥市场在资源配置中的决定性作用和农民在改革中的主体性作用，完善改革的长效机制，形成政府、市场、农民、集体四方协同的利益格局。

（一）现实困境与潜在矛盾

余江县在宅基地制度改革试点的过程中，通过全面建立村民事务理事会，引导农民参与到政策执行标准制定、宅基地管理等过程中，不仅实现了政府与社会组织的协同发展，也推动改革有序发展。但是由于改革处于试点阶段，仍存在资金短缺、后期监管薄弱、长效激励不足等问题。

*改革资金短缺，补偿预期难实现。*财政资金短缺是宅基地制度改革试点地区普遍存在的问题。中共中央办公厅、国务院办公厅印发的《关于农村土地征收、集体经营性建设用地入市、宅基地制度改革试点工作的意见》明确指出，改革要坚持“有偿退出”的原则。余江县改革方案规定宅基地退出补偿费用由集体经济组织承担。由于大部分村庄无集体资产，集体经济组织无大量可支配收入，农民退出宅基地的积极性不足。余江县通过项目整合的方式，以美丽乡村建设等项目为动力引导非城镇规划区内的农民自

愿无偿退出宅基地。非城镇规划区内宅基地价格较低，且农民退出部分多为废弃宅基地或猪牛栏等，在补偿较低或无补偿的情况下愿意退出宅基地。但是在城镇规划区内，宅基地价格较高，村集体经济组织能够提供的补偿无法满足农民的预期，退出阻力较大。

后期监管薄弱，改革成效难持续。为了解决宅基地利用混乱问题，规范宅基地使用，余江县投入2000余万元开展土地利用规划和村庄规划编制工作，严格控制宅基地标准，对村庄功能区位进行合理划定，并且出台县、乡、村三级建房管理办法和村庄规划执行办法，组建土地巡查队人员规范宅基地后期利用。从现阶段成果来看，改革取得了良好的成效。但是当前颁布的一系列制度办法以及组建的巡查队具有临时性质，并不具有法律效力。巡查队成员完全由乡执法大队成员构成，宅基地制度改革结束后，土地利用规划以及村庄规划的执行由谁监管面临难题。村庄规划对于社会、经济和环境发展的综合协调和宏观指导的职能难以继续发挥，改革成效难以有效持续。

长效激励不足，自治组织难运行。村民事务理事会在宅基地制度改革试点中发挥主导作用。由于理事成员无工作报酬且任务繁重、困难，余江县主要通过“物质激励+精神激励+政治激励”等多重激励来调动理事会成员参与宅基地改革的积极性，其中精神激励和政治激励发挥较大作用。改革后期或结束后，通过召开县、乡、村、组四级干部会，让工作表现突出的村民理事上台发言，增强理事成员的荣誉感、成就感、自豪感，进行精神鼓励；通过开展优秀十佳理事会的评选，将优秀十佳理事长及成员优先列入村“两委”班子候选人，进行政治激励的方式，随着改革任务的完成，其有效性将随之下降。村民事务理事会是村民自主成立的村民自治的社会组织，虽然承担着集体经济组织的全部职能以及宅基地管理的部分职能，但却不具有法人地位，组织的长期有效运行面临困难。在缺乏长效激励的情况下，理事会成员工作的积极性将会下降，制约理事会功能的发挥。

（二）改革推进思路：市场化、主体性、持续性

为了实现改革的有效运转，改革的进一步深化必须坚持市场化、主体性、持续性的原则。发挥市场在资源配置中的决定性作用以及农民在改革中的主体作用，构建改革长效机制，保障改革长效作用的发挥。

1. 坚持市场导向：发挥市场在资源配置中的决定性作用

宅基地是一种稀缺资源，同时又是农民生活的必需品。由于担心市场

逐利机制与改革的社会效益目标相违背,造成资本剥削农民等问题,宅基地改革中市场作用的发挥备受争议。随着市场经济的发展,宅基地福利性配置的弊端逐渐显现,资源浪费严重。当前农民对宅基地的需求不仅仅限于住房保障,买卖、流转宅基地的需求不断提升,农村宅基地在社会经济发展中的作用逐渐从保障性功能向资产性功能转变。十八届三中全会明确提出要赋予农民更多的财产性权利。《关于农村土地征收、集体经营性建设用地入市、宅基地制度改革试点工作的意见》再次强调要增加农民财产性收入。十九大报告再次强调,要使市场在资源配置中起决定性作用,更好发挥政府作用。这就要求改革在满足农民一户一宅的基本住房需求的基础上,发挥市场在资源配置中的决定性作用。

市场在资源配置中作用的发挥主要通过价高者得的市场机制,这也是稀缺资源配置最有效率的机制。由于人们对同一商品的评价不同,因此愿意为之付出的成本也就不同。评价高的人,愿意支付较高的价格;而评价低的人就只愿意付出较低的价格。通过价高者得的市场机制,可以让这些商品分配到对它们评价最高的人手中,从而实现稀缺资源的某种社会“最优”配置。地处优势区位的农户,其宅基地价值相应提升,通过买卖、流转可以获取较高的财产性收益。因此,未来宅基地制度改革方向应承认市场配置,发挥市场在农村宅基地流转、要素资源配置中的决定性作用。在保障一户一宅的基础上,通过政府引导构建起统一的交易市场,允许企业、农村集体与政府同等准入,让政府扮演好制度构建和审查监督的裁判员角色。

2. 加强主体参与:发挥农民在改革中的主体作用

农村宅基地为农村集体所有土地,宅基地制度改革属于农村集体事务,涉及农民核心利益。农民作为改革的直接利益相关者,是否参与对于改革目标的实现具有重要的影响。改革的有序推进需要充分发挥村民自治的作用,让农民自我管理、民主协商、集体决策。农民主体性的忽视容易造成两大问题。一方面是改革的整体社会效益与农民个体利益难以协调。农民是改革的直接利益相关者,对于改革的意愿与需求相较于政府来说更为明确。在行政主导的改革中,农民缺乏意愿表达以及利益反馈渠道,政府单方面制定的改革政策缺乏对农民的深入了解,容易忽视农民的个人利益。另一方面是农民的参与积极性不足。行政主导的改革模式下,政府包揽政策制定、政策执行的事务，农民只能被动接受、执行，无法对政策方案进行选择，容易加剧农民不满情绪。

因此，政府应引导农民参与到改革过程中，充分发挥农民的主体性作用。首先，应尊重和维护农民主体地位，将实现好、维护好、发展好农民的根本利益作为改革的出发点和落脚点，在改革的推进中充分尊重农民意愿。其次，改革要调动农民积极性，发挥农民的首创精神。政府应为农民提供参与平台和渠道，引导、发动农民参与到政策制定、执行的过程中来。此外，要加大宣传力度，强化农民对改革的认知和理解。扩大政治发动范围，动员广大农民踊跃参与改革，大力营造良好的环境氛围。

3. 坚持可持续发展：发挥改革在宅基地管理中的长效作用

宅基地制度改革试点地区的改革任务即将完成，改革面临长效化问题。一方面是配套政策不完善，忽视农民的长期社会保障。在引导农民通过有偿或无偿的方式大量退出宅基地的同时，忽视农民生活水平是否下降，退出的宅基地是否得到有效利用等问题。另一方面是缺乏长效监督管理机制，改革成效难以存续。监督管理制度及相关人员队伍都为临时设立，改革完成后制度能否持续性地发挥作用，监管队伍解散后由哪些部门承担监管职责尚无解决方案。改革的长期目标难以有效实现。

宅基地制度改革要坚持可持续发展的方向，发挥改革在宅基地管理中的长效作用，实现改革的常态化和长效化。短时间内取得改革的成功并不意味着改革真正的成功，对于改革成效的判断需要经得起时间的考验。如果现阶段取得的改革成果无法长期保持，改革最终还是会面临失败。因此，在改革的过程中应完善相关配套措施，强化改革效果。同时要将宅基地管理的相关制度规定固定下来，完善制度法律，实现宅基地管理法治化，建立专门的宅基地监管部分，配备人才队伍，保障改革长效作用的发挥。

（三）具体对策

立足法治，加强宅基地规划管控。村庄土地利用规划和村庄规划实质上是对土地发展权的空间管制，使村民的合法权利、义务通过规划的形式予以确定，让集体经济组织及村民得以公平、公正地享有建设用地发展空间。村庄规划对于社会、经济和环境发展具有综合协调和宏观指导的职能，村庄建设的协调发展、农村土地资源的合理配置，必须通过科学、合理的村庄规划来引领。在宅基地制度改革中,余江县1040个自然村已实现村庄规划编制工作的全覆盖,但改革完成后如何保证规划继续严格执行下去,确保规划的严肃性、权威性,仍然是一个难题,必须通过完善法律制度,依法依规,进行严格监管。

一是加强立法和修法。农村宅基地利用缺乏村庄规划引导和严格监管,主要是由于现行法律制度不健全,对村庄规划执行监管主体及其职责缺乏明确、具体的法律规定。因此必须加强立法,明确村庄规划的执行主体、监督主体、监管人员、监管职责等内容。同时还要通过修改法律,发挥村庄规划的引领和管控作用。目前我国的土地利用总体规划的最低层级是乡一级,尚未对村级土地利用开展规划。按照现行法律规定,农村村民建住宅,应当符合乡(镇)土地利用总体规划,并尽量使用原有的宅基地和村内空闲地。对此,应该进一步明确新建、改建、扩建等具体类型,将符合乡(镇)土地利用总体规划改为村级土地利用规划,并鼓励尽量使用原有的宅基地和村内空闲地。此外,还可增加荒坡地、废弃地等土地类型。

二是依法依规,严格监管。在余江县宅基地制度改革中,村民事务理事会负责本村村庄规划的执行,村民会议或村民代表大会负责对村庄规划执行情况进行监督。由于理事会和村委成员较少,一般在6~7人,且大多是兼职,很难对农民违反村庄规划、违规建房行为进行适时动态监管。必须强化政府机关的监督职能,明确政府监管主体责任,完善建房审批、监管、巡查、问责机制,强化宅基地规划管理责任追究,严格村庄规划执行工作的绩效考核。不仅需要在县乡两级政府或基层国土资源管理部门设置规划所等相关机构,更要保证规划所等基层工作人员配备充足,明确其在村庄规划建设审查、报批及违法建设管理和查处等方面的权力、义务和责任。将村庄规划执行列入乡镇年度工作考核,实行严格的奖惩和问责制度,实现村庄规划监督管理的常态化。同时应加强宅基地村民自治管理,建立健全包括人民群众、基层组织(村民理事会)等在内的监督体系,完善农村集体组织对宅基地的日常管理职责,发挥农村集体组织初审作用,保证人民群众参与村庄规划执行情况的监督。

立足市场,促进有偿退出公平交易。余江县城镇规划区的132个自然村是第五批宅基地制度改革试点村。该地区宅基地区位优势明显,市场价值较高,政府现行的补偿价格远远低于农民的评估价格,难以满足农民需求;同时,农村集体经济不发达,缺乏收入来源,无力承担宅基地的退出补偿。政府指导价和集体议价方式均难以化解城镇规划区宅基地有偿退出的资金约束,依靠政府或者农民集体承担宅基地退出的补偿可行性不大。需要发挥市场在宅基地退出中的决定性作用,用市场及价格机制解决宅基地有偿退出面临的资金难题。

一是建立农村宅基地退出交易市场。探索建立县—乡—村三级农村宅基地交易平台,为宅基地有偿退出和财产实现搭建渠道,规范宅基地交易程序,允许农户和农村集体作为宅基地的交易主体,对其土地产权进行市场公平交易,促进宅基地退出交易规范化、合法化。加快建立农村集体建设用地土地价格评估体系,加快开展农村集体建设用地分等定级和基准地价研究工作,制定农村宅基地基准地价标准、宅基地评估技术规则、宅基地交易规范等技术准则,逐步形成能反映区位级差、供求关系的宅基地价格体系。建立科学的宅基地评估机制,设立统一规范的宅基地价值评估机构,制定合理的宅基地价格评价体系,客观评价宅基地的土地价值。积极引导建立农村集体建设用地交易中介服务机构和仲裁服务机构,培养专业人才、拓宽服务领域,为农村土地交易提供咨询和仲裁服务。

二是放活宅基地使用权,引入社会资本。农民自愿退出的宅基地,在村委会的监督管理下,由农户作为出租方(入股方)或委托村委会进行对外租赁,收益归农户所有。因一户多宅而收回的宅基地、农民自愿有偿退出的宅基地,可由村委会作为出租方进行对外租赁,鼓励城市居民和社会企业以租赁、合作方式下乡创业,带动休闲养老养生等产业发展,收益归村集体所有。探索"村集体集中回购、企业出资拆迁整理"的方式,将宅基地使用权租赁给出资企业使用,同时参照国有土地使用期限,确定宅基地使用期限为70年。通过放活宅基地使用权,保障农户宅基地的用益物权,增加农户收入,为农户进城提供资本,打通城乡双向流动的通道,促进城乡融合,同时积极引入社会资本,增加农村集体经济组织收入,有效弥补宅基地有偿退出的资金缺口。

*立足激励,完善村民理事会长效激励机制。*余江县通过物质激励、精神激励、政治激励、资源激励等多重激励,激发了村民理事会参与宅基地制度

改革的内生动力。但由于村民理事会运行中尚缺乏资金保障,理事会成员没有工资报酬,属于“无偿奉献”,难以长期坚持工作,人员外流,组织结构不合理,改革完成后面临着解散或空置的难题。需要完善村民理事会长效激励机制,保持理事会的稳定性、持续性,使其继续发挥在宅基地民主管理和农村基层治理中的作用。

要制定农村集体经济组织办法,明确理事会的地位。农村宅基地所有权属于农村集体经济组织,但何为农村集体经济组织没有明确定义。事实上,现行的村民小组成了农村集体产权事实上的拥有者,村民小组的范围也是集体经济组织的范围,对于村民小组也没有明确界定,导致农村集体产权主体虚化。进一步推进农村集体产权改革,明晰集体产权,推进政经分开、村社(集体)分开成为当前改革的重点。需要制定农村集体经济组织办法,明确理事会的地位,包括界定村民理事会的组织性质,明确村民理事会的组织功能,规范村民理事会的工作职责。同时需要发展集体经济。村民理事会作为自治组织,其运作资金主要来源于村民募集,成员大多没有工资报酬,因此必须发展集体经济,保障理事成员按劳取酬,激发理事成员长期工作的动力。

第三节　市场驱动　经社协同——湖南浏阳宅改观察

土地制度是我国的一项基础性制度安排,是经济社会发展的元制度,是整个社会结构的基础。农村宅基地制度是土地制度的重要组成部分,承担着重要的经济、社会和政治功能。现行宅基地制度在推动农业发展、维护农村稳定和保障农民居住等方面做出了历史性贡献。近年来,随着工业化、城镇化、信息化的深入发展,农村经济社会急剧变革,农业现代化、农村空心化和农民兼业化现象愈发明显,宅基地的财产权属性不断彰显,住宅的单一保障功能难以满足农民的多样化需求。与此同时,受制于规划制度不健全、审批监管不到位、登记管理不完备和退出机制不顺畅以及传统观念难改变等现实原因,广大农村地区普遍存在着一户多宅、面积超标、隐性交易、闲置浪费、退出不畅等问题,迫切需要通过改革予以调整。

党的十九大会议明确指出要“深化农村土地制度改革,完善承包地‘三权'分置制度"。十八届三中全会审议通过的《中共中央关于全面深化改革若干重大问题的决定》也确定了"保障农户宅基地用益物权,改革完善农村宅基地制度,选择若干试点,慎重稳妥推进农民住房财产权抵押、担保、转让,探索农民增加财产性收入渠道"的改革任务,强调要"使市场在资源配置中起决定性作用和更好发挥政府作用"。为明确宅基地使用权退出与农民进城落户的关系,给农村宅基地的盘活和使用设置红线,约束地方管理者行为,避免宅基地被资本投机觊觎和侵蚀,十九届中央全面深化改革领导小组第一次会议再次重申"农民变居民"不影响集体土地承包权、农村宅基地使用权、村集体经济分配权,强调"不得以退出宅基地使用权作为农民进城落户的条件",允许农民出租闲置的宅基地,以宅基地使用权入股,使宅基地成为农民的又一项可持续财产性收入来源。

宅基地是农村集体经济组织成员共同拥有的集体资源,长期以来坚持宅基地福利性无偿分配,随着经济与社会的发展,以增加农民土地财产性收益和满足市场潜在需求为导向,充分发挥市场在农村宅基地配置和交易中的驱动性作用,是农村宅基地制度改革的题中应有之意。

湖南省浏阳市是农村"三块地"改革试点县级单位之一,主要承担农村宅基地制度改革(以下简称"农村宅改")试点任务。试点前,浏阳市农村地区普遍存在着集体经济基础薄弱,产业发展条件滞后,近城镇农户申请宅基地需求强烈等现实情况。试点过程中,该市立足于宅基地管理现状和实际需求,以切实保障农民宅基地权益和满足市场化需求为出发点和落脚点,以建立市场化交易机制为关键,着力政策设计和制度创新,充分发挥市场驱动作用;以经济社会协同发展为改革路径,力求通过农村宅改实现农村经济发展与社会稳定双赢、产业发展与社会进步并存、宅基地市场配置与农民城市流向联动、市场利益保护与农民权益维护共进。

农村宅基地制度改革是一项综合性极强、系统性极高的探索工程。现阶段,浏阳市农村宅基地制度改革仍然面临着有偿使用费收取难,农民退出意愿低,宅基地复垦收益有限,法律法规相对滞后等现实瓶颈,需要从市场配置资源、完善法律制度、强化社会保障和推动多元参与等方面着手予以解决。现阶段,农村宅基地制度改革已进入试点"决战期",充分发挥市场驱动作用,应从"市场化、可选择、可持续"三大条件破题入手,以市场和制度生长为主线，构建一个基于国家、市场、集体和农民四方协同的利益格局，形成多元主体、多向驱动、市场运行、制度完善的经社协同模式。

一、浏阳宅改的现实目标与基础条件

立足农村宅基地管理现状和实际需求，“完善宅基地权益保障和取得方式、完善宅基地管理制度，探索宅基地有偿使用制度、探索宅基地自愿有偿退出机制”，是浏阳市农村宅改试点的主要任务，实现户有所居与宅基地节约集约利用是浏阳改革的现实目标。与此同时，为承接城郊高度发达的花炮产业的手工制造部分，农户或在城郊买房或在邻近城郊的农村进行租房和建房，潜在的就业市场刺激着农户的住房和建房需求。以主要任务和现实目标为约束条件，以解决宅基地管理现实问题和满足户有所居为基础条件，该市着力探索农村宅改的“浏阳样本”。

(一)现实目标:户有所居与节约集约

明确一户一宅。一户多宅和面积超标是浏阳市农村地区普遍存在的现实问题。基于此，该市以保障户有所居和节约集约利用土地为目标，力求依据距城远近和土地利用现状，通过科学划定农村宅基地的申请条件和用地标准，明确建房分户的基本原则与前提条件，严格宅基地面积标准，从而对违法多占的宅基地依法清理。

保障户户有宅。合理划定宅基地规模是农村宅基地制度改革试点重要任务。为切实保障居者有其屋，浏阳市希冀结合村庄建设规划、土地利用规划、生态环境保护规划等各项规划，实现“多规合一”，切实保障村庄建设用地的合理规模空间。为有序推进农村建设和乡村规划的落实，必须改革农民住宅用地取得方式，探索农民住房保障在不同区域的多种实现形式。结合村庄土地利用规划和使用现状，浏阳市试图通过政府统建、农户联建和个体独建以及集中居住等多途径，切实保障农户的居住权利。

着力市场驱动。党的十八届三中全会指出，要充分发挥市场在资源配置中的决定性作用。满足潜在的市场需求是资源高效配置的核心要义。浏阳市属于经济发达县级市，城郊相对发达的花炮产业在为农民提供就业岗位和增加收入的同时，也刺激着农民到近郊农村购买或租住房屋。因此，以市场需求为基点，满足农村居民房屋需求是浏阳农村宅基地制度改革的又一目标。

撬动物权资本。长期以来,农村地区普遍存在着进城资本不足和贷款担保难等问题。其中一个重要的原因就是,现有制度并未对农民住房财产权作出明确界定,而探索农民住房财产权抵押、担保和转让的有效途径,则成为增加农民土地财产性收益的重要方式。同时,针对农村宅基地的社会保障功能逐渐弱化,而资产属性却在日益强化的现实,浏阳市在宅基地确权登记基础上,强化农房抵押权能,通过活化宅基地资产,将宅基地“死资源”变为“活资本”,有效缓解农民贷款时遇到的“抵押难、担保难”问题,增加农民的进城资本和土地财产性收益。

助力村民自治。按照村民自治原则进行集体土地管理,既是村级治理最重要的工作,也是农村土地集体所有制的内在制度要求。宅基地是农村集体土地资源,“公有共用共管”是其基本特征,同时也决定了宅基地应该在集体经济组织内部民主协商管理。因此,加强宅基地村民自治管理,健全完善农村集体组织对宅基地的日常管理职责,通过村规民约、民主协商等有效形式,做到“农民事农民议,农民事农民办”,从而通过宅基地制度改革助推村民自治。

强化经社协同。经济与社会协调发展是全面建成小康社会的重要保障,也是农村宅基地制度改革的题中应有之意。因此,在农村宅基地制度改革过程中,浏阳市既要重视农村集体经济的发展,又要强化村庄社会和谐程度的提升;既要注重村庄产业发展在提升村级集体收入中的积极作用,又要重视宅基地在增加农民土地财产性收益中的支柱作用。

(二)基础条件:需求助动与形式倒逼

浏阳市地处湖南省东北部,经济比较发达,山多地少,当地人将此区位情况总结为“七山二水分半田,还有半分是屋子”。该市是新型城镇化综合试点和中央批准的第二批农村改革试验区,下辖 28 个乡(镇),401 个行政村,7126 个村民小组。2014 年年末,全市户籍户数 41.93 万户,其中农业户数 35.38 万户,占户籍总数的 84%。

与全国绝大多数农村地区一样,浏阳市农村宅基地利用也存在着闲置浪费与刚性需求并存的状况。

试点改革前,全市农村宅基地近 50 万宗,住宅分布相对分散且地理位置相对恶劣，房屋质量比较老旧。随着城镇化和工业化的不断推进，以及农户家庭收入水平的不断提升，大量农民进城居住，很大部分农村处于空心化状态，一户多宅和宅基地闲置浪费严重。与此同时，随着浏阳市经济社会发展水平的不断提升，农村宅基地流转、退出和抵押贷款的市场需求强烈，迫切需要通过改革，保障户有所居、实现土地节约集约利用和保障农户宅基地的用益物权。浏阳市的现实问题和潜在的市场需求，成为其进行农村宅基地改革的现实背景和重要条件。

对“户”的界定和分户条件界定不一，造成土地低效利用。现行宅基地制度对“户”的内涵界定比较模糊，主要由地方按照乡规民约确定，未根据村庄经济发展、土地资源、生产生活实际进行差异化调整，农村宅基地利用普遍存在着一户多宅、面积超标、布局分散、无序扩张和“空心村”频现等粗放低效利用问题。

宅基地使用审批和监管不够，造成土地无序使用。宅基地由县级人民政府审批，审批环节多，程序繁冗，审批流程过长。再加上村庄数量多，县乡两级难以开展实质性审查，宅基地管理不细致，导致现阶段广大农村地区宅基地制度落实不到位，未批先建、批少占多、批东占西等违法无序用地现象日益严重。

宅基地使用权益保障不够，造成财产权益隐匿。浏阳市属花炮产业重地，为承接花炮产业手工工作，增加非农收入，农民希望搬到紧邻花炮生产公司的村庄建房居住，异地建房和买房需求强烈。而现行法律对宅基地的赋权仅限于占有权和使用权，没有处置权和收益权，宅基地用益物权不完整，财产属性没有得到充分体现和保障，导致城郊“小产权房”屡禁不止，农村“拆房圈地”逐渐蔓延，农户“两头占地”逐渐增加，土地资源粗放与过度利用并存，农户财产权益隐匿。

二、市场驱动：改革思路与政策导向

行政主导的宅基地制度改革存在两大问题。一是政府资金投入大。行政命令式的推行宅基地有偿退出制度，使政府与农民易陷入复杂的利益博弈之中，农民“坐地要价”，政府需要投入巨大的改革资金，改革成本大，不利于改革的推行。二是农民参与积极性低。以行政力量自上而下推行宅基地制度改革,政府的制度安排与农民的需求脱钩,农民难以就行政权力单项运作下的宅基地制度改革达成一致的集体行动,参与宅改的积极性普遍不高。

党的十八届三中全会审议通过的《中共中央关于全面深化改革若干重大问题的决定》明确提出,要充分发挥市场在资源配置中的决定性作用和更好发挥政府的作用。浏阳市在宅基地制度改革中,转变行政主导的传统做法,依托当地产业发展,以市场需求为导向,充分尊重农民意愿,积极探索创新宅基地择位竞价取得、进城农民宅基地退出、宅基地流转和农房抵押贷款等制度;按照有代表性、有自身特点、基础扎实、条件成熟的原则,选取大瑶、永安、沿溪和北盛4个乡镇、5个村、10个居民点先行先试,统筹"美丽乡村"建设、"幸福屋场"建设等多项改革,协调推进宅基地制度改革试点工作,实现经济与社会的协同发展。

(一)市场化配置:宅基地择位竞价取得

浏阳市山多地少,地形以丘陵、山区为主,其中山地占52.85%,丘陵占25.08%,岗地占7.87%,平原占12.56%,水面占1.64%。偏远山区地质灾害频发,交通不便,农民住宅分布零散,而中心镇交通便利,产业基础雄厚,就业机会众多,偏远地区的农民希望搬迁到中心镇居住,方便就业。根据大瑶镇2016年经济社会发展情况和大瑶镇社会经济发展统计数据显示,该镇商业贸易流通频繁、交易活跃,商品交易市场额达2400万元,企业个数达487个,企业吸纳从业人员数量达6.5万人。中心镇的规模效益,为农民提供了充分的就业机会,有效增加了农民收入,吸纳了大量农业转移人口。

基于中心镇优越的区位优势,农民对中心镇的宅基地有着十分强烈的需求。为规范农村农民建房用地区位分配方式,凸显农村建房用地区位优势,浏阳市以市场需求为导向,鼓励农民通过公开竞价方式取得宅基地,完善宅基地取得方式,实现宅基地资源的市场化配置。

为规范宅基地公开竞价的实施,确保市场在宅基地取得中的有效配置,在公开竞价前,由村民代表大会讨论、制定择位竞价方案,确定竞价的程序;根据市场价格和村庄规划要求,合理确定宅基地择位价格和宅基地面积,引导交通不便、易引发地质灾害地区的农民采取价高者得的方式取得宅基地使用权。

(二)市场化选择:进城农民宅基地退出

浏阳市总体经济发达,县域经济与县域基本竞争力位居全国百强第19位。随着花炮产业的转型升级和新兴工业园区的快速发展,城镇化进程不断加快,大量农村人口进城务工,农民进城购房定居的需求不断增强。由于农村宅基地缺乏有效的退出机制,且社会保障机制不完善,农民就业不稳定,为了降低退出宅基地的市场风险,进城农民仍然希望保留宅基地和农村集体成员权益作为最后的保障,导致农户“两头占地”现象突出,宅基地资源闲置浪费严重。

为鼓励进城农民自愿退出宅基地,浏阳市通过农村宅基地退出制度创新,专门出台《浏阳市农村宅基地退出暂行规定》,明确宅基地退出的范围、方式、程序和补偿标准,畅通农村宅基地退出渠道,保障进城农民的农村集体成员权益,降低进城农民退出宅基地的市场风险。

界定宅基地的退出范围。因实施建设规划或乡镇、村(社区)公共设施和公益事业建设需要占用的宅基地,实行有偿退出;农村住宅闲置、无人居住的宅基地或全家户口均已迁出且与原集体经济组织解除权利义务关系的宅基地实行有偿退出;城镇居民合法取得的宅基地以及农村居民合法取得的一户多宅的多出部分实行有偿退出。

明确宅基地的退出方式和补偿标准。村集体经济组织成员之间可通过协商流转退出宅基地;村集体经济组织成员也可通过公开委托竞价的方式在规定范围内流转退出宅基地;对无法流转,又有退出愿望的可通过村集体经济组织统一收储,实行有偿退出。宅基地有偿退出的补偿标准可按照有资质的评估中介机构对宅基地使用权及房屋所有权依法评估后的评估价确定,或通过退出意愿人与村集体经济组织协商确定。

保障进城农民集体权益。在集体经济组织认可的前提下,进城农民退出宅基地后仍保留原农村集体成员身份,并享有相关经济分配权益;需返乡创业的,可通过公开择位竞价方式重新取得宅基地;主动退出已有的合法宅基地由集体经济组织无偿收回的农村居民,按所在村民小组宅基地平均估价×可申请使用面积(或放弃的合法面积)×50%予以补贴。

农村集体经济组织成员通过委托公开竞价的方式或按照第三方评估的市场价格退出宅基地进城;同时保留进城农民通过公开择位竞价重新取得

宅基地的权益。通过“择位竞价”“有进有退”的制度设计,充分发挥市场在宅基地退出中的作用,彰显农村宅基地及农民住房的市场价值,推动农业转移人口市民化,使宅基地退出成为农民的市场选择。

(三)市场化交易:宅基地流转范围扩大

扩大土地权能,赋予农民更多财产权利,增加农民财产收益是宅基地制度改革的重点,其关键在于提高农村宅基地的市场化程度。根据《中华人民共和国土地管理法》,“农村村民一户只能拥有一处宅基地”,“农村村民出卖、出租住屋后,再申请宅基地的,不予批准”,农民宅基地使用权的合法流转仅限于将经审批所得宅基地流转给本村符合宅基地申请条件的村民。也就是说农村的宅基地、住房不能和城市的土地、住房一样在市场上自由流通,这大大限制了农民的土地收益权。

随着浏阳市产业发展的优化升级,城镇化进程加快,人口流动加强,农业转移人口逐步向大瑶、永安、沿溪等中心镇以及经开区、高新区、两型产业园等工业园区集聚。中心镇距离工业园区近,交通便利,就业机会多,产业集群不断壮大,住在偏远山区的农民希望搬迁到较为发达的中心镇居住,宅基地跨区域流转的市场需求不断增强。

现行法律法规严格限制了宅基地使用权的流转,但事实上,由于浏阳市宅基地跨区域流转的市场需求强烈,农村宅基地私下流转、私下交易一直存在。将宅基地流转给不符合宅基地申请条件的本村村民,甚至流转给非本村村民的现象十分普遍,基本形成了宅基地隐性交易市场。浏阳市迫切需要建立宅基地使用权的市场交易制度,规范农村宅基地的流转行为。

为扩大宅基地使用权市场交易的范围,浏阳市以市场需求为导向,创新农村宅基地流转制度,出台《浏阳市农村宅基地使用权流转管理办法(试行)》,扩大宅基地使用权的流转范围,允许淮川、集里、荷花、关口等四个街道辖区以及经开区、高新区等两个工业园区之外的宅基地,面向全市符合宅基地申请条件的农村集体经济组织成员流转。

为保障宅基地流转的公平、公正、公开,浏阳市成立了湖南首家农村资源流转交易中心,建立了“集体建设用地地价一体化”基准地价,为宅基地流转提供了交易平台和价格指导,引导和鼓励通过土地交易平台公开招拍挂的程序办理宅基地使用权的流转,推动宅基地使用权交易的市场化、规范化。

（四）市场需求驱动：农房财产抵押贷款

推进农民住房财产权抵押转让，可以充分盘活农村资产，彰显宅基地的资本要素，增加农民财产性收益，有效拓宽农民融资渠道，对于进一步推动农村生产力升级，推动农村城镇化、加快城乡统筹发展有着重要的促进作用。

大瑶镇是浏阳市城乡一体化发展的示范镇，也是综合性农业经济区。全镇经济以花炮产业为主导，是世界上最大的花炮及材料集散中心，乡镇企业众多，现代化种养殖基地规模庞大，基本可以满足当地农户的就业需求，也为农户自主创业提供了必要的市场条件。部分农户在积累了一定创业资金和产业技术的基础上，希望成立小型花炮加工坊进行创业，迫切需要通过贷款获得更多的创业资金。

农民借贷的市场需求大，但由于缺乏有价值的抵押物，面临着贷款"抵押难、担保难"的问题。为给农民创业提供资金来源，浏阳市以产业发展为基础，以市场需求为导向，先后出台《浏阳市集体土地上房屋抵押贷款办法》《浏阳市农民住房财产权抵押贷款试点实施方案》《农民住房财产抵押贷款试点办法》等文件。在明确农房抵押贷款对象及条件、贷款用途、抵押物价值评估、贷款额度、贷款利率、贷款期限和还款方式等试点内容的基础上，确定按照市场化运作和政府支持相结合原则，以人民银行再贷款、再贴现等货币政策和政府财政补贴、政府奖励等政策扶持为支撑，引导涉农银行机构按照市场化原则开展农民住房财产抵押贷款试点工作。

大瑶镇农户通过缴纳宅基地有偿使用费，办理宅基地使用权及房屋所有权确权登记，凭借不动产权证进行农房抵押贷款、获得自主创业资金，进一步推动宅基地确权登记、有偿使用和农房抵押贷款等宅基地制度改革试点工作的开展。

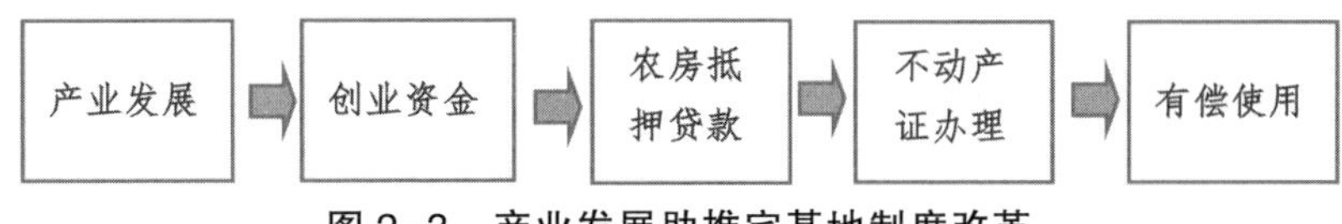

图 2-3　产业发展助推宅基地制度改革

三、经社协同：改革路径与实践突破

在市场驱动的改革思路与政策导向下，浏阳市依托产业优势，充分发挥市场在改革试点中的决定性作用,坚持经济发展与社会稳定双赢,市场利益与农户权益并重,市场配置与农民流动齐驱,产业发展与社会进步协同的改革路径。通过统筹改革项目、开展土地规划、创新居住形式、尊重农民意愿、助力村民自治、创新政策规定、尝试"有进有出"、构建一体化地价体系等方式,该市取得了一系列显著成效,具体表现为村庄发展合理化,农民实现户有所居,合法权益得以维护,制度保障不断强化,土地流动加速,产业、社会协同发展,农民就业难题解决等。在改革实践过程中,该市通过创新性地将经济发展与宅基地制度改革有机结合,实现经济与社会的协同发展,形成了以"市场驱动+经社协同"为特点的浏阳模式。

(一)经济发展与社会稳定双赢

当前村庄存在一户多宅、闲置浪费等情况,严重制约土地集约节约利用。在改试点中,浏阳市积极引导农民退出超占、多占、闲置宅基地,有效规范土地利用。在整合农村项目资金,获取宅基地退出及土地复垦等资金的过程中,改革综合活力得以释放,村庄经济得到进一步发展。同时,浏阳对全市村庄进行整体规划,引导村庄合理发展,创新户有所居实现形式,为乡村社会稳定提供保障,实现了经济发展与社会稳定共赢。

1. 统筹改革项目,实现村庄经济社会和谐发展

为解决改革资金问题,浏阳市通过统筹农村改革项目,对项目资金进行整合利用。据统计,全市共计34万户农户,50多万宗宅基地,宅基地确权、退出补偿等费用较高。对此,浏阳市利用全国农村改革试验区优势,结合城乡环境同治、全域美丽乡村建设等工作,整合项目资金,为宅基地制度改革试点提供财力支持,同时也释放了改革的综合活力,实现了村庄的全面协调发展。通过引导宅基地有序流转、规范使用,鼓励农民集中居住,开展废弃宅基地复垦等,进一步规范宅基地的使用,为村庄环境整治和美丽乡村建设等项目的开展提供助力。

在统筹各项改革的过程中,浏阳市利用合法有偿、非法无偿等方式,实现了宅基地退出、废旧宅基地整合,以及村居环境美化,推动村庄全面发展。据统计,2016年全市共整合废旧宅基地1089宗,拆违拆旧2600余起,总面积高达40多万平方米;绿化植树多达3000万株,创建古港镇梅田湖村等21个美丽乡村、官渡镇中州屋场等45个"幸福屋场"。2017年2月,结合全域美丽乡村建设,北盛镇边洲村正式启动退出宅基地复垦项目,计划将

32宗已退出宅基地复垦为高标准农田,可实现新增水田36亩。复垦后的农田将重新分配给农户,农户通过转包,预计可增加收益500元/年。

2. 开展土地规划,村庄发展合理化水平显著提升

开展土地利用规划,规范宅基地使用。对土地利用进行科学规划是明确一户一宅的重要前提。浏阳市利用土地利用总体规划中期修改完善的契机,在湖南省国土资源厅安排专项经费的支持下,按照"多规合一"的改革要求和"建设用地总规模不突破,耕地面积不减少"的基本原则,牵头启动浏阳市322个村庄土地利用规划编制试点。在规划编制过程中,浏阳市坚持以市政府为主导,乡镇政府为主体,要求城乡规划部门等市直部门直接参与,并且引导村民积极参与村庄规划编制,完成274个村庄建设规划的修编与提升工作。

借助全域美丽乡村规划提质行动,引导村庄合理发展。全域美丽乡村规划提质行动,即做好美丽乡村建设顶层设计,强化规划的引领和指导,提升村庄环境品质,创建全域美丽乡村行动。利用这一行动,浏阳市实现全域村庄规划基本覆盖。村庄规划不合理是造成宅基地布局不合理、用地不科学、违章乱建的主要原因。浏阳市通过全面开展村庄规划,引导村庄合理发展,规范农村土地利用,进一步优化村庄空间布局,实现土地集约节约利用,为村庄未来的良好发展奠定基础。

3. 创新多种居住形式,农民户有所居得以保障

在村庄规划的指导下,浏阳市进一步引导农村科学选址,并且通过创新住房形式,鼓励农户集中居住,多途径保障了户有所居,进而有效维护了村庄的社会稳定。针对不同地区的农户,浏阳市分别采取三种安置方式(见表2-19)。

表2-19 浏阳市户有所居保障方式一览表

地区类型	安置方式	主要做法	成效
规划区	集中统建	在城市和园区规划区统一规划建设相对集中的现代化农民公寓和农民住宅小区,改善农民居住条件;在集镇、村庄规划区进行连片集中建设或多户联建住宅,节约集约用地。	浏阳市大瑶镇南山村芙蓉小区、沿溪镇沙龙村蝴蝶小区建成集中统建、多户联建住宅248户。

续表

地区类型	安置方式	主要做法	成效
平原区	集中安置	在地势较为平坦的村落尽量利用非耕地,规划多个集聚区,满足农民生产生活需求。	浏阳市北盛镇边洲村利用荒山荒地,建设两个集中安置区,一个60余户,一个12户,引导边洲村村民有偿退出宅基地,到安置区自建新房,集中居住,促进土地节约集约利用。
山区	规划集聚	重视改善居住和交通条件,避免地质灾害,鼓励农民逐步迁移,集中居住。	浏阳市大瑶镇南山村结合农村危房改造项目,在上级专项资金支持下,按照村庄规划要求,建设新河小区,计划安置29户,鼓励交通不便、地质灾害多发地区农民逐步迁移,集中居住。

资料来源:根据调研资料整理而成。

宅基地制度改革关系到农民的根本利益,过分强调经济发展而忽视农民利益往往会造成农户不满,从而制约改革的进一步推进。浏阳市通过相关政策设计,实现了二者之间的有效协调,在引导农民自愿退出宅基地的同时保障农民户有所居,推动改革稳定有序进行。

(二)市场利益与农户权益并重

宅基地制度改革的目标是保障农民户有所居,实现土地集约节约利用,增加农民的财产性收益。浏阳市基于本地花炮产业发展的现实情况,在考虑经济发展需求的同时,始终坚持充分尊重农民意愿,确保农民利益不受损,真正让改革做到市场利益与农户权益并重。

1.尊重农民意愿需求,维护宅基地合法权益

充分尊重不同群体农民的意愿需求。浏阳市不同乡镇之间由于经济发展水平不同,农民改革意愿存在较大差异,影响改革推进。例如,大瑶镇位于浏阳市南部,花炮产业发达,乡镇经济基础好。农户产权意识强,有创业贷款需求,需要通过办理不动产权证进行农房抵押贷款。因此,80%的农户都愿意积极缴纳有偿使用费。北盛镇位于浏阳市北部,被誉为“北盛镇仓”,以农业发展为主,农户创业贷款需求不高,产权意识较弱,且大部分农户已办理过具有一定法律效力的集体土地所有权证,办理新的不动产权证

需求不大,有偿使用费缴纳意愿不高。浏阳市充分尊重不同群体农户的意愿和需求,对有缴纳意愿的农户收取有偿使用费,并办理不动产权证;对没有缴纳意愿的农户,不强制收取有偿使用费。

宅基地自愿有偿退出是宅基地制度改革的重要部分,浏阳市在推动宅基地有偿退出中,始终坚持农民需求导向,充分尊重农民意愿。对因历史原因导致一户多宅,农户不愿意有偿退出的,村集体不强制退出,不强制拆除;允许农民通过缴纳有偿使用费的方式保留不影响村庄规划的"多宅"部分。通过上述方式,充分考虑不同农户群体的自身需求,以农民自愿为前提,确保农户权益不受损。

2. 助力村民自治,实现农民权益保障

充分发挥村民代表大会的民主决策作用。在一户一宅界定中,浏阳市坚持政府政策引导与村集体决策相结合,赋予村民较大自治权。通过出台《浏阳市农村宅基地管理办法(试行)》对建房分户的基本分配原则进行规定,允许村民代表大会对办法未规定的其他特殊情形,按一事一议的方式集体讨论决定。

通过赋予村民在户宅界定中的知情权、参与权和决策权,村民在宅基地制度改革试点中的主体作用得到充分发挥,村民有效参与到农村宅基地退出补偿标准制定和择位竞价方案的实施中。例如北盛镇边洲村,村民因实施建设规划或乡镇、村(社区)公共设施建设和公益事业需要有偿退出宅基地的,通过召开村民代表大会讨论、制定、通过有偿退出补偿标准。最终确定砖木结构房屋补偿标准为80元/m^2,土木结构房屋补偿标准为50元/m^2。大瑶镇南山村正在建设的新河小区,计划安置29户,本市范围内符合宅基地申请的外村村民均可以通过择位竞价方式获得小区的宅基地,按照统一规划,自建房屋。择位竞价的价格通过召开南山村村民代表大会讨论、通过。根据宅基地的位置,将择位价格定为10.8万元/户与12.8万元/户两种类型,每户占地150~180 m^2。

成立宅基地管理理事会,强化村级民主管理。为进一步发挥村民自治在宅基地制度改革中的作用,浏阳市下发《浏阳市村级民主管理宅基地指导意见》,引导各村(社区)成立宅基地管理理事会,强化村级民主管理,使宅基地管理更加公开透明、更加规范。在《浏阳市村级民主管理宅基地指导意见》要求下，浏阳市宅基地制度改革各试点乡镇、村（社区）因地制宜，因村制宜，成立宅基地管理理事会。其中，宅基地管理理事会按规定由民主选举产生。

由于理事会成员主要包括村小组（小区）书记或主任、退休村干部、村民理财小组部分成员、宗族代表等，并且通过村民代表大会由村民代表以举手表决方式推选产生，在有偿使用费收缴和监管中发挥着重要作用。以大瑶镇为例，宅基地管理理事会主要负责有偿使用费收取，村民理财小组发挥监管作用；而北盛镇宅基地管理理事会负责有偿使用费监管，村委会负责有偿使用费收取。

在具体操作过程中，宅基地管理理事会通过入户沟通、讲解宅基地改革政策，向需要缴纳有偿使用费的农户解释收缴原因，争取农民支持和理解，充分尊重农民意愿，使宅基地改革工作顺利进行。通过成立宅基地管理理事会，实现村民事务自我管理、自我监督，充分发挥村民自治力量，体现了村民在宅基地制度改革中的主体地位，从根本上保障了农户的宅基地权益，实现了经济利益与农户权益并重。

（三）市场配置与农民流动齐驱

随着当地产业的发展，城镇化进程不断加快，大量农村人口进城务工、定居，宅基地流转、退出的需求随之不断提升。由于现行法律缺乏宅基地退出的有效途径，以及基于对集体经济组织成员身份享有的相关权益的考量，农民在城乡之间以及不同村庄之间的自由流动存在障碍。浏阳市通过宅基地制度改革，一定程度上破除了农民进城的阻碍，实现了市场作用下的农民自由流动。

1. 创新政策规定，推动制度保障不断强化

扩大流转范围，打破流转限制。依据《中华人民共和国土地管理法》《湖南省集体建设用地管理暂行办法》《长沙市集体建设用地使用权流转管理办法》等法律和政策规定，浏阳市结合当地实际，制定出台《浏阳市农村宅基地使用权流转管理办法（试行）》，将宅基地流转范围（含宅基地抵押权处置范围）扩大到本市范围内符合宅基地申请条件的农村居民。

进行择位竞价，允许自由流动。在流转范围扩大的基础上，浏阳市根据农民流动的现实需求，进行制度创新，提出择位竞价。本市范围内符合宅基

地申请条件的农村村民皆有获得理想区位宅基地的可能,最终宅基地的获得按照价高者得的原则确定。择位竞价的创新,不仅有效发挥了市场在资源配置中的重要作用,也为农民实现不同村庄之间的流动提供了可能。

依据宅基地管理的相关法律,1998年《中华人民共和国土地管理法》颁布后,法律明确规定农民集体所有的土地的使用权不得出让、转让或者出租用于非农业建设。宅基地作为集体所有建设用地,决定了其使用权不得随意转让。随着经济的发展,增强宅基地财产性功能的需求逐渐提升。宅基地产权模糊以及流转限制等问题,严重制约了农民获取财产性收益的可能。浏阳市根据改革发挥法律引领和推动作用,着力政策和制度创新的要求,进一步扩大了流转范围,一定程度上解决了宅基地流转的限制问题。

2. 尝试"有进有出",促进土地流动性有效提升

浏阳市进行"有进有出"的制度创新,规定在集体经济组织认可的前提下,进城农民退出宅基地后仍保留原农村集体成员身份,并享有相关经济分配权益;需返乡创业的,可通过公开择位竞价重新取得宅基地。

由于城乡发展失衡,城市发展迅速,资源丰富,大量农民进城居住,农民进城的意愿不断提升。在宅基地制度改革试点之前,农民进城定居往往面临是否放弃集体经济组织成员身份的抉择。此次进行的宅基地制度改革创新性地将宅基地权益与户籍脱钩,保留进城落户农民的土地承包权、宅基地使用权、集体收益分配权。浏阳市通过"有进有出"的制度创新,解决了农民进城的权益保障问题,推动进城农民自愿有偿退出宅基地。

3. 构建一体化地价体系,实现城乡发展协调化

构建城乡一体化基准地价体系,提升宅基地财产性价值。浏阳市在原国有土地基准地价基础上,将农村集体经营性建设用地及宅基地等纳入该地价体系。根据区位因素、经济因素等情况,将全市各乡镇(街道)分为4个等次,每个等次再分为2~3个级别。之后聘请第三方评估机构对不同级别的土地价格进行综合评估。评估结果经湖南省国土资源厅进行集中评审后,报国土资源部备案,最终出台浏阳市城乡地价一体化基准地价体系。

开发"网挂"系统,提供交易平台。在出台一体化地价体系的同时,浏阳市还开发了集体建设用地网上挂牌交易系统,并且成立了湖南首家农村资源流转交易中心,为基准地价体系的运用提供了载体。农民在地价体系

的指导下，依托交易系统和交易中心进行宅基地的流转、抵押、退出、收储，有效提升了农民住宅财产性收益，实现了同价同权。

当前我国土地要素市场不完善，宅基地、集体经营性建设用地等集体土地基本上被排除在土地市场之外。区域地价存在较大差异，城乡地价不协调。城乡一体化地价体系的出台以及网上交易系统和现实交易平台的建立为均衡配置城乡公共资源，统筹土地利用与城乡规划，实现城乡区域协调发展，推动实现同价同权提供了可能，并且大大提高了宅基地的财产性价值。

通过上述多项政策创新，农民流动的障碍一定程度被消解，市场资源配置的作用得以有效发挥，农民退出宅基地的积极性显著提升。

(四)产业发展与社会进步协同

经济与社会协调发展是全面建成小康社会的重要保障。在宅基地制度改革试点过程中，浏阳市高度重视产业发展与社会进步的协同性，引导二者协调有序发展。

1.创新政策规定，助力产业、社会协同发展

办理宅基地确权登记，实现房屋使用权与所有权一体化。根据《物权法》第一百八十四条规定，宅基地等集体所有的土地使用权不得进行抵押。同时，按照物权法“房地一体原则”，即当转让、抵押房屋等建筑物的所有权时，其占用范围内的土地使用权也要一并转让、抵押；当转让、抵押土地使用权时，其地上的房屋等建筑物所有权也要一并转让、抵押，俗称“房随地走，地随房走”。通过进行宅基地使用权与房屋所有权的统一登记，用不动产权证书取代以往的宅基地使用证与房屋所有权证，探索解决了现有宅基地地上房屋所有权与宅基地使用权相分离的问题，实现了“房随地走，地随房走”。

允许宅基地抵押贷款，拓宽融资渠道。大部分银行不支持农户宅基地的地上房屋抵押，小部分农村商业银行基于扶持小微企业发展的目的接受农户房屋抵押贷款，户均贷款额度在5万元以下，无法有效满足发展需求，宅基地财产性收益无法实现，产业发展也被严重限制。浏阳市为实现宅基地有偿使用、农房抵押等工作顺利开展，提供农民创业资金来源，盘活农村资产，增加农民财产性收益，先后出台《浏阳市集体土地上房屋抵押贷款办法》《浏阳市农民住房财产权抵押贷款试点实施方案》《农民住房财产抵押

贷款试点办法》,稳妥推进农民住房财产权抵押贷款试点,落实农民住房财产权融资渠道,解决了农民贷款"抵押难、担保难"的问题。

浏阳市通过上述措施,帮助农民借助缴纳有偿使用费等形式,顺利办理了不动产权登记,使农房获得了"合法身份",让一纸不动产权证书成为贷款的"硬通货",为农民群体创新创业注入了源泉活水。农民以不动产抵押向农村商业银行贷款,贷款额度大幅提高,实现了财产性收益的显著提升。根据数据统计,目前浏阳市依据《浏阳市农村宅基地使用权及房屋所有权确权登记暂行办法》,已办理不动产统一登记平台的新规范与新要求,办理宅基地确权 10673 宗,为农房抵押贷款提供法律证明。农民通过农房抵押贷款获取资本,进一步投入产业发展,带动经济与社会共同进步。

2. 发挥产业带动作用,解决农民就业难题

花炮不仅是浏阳的"产业标签",更成为农民转移就业的重要"蓄水池"。浏阳市在宅基地制度改革的过程中积极发挥产业的带动作用,为农民提供大量就业岗位。根据数据显示,当地约 30 万农民从事花炮产业,另有 10 万多农民从事与之相关的包装、物流等产业。随着经济的发展,产业面临转型,花炮相关产业的发展为农民提供大量就业岗位。部分农户在积累一定资金和产业技术的基础上,同样加入到小型花炮加工坊的自主创业队伍中。为了鼓励农民参与花炮产业发展,进行自主创业,浏阳市在允许宅基地抵押贷款的同时,积极引导银行提高宅基地贷款额度,为农民提供资金支持。

大瑶镇是花炮的主产区,全市 70% 以上的花炮原辅材料都出自这里。基本上家家户户都从事花炮产业生产及加工等工作,相对于其他乡镇,贷款需求高。目前,全镇 80% 以上的农户都完成了不动产权证办理。2016 年以来,全市有 4 家银行开展了宅基地及地上房屋抵押贷款业务。目前,户均贷款额度由原来的 5 万元提升至 20 万元以上,贷款余额达 46. 35 亿元,惠及农户 3. 7 万户。大瑶镇南山村农户杨传发,宅基地使用面积 158 m^2,房屋建筑面积 424 m^2,改革试点中,通过有偿使用等相关政策领取了不动产权证书后,以不动产抵押向农村商业银行获贷,由原来的 5 万元提升至 20 万元。

在花炮产业发展的有力推动下,浏阳市宅基地制度改革得以有效推行。基于当地产业发展现状制定的改革具体实施政策,包括有偿使用费的收取、

不动产权证的办理等为农房抵押提供了可能，解决了大量农民资金不足的问题，促进产业进一步发展。

四、使市场在宅改“决战期”发挥更大作用

浏阳市通过充分发挥市场的驱动作用，实现经济与社会组织协同发展，取得了显著的成效。改革不仅促进了村庄经济社会的和谐发展，提升了村庄发展的合理化水平，保障了农民户有所居，维护了农民的合法权益，推动制度保障不断强化，同时也加速了土地流动，助力了产业、社会协同发展，解决了农民的就业难题。不过由于改革正处于试点阶段，仍面临市场驱动不足、社会保障不完善、林地指标不挂钩、法律法规滞后等现实瓶颈。

我国农村土地制度改革经历了承包地的“两权分离”和“三权分置”两个阶段，目前正进入第三阶段，即包括农村宅基地在内的“三块地”改革。宅基地制度改革的核心是还权赋能，亦即要“进一步夯实农户宅基地用益物权和住房财产权等使用权能，促进建立适合社会主义市场经济要求的土地要素有序流动、平等交换、合理利用的宅基地流转市场，提高农村土地资源的配置效率，增加农民财产性收入，缩小城乡居民收入差别，逐步实现城乡发展一体化”。

切实落实十八届三中全会关于土地制度改革的决定，有效贯彻农村“三块地”制度改革的指导思想，就需要使市场在资源配置中起决定性作用和更好发挥政府作用，寻找基于“三农”发展本位的农村宅基地用益物权实现路径。其重点是在现有农村宅基地确权工作的基础上，重构农村宅基地制度政策体系。从“市场化、可选择、可持续”三大条件破题入手，以市场和制度生长为主线，构建一个基于国家、市场、集体和农民四方协同的利益格局，多元主体、多向驱动、市场运行、制度完善的经社协同模式。

（一）现实瓶颈

浏阳市在宅基地制度改革中，转变行政主导的传统做法，充分发挥市场在宅基地取得、宅基地有偿使用、流转和宅基地退出中的决定性作用，实现了经济与社会的协同发展，有序推进了改革试点工作。但由于地区经济发展差异明显，市场驱动有限，该市存在宅基地有偿使用费收取难，进城农民退地意愿低，宅基地复垦收益低，现行法律法规相对滞后等现实难题。

*市场驱动不足，有偿使用费收取难。*浏阳市依托产业发展，通过农房抵押贷款助推宅基地有偿使用，但由于地区经济发展不平衡，欠发达地区市场驱动明显不足，有偿使用费收取难。一般情况下，农户只有在办理农房抵押贷款时才会主动缴纳有偿使用费。浏阳市经济发展较好的村庄，农户具有一定产权意识，农房抵押贷款需求强烈，办理宅基地确权登记和缴纳有偿使用费的积极性较高；而经济欠发达村庄，农户抵押贷款需求有限，市场驱动不足，宅基地有偿使用费收取困难。

*社会保障不完善，进城农民退地意愿低。*浏阳市通过"有进有出"的宅基地退出制度设计，鼓励符合条件的进城农户退出农村闲置宅基地。但在改革实践中，进城农户退出宅基地的意愿较低，宅基地退出数量较少，退出动力不足。主要原因在于改革配套政策不充分，社会保障机制不完善。虽然农业转移人口不断增加，但由于户籍改革等配套改革政策不充分，大量进城务工农民在城镇并没有实现真正的稳定就业，难以和城市居民一样平等享受城市基本公共服务，远未能融入城市社会。在社会保障机制不完善的情况下，进城农民退出宅基地具有潜在的市场风险，易陷入城市农村"进退两难"的困境。由于社会保障机制不完善，在引导闲置宅基地退出过程中难以打消农民顾虑，农民退地意愿普遍较低。

*林地指标不挂钩，宅基地复垦收益低。*现有政策规定，宅基地退出后只宜复垦农用。受地形地貌条件的影响，浏阳市农村宅基地分布零散，大部分宅基地退出后难以复垦为耕地，只宜开发为林地。按照土地增减挂钩规定，城镇建设用地增加与农村建设用地减少相挂钩，农村宅基地退出后复垦为耕地的，新增的耕地指标可以通过省级交易平台进行挂牌交易。由于交易指标只限于耕地，开发出来的林地目前尚无政策可抵作新建项目占用林地指标，林地指标无法通过市场交易实现收益，而地方政府财力有限，很难安排大量资金对退出的宅基地进行收储和开发，导致宅基地复垦效益低。

*现行法律法规相对滞后。*合法性是开展农村宅基地制度改革的前提。对于宅基地有偿使用、流转和有偿退出等改革试点内容，目前还没有明确可依据的法律，唯一可参照的土地管理法、物权法等法律法规，对宅基地使用权流转进行了严格限制，规定"宅基地使用权及住房不得在本村集体经济组织以外交易"。法律制度障碍成为农村宅基地制度改革无法在更大范围

内推广实施的制约因素。虽然目前国家允许全国15个试点县进行宅基地有偿使用、流转和有偿退出等宅基地制度创新，各试点县在中央授权下，逐渐放宽了宅基地流转范围，允许以农民住房财产权进行抵押贷款，但这仅仅是范围非常有限的试点改革，法律法规滞后于农村宅基地制度改革的困境在短期内仍然难以得到全面破解。

（二）破题条件：市场化、可选择、可持续

农村宅基地制度改革以试点方式运行，作为行政授权方的国土资源部对此设立了额度限制，但是实践中试点地方政府的需求远大于中央划定的额度。当务之急是借鉴不同模式的经验与困境，做好整体设计。政策的进一步发展，需要从“市场化、可选择、可持续”三大条件破题入手重构宅基地制度政策体系。

1.市场导向：市场在农村宅基地配置和流转基本导向

当前，市场主体参与不足的原因在于，宅基地制度政策设计的社会效益目标和市场逐利动机之间的冲突与矛盾，这可能造成资本剥削农民等社会问题。但是行政主导也存在另一悖论，政府出于利益冲动同样表现出类似于市场主体的发展行为逻辑。

单纯以行政力量推动宅基地制度改革存在四大问题：一是财政难以支撑，无法在短期内实现资金平衡，造成地方政府债台高筑；二是政治风险巨大，容易将地方政府牵扯进与农民无休止的经济博弈当中，这与地方政府应有的中立裁判员角色相悖，进而影响到执政党的政治形象；三是对全面发展的关注有限，为了获得指标流转带来的经济收益，地方政府将有限资源投入宅基地复垦所涉及的技术操作和审批验收当中，忽视了“推动‘三农’发展”的政策目标；四是资源配置效率低下，通过行政手段配置周转指标，并且只能在县域范围内进行流转，无益于指标收益最大化，更助长了地方政府“摊大饼式”的城市发展。

因此，未来宅基地制度改革方向应承认市场配置，市场应在农村宅基地流转、要素资源配置中发挥决定作用，包括三层含义：一是通过政府引导构建起统一的交易市场，允许企业、农村集体与政府同等准入，让政府扮演好制度构建和审查监督的裁判员角色；二是扩大市场规模，逐步建立起超越开发主体政府层级的统一市场；三是提升国家土地治理能力，构建起保障“三农”发展权益的农村宅基地监管制度。

2. 多样选择:农村宅基地政策体系构建重要原则

从基层政府层面看,政策方案的“不可选择”主要体现在政策执行环节。在某些试点城市,“一把手挂帅”、行政强制推动并将项目推进情况与政绩考核挂钩,使得乡镇基层政府在政绩压力下,失去了根据政策环境科学评估是否调整政策的选择能力,也迫使有的乡镇政府强迫农民签订退出合同,损害了农民权益。从农民个体层面看,政策方案的“不可选择”主要体现在政策参与和补偿选择两个环节。在政策参与方面,试点地区的农民并没有参与政策发动,不存在一个自下而上、自发运转的市场机制。在行政任务的约束下,农民作为政策应有的核心权益主体,缺乏参与政策制定的事实决定权力,导致“农民不满”。在补偿选择方面,单一的退出补偿方式没有考虑处在不同生命周期阶段、不同生产生活习惯的农民个体存在多元化的补偿期望,“政府投入巨大但农民不买账”,造成补偿资源错配。因此,重构农村宅基地制度政策体系应将顶层设计与基层创新相结合,为处于政策传导链条下游的基层政府和农民个体留有充分合理的自由裁量权和行为选择权。

3. 可持续发展:农村宅基地置换政策体系构建的根本方向

当前政策体系的不可持续体现在两个方面:一方面是重视政策推动的短期政绩收益,忽视长期社会效益。在政策执行过程中,通过大规模动员农户宅基地退出以套取新增城镇建设用地指标,已经成为有些地方政府“土地依赖症”的翻版演绎。至于农户“自愿退出”后是否能够充分就业,是否有社会保障网的全面覆盖,复垦农地是否能够达到亩产标准,则往往关注不够。

另一方面是重视保障政策对象的经济权益,忽视社会权益。政策方案没有将农民社会心理需求和农村集体组织存续作为出发点,对于引导农户自愿退出适应生产关系变迁和维系农村原始社会关系的社会性需求关注甚少,出现了“农民无事可干”,“社会关系破碎”等失序现象。因此,重构农村宅基地制度政策体系应当更加关注农民生产生活方式变迁、现代农业发展和新型农村集体关系构建,将可持续发展作为根本方向。

(三)路径设计:市场化导向的宅基地制度政策体系

在行政主导模式之外,决策者应当以市场生长和制度构建为主线,建构一个基于市场、社会、政府三级联动,多元主体、多向驱动、市场运行、制度完善,经济与社会协同发展的农村宅基地制度政策体系。

立足市场,配置宅基地资源。在改革过程中应以市场配置宅基地资源的未来发展方向为指导开展改革。市场化是宅基地制度改革的未来发展方向。党的十八届三中全会上《中共中央关于全面深化改革若干重大问题的决定》已经强调了市场的重要作用,指出“经济体制改革是全面深化改革的重点,核心问题是处理好政府和市场的关系,使市场在资源配置中起决定性作用和更好发挥政府作用”。在社会主义市场经济条件下,市场通过其内在的供求机制、价格机制、竞争机制的作用,有助于让一切劳动、知识、技术、管理、资本的活力竞相迸发,让一切创造社会财富的源泉充分涌流,也有助于让发展成果更多更公平地惠及全体人民,进而奠定实现共同富裕的物质基础。土地资源是稀缺资源,宅基地资源作为土地资源的一种,由市场机制进行配置,有助于引导其实现最大的价值收益。市场配置资源是宅基地制度发展的未来方向,现行改革应在遵循改革未来发展方向的基础上开展。

同时要发挥市场在改革实践中的重要作用。浏阳市将宅基地流转范围(含宅基地抵押权处置范围)扩大到本市范围内符合宅基地申请条件的农村居民,实现了流转范围的新突破,满足了农民的市场化需求。此外,浏阳市风景优美,部分临近乡镇的村庄大力开发旅游产业,吸引大量城镇游客。城镇居民在乡村短时居住的需求不断提升,浏阳市可以利用这一资源,探索试点允许城镇居民进村租房居住,稳步推进宅基地制度改革。此外,浏阳市可以创新宅基地复垦管理模式,探索由政府主导,成立宅基地收储机构和收储基金。在充分尊重农民意愿前提下,将退出的宅基地“聚整为零”,通过“融资—开发—指标流转”实现职能一体化,探索政府与村民、集体“压力共担、利益共享”机制。待土地复垦后,允许产生的耕地指标进入市场进行挂牌交易,规定经营性项目的土地占补平衡做比较必须在网上竞价获取。交易过程应充分发挥市场的决定性作用,实行价高者得,以此增加农民的财产性收益。

完善法律制度,保障市场作用发挥。为了保障农民的基本居住权,维护乡村社会稳定,市场作用被完全排除在宅基地相关事务之外。同时通过法律,确立了宅基地非市场化的合法性,对宅基地的取得、流转等过程中的市场化行为进行严格管控。改革要想充分发挥市场在资源配置中的作用,必须适应现代化的需要,制定、完善新的法律制度,确立市场作用的合法性。

土地管理法作为宅基地管理的重要法律依据,需要加快修订进程,将改革内容纳入法律规范。宅基地无偿取得的传统深入人心,现行改革开始探索宅基地有偿使用,在一户一宅的基础上,对多占超占农户收取有偿使用费。由于有偿使用费的收取不在现有法律规定范围之中,农民担心改革结束后,政策无法持续推行,从而对费用缴纳呈观望或抵制态度。明确的法律规范有助于为改革的进一步推进提供法律依据,实现宅基地的依法管理。

同时,要将现有政策创新纳入法律体系,为宅基地流转提供法律保障。完善的法律规范是市场机制运行的客观要求。土地管理法中明确禁止宅基地进行流转,当前宅基地制度改革试点区进行的市场化改革探索面临与法律相违背的问题。农民进行土地流转时往往以法律为依据,在现有法律禁止宅基地进行流转的情况下,地方政府进行的政策创新认同度较低,农民对改革完成后的流转合法性存疑。现有创新机制的法制化,有助于提升农民的政策认同,化解合法性危机。

此外,还需要完善法律制度,将模糊性的法律规定明晰化。宅基地制度明确要求一户一宅,但未对子女成家分户后是否分配宅基地进行规定。根据现实情况,农民子女分户后可无偿取得宅基地,并且对父母的宅基地进行继承,造成一户多宅现象。对此,可完善相关法律制度,对宅基地管理过程中可能存在的问题进行规范。

*发挥政府作用,弥补市场缺陷。*市场存在趋利性、盲目性、滞后性等先天缺陷,在资源的配置过程中会出现失灵的现象。政府作用的发挥在避免市场失灵方面具有重要的意义。福利性的宅基地分配以保障功能为主,随着资产价值的提升,农民的住房和生活保障风险提升。政府在发挥市场决定性作用的过程中,应设置多元化的宅基地退出补偿方式,建立保障农户生产和生活权益机制。

变单纯的宅基地福利分配为综合性住房保障。探索多种途径保障农民居住权的有效形式。以新型城镇化试点为契机,建立健全农业转移人口住房保障制度,对于农民退出宅基地进城购房或者租房的,应适当给予购房税收减免和住房补贴等优惠政策,将进城农民纳入公租房、廉租房等政策保障范围。对于易集中居住、统建联建的，可通过农村社区建设、政府统一修建和村民自主联建等多途径进行保障。

变单一的农村社保为多元化社会保障体系。在现有新型农村合作医疗保险、新型农村养老保险的基础上，进一步完善农村社会保障制度。建立城乡统一的社会保障体系，提高农民社会保障水平。农村集体土地与资产等收益都可以用于缴纳农民集体的社保金。加大城乡社会保障体制改革力度，将农村进城务工人员中收入相对稳定的人群纳入城镇社会保障体系。

加大就业培训和岗位供给力度，为农村务工人员提供较为稳定的就业岗位。在农民具备城镇生存能力的情况下，通过构建相对公平的市场环境，以城镇就业、社会保障替代农村土地这根“救命稻草”，让宅基地退出成为一种市场选择。

同时，要加快构建覆盖流动人口的人口基础信息数据库，根据外出务工农民流动状态编制宅基地退出农民就业吸纳规划的依据；在资源禀赋较好的地区将产业政策与农村宅基地退出政策相结合，争取工业产业园区建设向农民新建聚居区倾斜，提供更多就业岗位；要整合人力资源和社会保障、农业等部门的涉农培训，重点跟踪进城农民的培训参与情况，根据不同人群提供适合的定向培训，开发潜在人力资源；要将进城农民纳入城市居民社会保障网，成本由中央地方政府、项目实施主体、农村集体和农民个人分摊，最低生活保障等社会救助无条件向进城农民覆盖。

鼓励多元主体参与，促进经社协同。农民是改革的直接利益相关者，作为社会主体，对于基层治理中的现实问题与需求有着更直观的了解。宅基地制度改革涉及公共社会领域，在保障农民利益的同时实现社会整体利益的最大化是改革过程中的重要问题。农民及其组成的基层自治组织参与改革，有助于提升改革的科学性和运行效率。因此，在市场导向的改革过程中，要积极发挥农民的社会主体作用，实现政府—市场—社会的三级联动，促进经济与社会的协同发展。

鼓励农村集体成立土地合作社，农民以确权颁证的宅基地作价入股。允许合作社通过抵押贷款自主开发、联合政府或企业合作开发等多种方式平整土地、建造新居，收益分配向农民倾斜。

构建农民自下而上参与宅基地流转、退出等的自主机制。赋予农村集体经济组织相关职权，允许农民通过组织对宅基地流转、退出等事务进行自我管理。结合农村闲置宅基地有偿退出，农村集体经济组织将通过入股、奖励补助等方式协商收回的闲置宅基地集中收储。

将农村土地综合整治与农村宅基地退出并轨运行，开展集中规划自建，由政府统一进行公建配套，引导农民自主退出宅基地，在规划区自建新居。

针对非政府开展的农村宅基地置换项目，将原有的政府配套奖励经费在项目验收完成后补贴给项目实施主体，引导社会资金介入。鼓励通过市场方式开展复垦经营，建立“谁承包、谁复垦”的原则，将土地复垦权与经营权捆绑流转，即在项目立项时将土地复垦和经营权上市挂牌，引入专业农业生产经营主体作为复垦责任主体，保障复垦质量。将培育一批专业的复垦企业纳入农业社会化服务体系构建，允许复垦责任主体将复垦权转包给专业复垦企业。

第三章　组织振兴　人才为本

作为新时代“三农”工作的主抓手，乡村振兴战略要求实现乡村产业、人才、文化、生态和组织振兴。组织振兴，就是要健全农村基层党组织领导的“三治”结合的治理体系。党的十九届四中全会指出，“健全基层党组织领导的基层群众自治机制，在城乡社区治理、基层公共事务和公益事业中广泛实行群众自我管理、自我服务、自我教育、自我监督，拓宽人民群众反映意见和建议的渠道，着力推进基层直接民主制度化、规范化、程序化”。就此而言，推动农村基层组织振兴，关键是要健全以党组织为核心、村民自治组织为基础、村级社会组织为补充、村民广泛参与的乡村治理新格局。

村庄是村民的，村民自治的本意是要发挥村民在民主治理中的主体作用。然而，长期以来，农村基层治理面临着民主管理不够、民主决策不高和民主监督不足等问题，致使村民自治普遍存在虚化和弱化等问题。湖北省孝感市袁湖村创新民主管理形式，创造出一套具有自身特色的“二三四”工作法。即通过同步推选成立村务理事会和双向选择组建专项协会，创新村庄治理载体；通过村“两委”议事、村务理事会决事和专项协会办事的“三步理事”程序，明晰组织权责关系；以“强化党组织引领、强化制度保障、强化监督约束、强化考核激励”即“四个强化”为行动保障，激发主体自治热情，让村民真正发挥其村庄主人作用，从而建构起“一核多元”的组织结构。

村级组织振兴不仅要健全组织体系，更要防止农民群众身边的小微权力腐败。河南省淮阳县立足县情，以县委为主导，形成由纪委牵头，公、检、法协同配合，组织、信访、民政、扶贫等部门积极参与的综合治理工作组。该队伍以扶贫领域腐败和作风问题专项治理为切入点，聚焦农村基层党组织

"软弱涣散"和乡镇监督缺位、管理失效的危险局面，并结合扫黑除恶专项斗争，巡察村居、综合治理，旨在打造一支精干高效的村级工作队伍。

第一节　主体激活　组织联动
——新时代乡村振兴的"袁湖"经验

乡村兴则国家兴，乡村衰则国家衰。新时代我国社会主要矛盾突出表现在乡村，治理的薄弱环节也主要集中于乡村。如何实现乡村的有效治理是当前我国社会治理亟须回应的现实命题。党的十九大提出要实施乡村振兴战略，科学有序推动乡村产业、人才、文化、生态和组织全面振兴。乡村全面振兴，其行动基础和动能源头是乡村的组织振兴，也就是要健全以党组织为核心、村民自治组织为基础、村级社会组织为补充、村民广泛参与的乡村治理新格局，构建自治、法治、德治相结合的现代乡村治理体系。

村民是村庄的主体，是村庄治理的根本性力量，充分调动村民参与村庄治理是进一步推动乡村组织振兴的题中应有之义。在乡村治理过程中，孝感市孝南区袁湖村以村庄善治为目标归宿，以为民服务为治理重点，以关键群体为治理抓手，以由民作主为行动导向，寻求治理最大公约数；以"二三四"为行动路径，即以民主推选"两会"为载体，创新村庄治理组织架构，以"三步理事"为步骤，明晰组织权责关系，以"四个强化"为保障，激发主体自治热情。"袁湖"实践，践行了村事民办的村民自治本意，丰富了民主协商的乡村实践形式，创新了村民自治的有效实现形式。新时代，完善乡村治理体系和提升乡村治理能力，应坚持"内强"与"外引"相补充、行政管理与村民自治相衔接，既重视村庄内部治理力量的挖掘和增能，又重视外部乡建力量的吸收与调动。

一、组织振兴：行动基础与动能源头

实施乡村振兴战略是健全现代社会治理格局的固本之策。社会治理的基础在基层，薄弱环节在乡村。改革开放四十年来，我国乡村社会治理取得重大进展。一是乡村社会焕发新气象，党群干群关系更加融洽，社会保持和谐稳定，党在农村的执政基础得到进一步夯实；二是乡村社会不断创新治理方式，综合运用经济、法律、道德、科技和行政等多种手段加强社会治理，积

极推进乡村治理网络化、智能化、法治化和制度化,治理能力明显提升;三是村民的民主权利意识和法治意识得到显著提高,大部分农村地区的村民能够在宪法和法律的规范下依法行使自治权利进行民主管理、民主决策和民主监督;四是乡村社会治理充分发挥广大群众的积极性和创造性,在党委统一领导下,政府、社会、市场、公众多元主体参与共建共治共享的乡村社会治理格局初步确立;五是农村社会的基础设施建设不断完善,大部分地区实现了水、路、电、网等基础设施全覆盖,为村民生活提供了诸多保障,也提高了乡村社会治理的活力与效率。但是,我国的乡村治理仍然存在诸多不完善之处,突出表现为:

1. 治理主体单一化

村民委员会是村民对本村涉及自身利益的公共事务和公益事业,实行自我管理、自我教育、自我服务的基层群众性自治组织。它由村民直接选举产生,是村民管理村级事务的主要载体,也是村民直接行使民主权利的重要方式。因此,自村民委员会成立之日起,就承担着农村大大小小的事务。从农村集体财产的管理到村民纠纷的调解,从政府命令的执行到农村公共服务的提供,绝大部分村级事务都由村委会一个组织负责,其他农村社会组织贫乏或发育不足,村民也缺少参与积极性,参与意识亟待提高。随着农村社会的快速发展,仅凭村委会的一己之力已经难以满足农村社会治理的需要,必须创新社会治理方式,培育新型农村社会组织和自治组织。

2. 治理对象复杂化

随着农村经济社会的发展,农村社会利益分化不断加剧,农民对美好生活的需要也日益多元化,这都对农村社会治理提出了更高的要求。党的十九大提出实施乡村振兴战略,更是要求农村在政治、经济、文化、社会、环境、党建等方面的发展都上升到一个新的高度。因此,对村党支部和村民委员会来说,乡村治理的工作难度更大,对象更复杂,任务更繁重,若仅依靠村"两委"的力量则难以实现乡村的有效治理。

3. 治理规则人情化

与城市地域的陌生人社会不同,在一定意义上,我国的农村仍然是一个熟人社会,大部分村落是以血缘关系为纽带而聚集起来的,村民与村民之间都有或多或少的血缘和地缘关系。而村干部作为村庄土生土长的一员,自然与本村村民有着一定的联系。因此,在管理村务的过程中,村干部往往容易受到一些关系的影响,倾向于运用“人情”处理事务,无视法律法规和村规民约,办事不规范,随意性大。

4. 治理任务行政化

由于我国政府的最低层级仅延伸到乡镇,且农村村落较为分散,管理存在一定困难,因此,村委会作为村级事务管理的主要平台,自然就充当了政府命令上传下达的中间人角色,兼具村民的“头”和政府的“腿”双重身份。在“乡政村治”的格局下,政府大量的行政事务向农村基层下沉,使得村委会疲于应付繁重的行政工作,而无暇顾及农村公共事务和服务,这在一定程度上挤压了村民自治的空间。

5. 治理目标多元化

随着经济社会的快速发展,农民对美好生活的需求日益广泛,不仅对物质文化生活提出了更高要求,而且在民主、法治、公平、正义、安全、环境等方面的要求日益增长。当前以政府和村级正式组织为主要供给主体的公共服务供给模式,已经难以满足农村居民不断变换的多样化需求,迫切需要发展新型的自治组织、社会组织、经济组织、企业组织等,形成公共服务的多元主体供给格局。

因应经济社会发展新需求和农民生活新期待,党的十九大报告指出,要实施乡村振兴战略。2018 年 1 月,《中共中央 国务院关于实施乡村振兴战略的意见》中指出:“必须把夯实基层基础作为固本之策,建立健全党委领导、政府负责、社会协同、公众参与、法治保障的现代乡村社会治理体制,坚持自治、法治、德治相结合,确保乡村社会充满活力、和谐有序。”该文件全面贯彻党的十九大精神,以习近平新时代中国特色社会主义思想为指导,确保了党在农村工作中始终总揽全局、协调各方,为乡村振兴提供坚强有力的政治保障,同时,还积极汇聚全社会的力量,强化了乡村振兴的人才支撑。这一切都将我国的农村基层治理上升到一个新高度。

以党的十九大报告和 2018 年中央一号文件为指引,《中共湖北省委 湖北省人民政府关于推进乡村振兴战略实施的意见》提出要“构建乡村治理新体系”,“探索村‘基层党建+集体经济+乡村治理’的治理模式”,“推进乡村治理重心下移”;同时,“大力实施‘三乡’工程。推动市民下乡、能人回乡、企业兴乡”。该文件的发布有利于加强农村专业人才队伍建设,培育新型职业农民,创新乡村人才培育引进使用机制,鼓励社会各界投身乡村建设,为乡村治理提供了人力和智力支持,充分发挥了人才在乡村振兴中的积极作用。中央和地方政策的出台,为优化乡村治理体系和提升乡村治理能力指明了方向。

乡村振兴战略,是中国特色社会主义进入新时代做好“三农”工作的总抓手,是我党工作的重中之重。作为一项系统性极高的社会工程,乡村振兴涉及产业、人才、文化、生态和组织多维内容。乡村全面振兴,其行动基础和动能源头是乡村的组织振兴,也就是要坚持自治为基,加强农村群众性自治组织建设,健全和完善党组织领导的充满活力的村民自治机制,形成民事民议、民事民办、民事民管的多层次基层协商格局。本节以孝感市孝南区袁湖村为样本,通过分析其组织架构,来探究乡村组织振兴的“袁湖密码”。

二、一核多元:组织构建与权责关系

健全以党组织为核心、村民自治组织为基础、村级社会组织为补充、村民广泛参与的乡村治理新格局,搭建自治、法治、德治相结合的现代乡村治理体系,是乡村振兴的现实命题。近年来,全国各个村庄都开始积极探索如何推进乡村组织振兴,以寻求更有效的社会治理路径来促进乡村发展。

湖北省孝感市袁湖村就是其中的一员,并且创造出一套具有自身特色的“二三四”工作法。袁湖村位于孝南区陡岗镇最南端,国土面积6.63平方公里,人口1458人,耕地面积1282亩,辖有6个自然湾,10个村民小组。与全国绝大多数村庄一样,随着城镇化的快速发展,袁湖村大量人力、资源和财富不断向城市单向度集聚,留在村庄的绝大多数人口为“三留守”群体。若要满足这些群体的需求,必须创新乡村治理方式,提升农村服务质量和水平。

(一)民主推选“两会”,创新村庄治理载体

为了更好地将广大村民组织起来,充分发挥广大村民在乡村治理中的作用,袁湖村在党员群众中组建村务理事会和专项协会即“两会”,主要协助村“两委”做好农村日常性、具体性工作,它们是群众参与乡村治理的重要渠道之一。

1.同步推选成立村务理事会

在村“两委”换届时,同步选举村务理事会,通过村民选代表、村民代表

选理事会成员、理事会成员选理事长的“三选”程序进行。“三有”（有能力、有热情、有威望）是对理事会成员的基本要求，与此同时，注重把村民代表中热心公益、办事公道、群众公认的“五老”（老党员、老干部、老教师、老军人、老模范）人员推选为理事会成员。理事会成员以村民小组为单位分配名额，50 户以下的村民小组推选 2 名理事会成员，50 户以上的村民小组推选 3 名理事会成员。村务理事会推选 1 名理事长，在每个村民小组推选 1 名副理事长。理事会成员任期与村委会任期相同，可连选连任，当选后张榜公示，村“两委”成员一般不担任理事会成员。在关系上，村务理事会是村民代表会议的常设组织，理事会会议由理事长负责召集，根据工作需要，可邀请村委会干部参加，讨论决定村民会议、村民代表会议或者村“两委”会议的授权事项。目前，袁湖村共有 10 个村民小组，413 户家庭，29 名村民代表，25 名理事会成员。

2. 双向选择组建专项协会

待村务理事会选举产生后，按照“村党组织提议、村务理事会实施”的原则，村务理事会指派一名副理事长牵头组建专项协会。组建工作实行双向选择，村务理事会负责宣传发动，主动邀请群众参与专项协会，群众也可根据个人意愿自荐加入专项协会。专项协会会长由牵头组建的副理事长担任，并指定一名成员担任常务副会长开展日常工作。

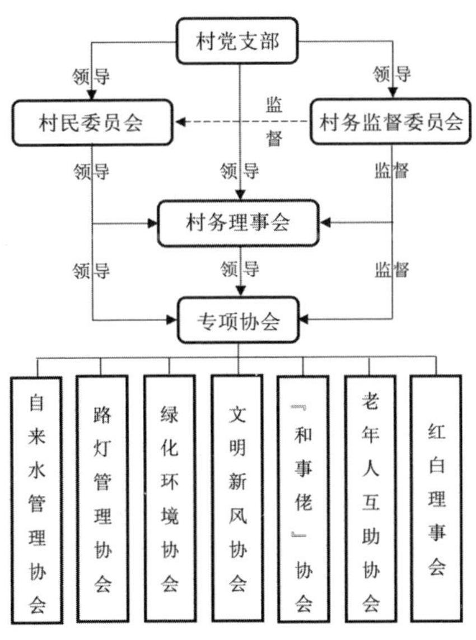

图 3-1　袁湖村组织架构及其关系

专项协会作为村务理事会的助手，主要吸收肯奉献、懂技术、有才艺的人员，其中，骨干成员为3~5名，一般成员则随时吸纳。专项协会主要负责村“两委”和村务理事会决议项目的实施，任务完成后，视需要和群众意愿解散或保留。目前，袁湖村设有“和事佬”、环境卫生、文体新风、老人互助等常设协会9个，修路、灌溉等临时性协会5个。

（二）实行“三步理事”，明晰组织权责关系

农村事务繁多复杂，处理困难，因而办事效率通常不高。为更好地应对村级事务，袁湖村实行“三步理事”即村“两委”议事、村务理事会决事、专项协会办事，通过明确组织间职责分工，做到群众的事群众自己议、自己定、自己办，让群众真正成为乡村治理的主体。

1. 村“两委”议事

在日常工作中，村“两委”成员、理事会成员随时收集村民关注的焦点、热点、难点问题，摸准亟须解决的问题。待摸清情况后，理事会成员可以向理事长反映，再由理事长向村“两委”集中反映；理事会成员也可以直接向村“两委”反映；此外，村民还可以集体向村“两委”或理事会反映。在村“两委”与村务理事会进行充分沟通、酝酿后，由村党组织确定议案主题，提议召开村“两委”会议，讨论形成初步议案，并提交村党员会议讨论。最后，村“两委”根据收集的党员意见建议，完善议案并提交村务理事会决议。

2. 村务理事会决事

收到议案后，理事长主持召开专题会议讨论议案。讨论决定结果由理事长7个工作日内向村“两委”反馈。对于决定可行的议案项目，完善后由专项协会组织实施，对于决定暂不可行或不可行的议案项目，由理事长向村“两委”及其提议村民说明原因。原则上，村务理事会每月议事一次，如有五分之一以上的组成人员提议可临时召开，有三分之二以上参加的方可召开，所做决定应当经到会人员过半数同意。此外，每年的腊月二十七日为袁湖村的“年度议事日”，此时会召开村民会议总结本年度工作和安排部署下年度工作，村党组织、村委会、村务理事会、专项协会及党员分别制定年度目标，并做出公开承诺。

3. 专项协会办事

在确定最终方案以后，专项协会根据村“两委”和村务理事会授权，负

责组织实施。推进过程中,村“两委”和村务理事会积极给予支持,做好综合协调工作。关于民生项目方面,专项协会通过宣传发动、资金筹措、项目监管、运行维护等程序开展项目管理实施工作;关于平安家园建设方面,协会通过说事评理、邻里互助、文明评选等方式调处矛盾;关于美丽乡村建设方面,协会通过开展清洁家园、举办文体活动等,倡导文明新风。所需项目资金由村务理事会管理,按预算和账务拨付给专项协会使用,同时还需定期向村民公开,接受评议。

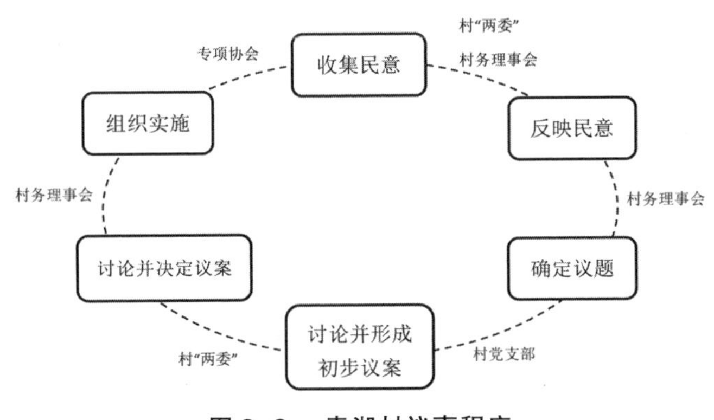

图 3-2 袁湖村议事程序

(三)“四个强化”保障,激发村民自治热情

为确保“1+X”组织体系能够保持良好运行,袁湖村还制定了四项措施即强化党组织引领、强化制度保障、强化监督约束、强化考核激励,以此激发党员群众增强自我服务、自我管理的主动性,实现干部与群众同心协力、良性互动。

1. 强化党建引领

一是带领参与自治。引导村民把党员优先推选进村务理事会,引导理事会成员把群众认同的党员理事会成员,特别是退休后的老干部、老书记推选为理事长。在组建专项协会时,注重选派党员理事会成员担任专项协会会长。袁湖村积极引导全体无职党员参与村务理事会、专项协会活动,目前,已有 15 名党员加入村务理事会,12 名党员加入专项协会,原村党支部书记则被推选为村务理事会会长。

二是带头公开承诺。村“两委”、村务理事会和专项协会党员带头公开承诺，并公示公开，接受党员群众的监督。

三是带动学习培训。坚持每月开展一次学习日活动，组织村务理事会、专项协会等自治组织成员开展学习活动，优先安排参加上级单位相关的培训活动。

2. 强化制度保障

一是完善配套制度。村党组织、村委会依据党的方针政策和国家的法律法规，组织全体村民结合实际讨论制定和完善村民自治章程、村务理事会章程、村务理事会议事规则、专项协会工作制度、财务管理制度等，增强干部群众依法办事能力。

二是明确工作职责。村党组织恪守“领办不包办、主导不主宰、放手不甩手”原则，领导支持村务理事会、专项协会独立开展工作，激发其工作成就感；村委会负责承担本村生产服务和协调工作，支持其他自治组织依法开展活动；村务理事会、专项协会成员主动义务工作，不领取任何报酬，协助村“两委”做好农村日常性、具体性工作，做到一事一决、一事一办；村务监督委员负责监督“三步理事”等村务决策程序和落实情况、村务公开等制度的落实情况等。

三是规范运行机制。发挥村党组织领导核心作用，深入开展村民会议、村民代表会议、理事会会议为主要形式的民主决策实践，以自我服务、自我管理、自我教育为主要目的的民主管理实践，以村务公开、财务监督、村民评议为主要内容的民主监督实践，形成村党组织领导、村委会负责、村务监督委员会监督、村务理事会决事、专项协会办事的村级管理服务格局。

3. 强化监督约束

一是设立监督机构。村务监督委员会是村级民主监督机构，依法独立行使监督权，实行村务日常监督和“三步理事”全过程监督，对村务理事会章程和专项协会工作制度执行情况、财务公开情况、村务理事会和专项协会成员履职任职及廉洁自律情况等进行监督。

二是推行村务公开。坚持实际、实用、实效原则，设立村级宣传栏，利用村民会议、村民代表会议等有效形式公开议事规则、议事方案、议事结果、办理结果。议事结果包括村“两委”会议、党员大会、理事会会议讨论研究的事项、办理意见或实施方案。村民可对每一环节或具体事项向相关方提出质询,相关方负责人必须 7 日之内做出答复。

三是开展集中述职。在“年度议事日”村民会议上,村党组织书记、村委会主任、村务理事会会长、专项协会会长集中向全村村民报告全年工作和资金使用情况,村民可以在大会上提出质询,相关方必须在大会上做出答复。

4. 强化考核激励

一是实行民主评议。年度考核由村务监督委员会主持召开,由村民对党组织、村委会、监督委员会、村务理事会和专项协会及其成员工作进行民主评议,评议结果分为优秀、合格、基本合格、不合格四个等次,评议结果为基本合格以下的组织或成员必须说明情况,并在一个月内整改完毕并进行反馈。

二是加强考评激励。依照考核结果,袁湖村每年开展一次“好党员、好理事、好协会、好会员”评选活动,集中表彰好理事 5 名、好协会 2 个、好会员 10 名,利用村级广播、宣传栏等有效形式,轮流宣传“好党员、好理事、好会员”的先进事迹。

三是注重政治激励。针对村务理事会、专项协会成员不领取报酬,袁湖村每年按计划把村务理事会和专项协会优秀成员培养成党员,把村务理事会和专项协会成员列为村级后备干部培养,推荐优秀村务理事会和专项协会成员担任各级“两代表一委员”,增强村务理事会、专项协会成员工作责任感和政治荣誉感。

袁湖村的“二三四”工作法,通过建立“村务理事会+专项协会”将广大村民组织起来,充分动员群众参与乡村治理,保障了人民的知情权、参与权、决策权、监督权等民主权利,满足了农民日益增长的美好生活需要,真正做到了民事民议、民事民决、民事民办、民事民监。

三、群策群力:行动路径与实践成效

在村庄社会治理的过程中,袁湖村积极推动村庄治理重心下沉,让村民自己说事、议事、主事,寻求治理最大公约数;以“二三四”为行动路径,即民主推选成立“两会”,创新村庄治理载体;以“村‘两委’议事、村务理事会决事、专项协会办事”的“三步理事”为议事程序,明晰组织权责关系;以“强化党组织引领、强化制度保障、强化监督约束、强化考核激励”的“四个强化”为行动保障，激发主体自治热情，让村民真正发挥其村庄主人作用。

在袁湖村“两委”的领导下，理事会与专项协会协同解决村内事务，诸如完善村内基础设施建设的项目或者民事纠纷等，各湾理事会与专项协会均发挥重要作用。袁湖村将每年的腊月二十七设定为议事日，村“两委”召集理事会与专项协会成员共同就全村各个事项进行讨论。

年末总结共享经验。首先，由各个湾的理事会成员代表和专项协会成员于会议中依次就年度总结进行发言。发言内容包括罗列袁湖村整体和村小组已完成与未完成的项目数量和项目内容；反思在已完成项目的过程中需要改进和完善的方面，以及未完成项目的搁置原因，并讨论解决方案。其次，由各个湾（村小组）的理事会成员和专项协会成员分享工作过程中的感想和经验，在相互借鉴、学习过程中更好地为村民服务。

收集民意共审提案。在村“两委”的组织下，村务理事会成员和专项协会成员提前从村民代表中了解民意，并在会议上将村民反映的问题以提案的形式呈现。结合每个湾（村小组）的实际发展情况，村“两委”与村“两会”成员就所有提案展开讨论和分析。提案内容涵盖完善公共基础设施建设、丰富群众过节形式、妥善安置孤寡老人并提供日常照料等问题。提案所涉及内容均由村民自主反馈，由村“两会”成员进行初步筛选后，于会议上进行讨论。

图3-3　会议前听取群众意见

图3-4　理事会、协会代表会议

项目安排共商共议。村务理事会对提案进行审议后，将其分为“将要进行项”与“暂时搁置项”两类，并根据提案中项目所涉及问题范围不同，将其划分给各个专项协会负责。项目安排妥当后,村“两委”与村“两会”就资金如何安排与质量把控标准两方面展开讨论;相关工作人员给出指导经验及建议,帮助袁湖村村“两会”在未来更好地完成工作任务。

近年来,为使自治下沉,村民有动力自我管理、自我发展,为破解村级党组织难题,袁湖村建立了常态化、制度化、规范化的村“两会”。村“两会”为村民参与村庄公共事务治理搭建了平台,借助这个平台,村民的合理需求基本都能得到及时有效的回应。村民利益诉求得到及时满足,能够充分激发村民自治的积极性,也吸引了更多有能力的党员和村里的能手积极参与村庄的建设和治理,壮大了村庄建设。

袁湖村通过村“两会”把政府的决策变成了农民的自觉行动,这是从“为民做主”向“由民做主”的转变,提升了基层的执行力,实现了村民的自我管理、自我教育、自我服务,大大激发了农民群众的主动性、创造性和当家作主的责任感,村民的主体作用得到充分发挥,对进一步发展农村生产力,促进农村经济和社会发展产生了重要作用。

(一)村事民议:共建村庄新环境

基层治理民主化的重点在于激发民众参与意识,创造民众参与机会,扩展民众参与途径。充分调动村民参与处理公共事务的积极性,发挥其创造性,提高村民主人翁意识,确保村民在项目提出、项目执行、项目监督流程中发挥主体作用。以袁湖村道路修建为例,村民在村“两委”、村“两会”的领导带动下,逐渐在处理村务的过程中发挥主动性,积极参与解决问题,从“等人建”转变为“我要建”和“自己建”,践行了村事民办的村民自治本意,丰富了民主协商的乡村实践形式,创新了村民自治的有效实现形式,提高了基层治理的为民服务效率。

1. 村民提交议案

袁湖村地势低洼,进村道路没有硬化时,“晴天出行一身灰,雨天出行一身泥”;每逢雨水季节,“下三小时雨成洪湖,下五小时雨成洞庭湖”是其过去的真实写照。大多数村民一方面兼顾村内种植业生产,一方面外出务工补贴家用,落后的道路环境使村民的生产、生活极为不便。在村“两委”的组织下,村民代表就道路问题提出村民诉求,并将其反馈给村“两委”。村“两委”就“关于解决道路问题的讨论”这一主题组织各个湾(村小组)的理事会成员以及专项协会成员召开讨论会。

2. 村“两会”决事

会议中，村务理事会成员一致认为应当遵循民意，将修建道路项目提上日程。决定启动修建道路项目后，村“两委”向陡岗镇政府提交了修路申请并获得了批准。修建道路项目获得部分财政支持，但还有十万元缺口。为补足经费缺口，村“两委”再次就“如何筹款”问题召集理事会与专项协会成员展开讨论。会议最终决定，由绿化环境协会成立专门项目筹资小组，向村民们寻求帮助，共同完成修建道路的项目。

3. 绿化环境协会办事

绿化环境协会成立专门项目筹资小组后，决定出动“五老”成员，挨家挨户地探访，向大家说明项目情况，表明来意。其间村民袁某表示：“修路本来就是为大家好的事情，你要走就要出钱，没钱就出力，只要大家日子过得好了，出点钱是应该的。”也有村民田某表示：“袁老师（协会成员）这么大年纪还在为我们村修路这件事情奔走，我有什么理由不支持呢？”不管是出于何种考虑，村民们对于自己提出的关于修路的要求纷纷表示支持。经过绿化环境协会成员的努力，最终从村民处筹集了六万元的款项。还有四万元款项，经村“两会”成员共同讨论之后决定，由村里较为富裕的大户人家和外出经商、事业有起色的老板们共同筹集。最终，通过村“两委”和村“两会”成员的共同努力，修建道路的款项筹集完毕，项目顺利开展。随后，绿化环境协会成员联系承包商，配合购置项目所需材料，跟进修路项目的进程直至竣工。现如今的袁湖村是一望无际的柏油马路，这是村民、村“两委”和村“两会”协同分工、共同努力的结果，极大便利了袁湖村村民的日常出行，也极大推动了“市民下乡、能人回乡、企业兴乡”工程的下沉。

袁湖村坚持尊重群众意愿，充分调动群众参与村庄建设的积极性，发挥理事会作为群众自治组织的作用。道路修建项目完成之后，根据村民代表反馈，道路两旁没有安装路灯，“晚上出行一片黑”，给村民夜间出行造成不便。

向村“两会”提交意见后，村“两委”就“安装路灯问题”组织召开讨论会。会议决定，由各个湾（村小组）理事会各自组织安装路灯，由村“两委”提供部分项目款项支持，剩余款项由各个湾（村小组）自行筹集。专项协会成员组织成立了“路灯管理协会”,以便跟进安装路灯项目的进展。

在各个湾(村小组)村民、理事会和路灯管理协会的共同努力之下,各个湾(村小组)陆续完成了安装路灯的项目,极大提升了村民们夜间出行的安全度。同时,路灯管理协会有专业的电工人员,负责袁湖村各个路段路灯的管理与维修。

(二)民事众办:贡献一份微力量

村“两委”和村“两会”之间相互协调,通过从生活中关怀村民的点滴做起,针对他们生活中的实际困难,主动想办法,找对策,形成合力,构建了各负其责、协调联动的工作体系。村务理事会和专项协会的成员大多是老年人,他们只讲付出,不求回报,一心一意为村民服务,组织村民“熟人办熟事,熟人管熟人”,村务由村民们商量着办,激发村民的积极性、创新性、主体性。这是袁湖村基层治理模式收获成效的关键和精髓所在。近年在精准扶贫的大环境背景下,村务理事会发动村民对低收入群体、困难家庭、留守儿童等弱势群体进行帮扶互助,让他们感受到来自邻居的温暖,使袁湖村成为一个温暖的大家庭。

帮扶儿童老人弱势群体　众筹捐款献爱心

2014年,袁湖村留守学生袁莎患上脓毒血症、败血症等。突如其来的疾病冲击着这个本就贫困的家庭。袁莎的养父母对这个可爱的小姑娘视为己出,倾其所有并举债30多万元为她治疗。村“两委”获知情况后,召开理事会和专项协会会议,共同商讨如何解决袁莎家庭的困境。经讨论后,理事会决定,由袁莎所在村小组的专项协会牵头,为袁莎家庭捐款。袁湖村村民得知袁莎家庭的具体情况后,积极参与捐款,最终共筹集捐款两万余元。随后,专项协会成员时刻关注袁莎家庭的动态,以便在他们需要的时候及时提供帮助。袁莎的养父表示:“专项协会真的是为老百姓做实事的好组织,他们都上了年纪却依旧为了我们东奔西走,我真的是感激不尽。”

同时,村里的贫困户和留守儿童不在少数,村“两委”和村“两会”成员密切关注他们的动向,时常向低保户、特困户、留守儿童和留守老人送去温暖。专项协会为真正有需要的贫困家庭组织捐款活动，村民们纷纷慷慨解囊，袁湖村整体呈现出互帮互助的良好氛围。同时，老年人互助协会还在老年人之间开展互帮互助的活动，提高了袁湖村老年人的幸福指数。

（三）村事民管：共建文明新乡村

牢固树立创新、协调、绿色、开放、共享的发展理念，坚持创新发展、协调发展、绿色发展、开放发展、共享发展是关系我国发展全局的一场深刻变革。近年来，袁湖村主动适应新形势、新变化和发展新常态，立足实际，按照文明卫生创建活动的要求，努力在整治上下功夫，在创新中出实招，在长效上做文章，使村容村貌更加整洁，生态环境更加优良，乡村特色更加鲜明，公共服务更加配套，让群众乐享农村文明卫生创建成果。

争创文明乡村　纠正村民陋习

借助村级服务平台，在村"两委"的主导下，召村"两会"代表座谈会，向参会人员广泛宣讲省、市、区、镇的相关会议精神，重点就孝南区开展文明卫生创建活动的目的、意义和主要任务向与会人员进行了宣传讲解。继而，村"两会"就村级文明创建活动进行了工作部署。

对于村级文明创建活动的开展，袁湖村北湾返乡农民工袁望发深有感触："创建活动开始时，我们北湾的卫生环境非常差，到处都是乱扔的垃圾，气味也难闻。"为了带动全湾村民共同行动，改善湾里的卫生环境，袁望发率先行动，每天早上一手拿火钳，一手拿蛇皮袋四处捡垃圾。"碰到乱扔垃圾的，我也不抱怨，只是默默将垃圾拾起来。就这样，我持续捡了三个月的垃圾，那些爱乱扔垃圾的人不好意思了，家家户户自发购买垃圾桶装垃圾，现在北湾连刚上幼儿园的小孩子都知道爱护环境讲卫生，不随便乱扔垃圾。"袁望发靠自己的坚持带动了全村村民好习惯的养成。

村环境协会则根据各自然湾不同的人文环境，制定不同的村湾环境卫生管理办法。该村的袁湖湾采取的办法就是由几位长者每周巡回评比，在卫生工作做得好的农户的门前贴红标签，在做得不好的农户门前贴黄标签，各家卫生的好坏就一目了然，对村湾的环境卫生起到了极大的促进作用。

此外，广场舞等文化活动，丰富了村民的日常生活；独具特色的评选活动也办得有声有色，“十好农户”“好媳妇”“开明婆婆”等活动调动了村民们的积极性。所有活动村民们踊跃参加、积极行动、相互监督、共同进步。袁湖村的村风民风持续向好。

袁湖村基层党组织建设实践以来，在村党支部的领导下，村庄理事会已成为基层党组织建设的新型载体，汇聚能人力量，链接党员和群众，推动组织体系的变化，促活力、促动力，增强了农村基层党组织的战斗力、公信力和凝聚力，巩固了党的执政基础。

与此同时，村庄理事会成为基层党建与村民自治的新型有效载体，通过“三级联动”即政府推动、理事会搭台发动、村民主动，整合乡村人力、物力、财力等资源，激发乡村发展活力，保障理事会持续发展，并通过构建村庄事务协商机制、村民矛盾调处机制、党员干部选拔机制，推动了袁湖村基层治理从“单向推动”向“双向互动”的转变，从“为民做主”向“由民做主”的转变。

图 3-5　专项协会组织项目

图 3-6　专项协会组织年前缴费

四、动能永续：进一步推动乡村组织振兴的对策建议

乡村振兴，关键在人，核心在组织。当前，完善乡村治理体系和提升乡

村治理能力构成基层社会治理的基本面向，而健全党委领导、政府负责、社会协同、公众参与、法治保障的现代乡村社会治理体制，和自治、德治、法治相结合的乡村治理体系则是其核心内容。

袁湖村以“五老”为关键力量民主组建的村务理事会和专项协会，不仅丰富了村民自治载体，搭建起民主管理平台，而且创新了村民自治的有效实现形式，凝聚了村庄善治的自治力量；以村“两委”议事、村务理事会决事和专项协会办事为程序的“三步理事”机制，让村民自己说事、议事、主事、办事，丰富了基层民主协商的村庄实践形式，践行了村民的事情村民商量着办的民主真谛；以组织引领、制度保障、监督约束和考核激励为内容的“四大举措”，强化了村治多元主体的责任担当意识、保障了村民民主参与权利、激发了村民参与治理积极性。整体而言，袁湖村的“二三四”工作法，不仅完善了村庄社会治理组织架构，而且提升了村庄治理能力，推动了乡村善治的持续发展。

乡村振兴是一项综合性极强、系统性极高且内容极丰富的社会工程，而组织振兴构成其动能基础和活力源头。从这个意义上讲，实现乡村全面振兴的前提和始点是推动乡村组织振兴，也就是在形成多元主体参与的治理格局的同时，明确主体之间的相互关系。事实上，乡村治理是“乡治”和“村治”的有机统一，因此其既是基层政府行政管理和村民自治有效衔接和良性互动的过程，也是村庄内部党组织、自治组织、社会组织和居民等多元主体有效治理的过程，同时村庄外部力量在弥补村庄发展资金不足、人力不够和经济不强等问题中发挥着重要作用。换言之，实现乡村振兴，在横向层面，应以抓好村庄内部组织振兴（内强）为基础，强化外部力量的助力作用（外引）；同时，在纵向层面上，应推动政府行政管理与村民自治的有机衔接。

鉴于此，我们认为，新时代推进乡村振兴，应以组织振兴为抓手，坚持“内强”与“外引”相补充，行政管理与村民自治相衔接，既重视村庄内部治理力量的挖掘和增能，又重视外部乡建力量的吸收与调动。

（一）内强与外引相结合

以村庄内部组织振兴和外部力量引入为抓手，既重视调动村民自治主体积极性，又注重发挥外部力量在人才、资金、产业、技术等方面的支持作用。具体而言，就是要充分调动村庄自治和外部支持两大“积极性”。

1. 村庄内部力量:内培与增能

一是以培育乡贤文化为基础,凝聚人心。文化在乡村人心凝聚和力量集聚中发挥着重要作用,应以培育富有地方特色和时代精神的新乡贤文化为基础,充分发挥乡贤文化在凝聚村庄力量和乡村自治中的积极作用。

二是以村庄力量挖潜为手段,广纳力量。对乡村现有人才进行深入挖潜并广泛利用,充分利用乡村老党员、老干部等群体的村治力量,培育和发展以"五老"为关键力量的村级自治组织,推动其规范化、制度化参与村庄治理。

三是以价值意义生产为动力,因势利导。发挥自我在基础设施建设和公共事务治理中的余热,再生产自我价值意义,是"五老"参与村庄治理的目的所在。因此,应通过年度最佳"五老"评选或积分兑换等形式,调动起参与积极性。

四是以主体赋权增能为关键,提振精神。村民是村庄治理的主体,也是治理成效的实际受益者,应将村庄发展和治理任务交给村民,由村民来说事、议事、主事。应从意识培育、强化培训等要素出发,将村庄治理事项的决定权和行动权交于村民。为此,应以村民需求为导向,从村庄治理项目的讨论、选择、参与、监督入手,通过意愿表达、共识达成、做出承诺、集体行动,让村民共同谋划项目、共同参与建设、共同治理村庄现实问题、共享村庄发展成果,通过村民自治组织,使村民充分认识自我在村庄治理中的地位和作用,进而不断凸显村民的主体地位。

2. 外部力量引入:吸收与调动

在充分发挥内部村治主体积极性的同时,应着力调动外部力量参与乡村治理的支持作用。

一是以"三乡"工程为导向,引入外部力量。以不断突破阻碍城市要素下乡瓶颈障碍和增添"三农"发展新动能为目标,引导市民下乡,激发市民通过下乡志愿服务、行医办学和法律服务、投资兴业等途径服务村庄治理;鼓励能人回乡,以打好"亲情牌"、搭好乡情纽带等做好回归工程,吸引农村能人、乡村贤达和社会名人等返乡兴业和参与村庄治理;激励企业兴乡,引导各类企业充分利用村庄优势资源、带动村民发展致富,参与村庄基础设施建设和公共事务治理。

二是以政府引导人才支持乡村振兴为契机，引智入村。以村庄发展优势为导向，邀请高等院校、相关科研院所的研究人员，深入村庄把脉问诊，治理瓶颈，积极引导大学生到村庄驻点调研、指导实践和总结经验。引导退休教师、行政事业单位退休人员参与村庄治理。引入村庄外部社会组织，发挥其在满足居民多元化需求中的积极作用。

（二）行政与自治相协调

1. 构建简约高效的乡镇治理体系

乡镇党委、政府是服务农村居民的基层政权，是乡村治理的重要力量，是国家治理的基础所在。乡镇政权的组织架构和运行体系，关系公众参与、社会治理、公共服务和百姓生活。党的十九届三中全会指出，要“构建简约高效的基层管理体制。加强基层政权建设，夯实国家治理体系和治理能力的基础”。为此，对于乡镇政权而言，应加强党的基层组织建设。只有全面加强党的基层组织建设，才能确保基层政权拥有坚强的干部队伍、严密的基层组织体系和管用的群众工作机制；以服务型政府建设为契机，以更好、更高效地服务人民群众为着力点，强化自身在公共服务供给中的主体作用；以优化协同高效为原则，统筹各类组织，优化各种体系，简化各项程序，形成简约高效的管理体制。

2. 搭建“三治结合”的村庄善治体系

“健全自治、法治、德治相结合的乡村治理体系”，是新时代我国乡村治理的具体路径和发展目标。“三治结合”的乡村治理体系，自治是目标，法治是保证，德治是支撑，这三者之间是“一体两翼”的辩证关系。

一是强化党的领导。进一步强化农村基层党组织领导核心地位，创新组织设置和活动方式，实现党的领导全覆盖。

二是健全自治机制。加强村委会选举工作的指导监督，将想干事、能干事的农村能人选到村委会班子；同时理顺村委会与其他村级组织的关系；加强和规范村级财务管理，以村务公开和民主理财为重点，切实保障农民群众的决策权、参与权、知情权与监督权。

三是强化法治建设。坚持法治为本，树立依法治理理念，强化法律在维护农民权益、规范市场运行、农业支持保护、生态环境治理、化解农村社会矛盾等方面的权威地位。

四是加强道德建设。深入挖掘乡村熟人社会蕴含的道德规范，结合时代要求进行创新，强化道德教化作用，引导农民向上向善、孝老爱亲、重义守信、勤俭持家。建立道德激励约束机制，引导农民自我管理、自我教育、自我服务、自我提高，实现家庭和睦、邻里和谐、干群融洽。

3. 完善“乡政村治”的主体行动机制

当前，乡村治理中仍存在乡镇政府与村民委员会之间权责边界模糊，行政管理权和村民自治权失衡，造成基层行政管理与农村村民自治之间存在衔接不畅和互动不足问题。应以推动乡镇政府管理归位和村民自治到位为目标，实现行政机制与自治机制互动、政府功能与自治功能互补、政府资源与村庄资源互联、行政主体与村治主体互动。

一是清单化明责，为乡镇政府和村级组织“松绑减压”。以服务型乡镇政府和服务型村级组织建设为导向，编制乡镇政府和村级组织的动态化权责清单，明确乡政指导村治和村治协助乡政的内容、方式，健全政府指导和村庄协助服务机制，使乡镇政府和村级组织有清单可依、有清单必依、违清单必究。

二是民生性考绩，加强乡镇政府基本公共服务职能。改变乡镇政府绩效考核体系，将乡镇政府的职能转移到公共服务上来，将政府绩效考核重心置于民生性公共服务上，推动乡镇政府从单向行政管理型行政体系向公共服务型行政体系转变。

三是平台化服务，为满足农村居民需求“保驾护航”。加快农村综合服务平台建设，推动乡镇政府公共资源下沉、服务下沉，最优化整合和利用政府资源和村庄资源，实现服务联动机制衔接。

四是民主化自治，推动农村基层民主规范化运作。坚持民主和民生相结合，以民主方式促进民生问题解决，以民生问题吸引群众政治参与热情。

第二节 组织治理：乡村振兴的基础性工程
——河南淮阳百村巡察暨综合治理观察

中国共产党是中国特色社会主义事业的领导核心。党的农村基层组织的建设情况,直接关系到农村基层的政权建设是否稳固,农村社会秩序是否安定有序,农村基础设施与民生是否得到保障,乡风文明与村民自治建设的成效以及乡村振兴战略能否顺利实施。因此,强化农村基层党组织建设,打造一支政治引领功能出色的基层治理队伍,是实现农村基层有效治理和乡村振兴的关键。习近平总书记曾指出,县委是我们党执政兴国的"一线指挥部"。县委对于县域政治社会的发展情况,对于振兴农村基层党组织和建强基层战斗堡垒,探索和创新农村基层治理的工作机制,推进乡村振兴战略具有决定性作用。

组织治理,目的是实现组织振兴,突出的是政治引领,党的基层组织是党的"细胞",渗透进全体社会,融入人民群众当中,是党的执政力量的来源。基层党组织能否正确地代表、维护和实现人民群众的利益,需要坚强的政治建设和组织领导来提高和发挥基层党组织的战斗堡垒作用。突出基层组织的政治功能,就是要强化党在基层群众中的威望和作用,在基层社会中发挥模范带头作用,政治上具备先进性,经济上能带动群众共同富裕,从社会上能推动乡村治理的结构优化和体系建设。

河南省淮阳县立足县情,以县委主导,纪委牵头,公、检、法协同配合,组织、信访、民政、扶贫等部门积极参与,以扶贫领域腐败和作风问题专项治理为切入点,结合扫黑除恶专项斗争,巡察村居,综合治理,打造了一支精干高效的工作队伍。聚合党的政治资源,组织力量下沉一线,从基层政治生态治理到社会生态治理,实现了乡村政权重建和社会治安治理的双重突破,再以此为基础向治理结构纵深迈进。从民生工程建设到公共文化服务供给,从乡风文明建设到村民自治组织建设,从党委主导治理向农村群众自治,初步实现了农村基层社会的产业振兴、人才振兴、文化振兴、生态振兴和组织振兴,为下一步推进乡村全面振兴开辟了道路。

一、组织治理:新时代乡村振兴的历史使命

基层党组织是党的"神经末梢",是党在基层社会实现政治领导的组织载体。农村基层党组织包括了乡镇党委和村党组织,是党在农村全部工作和战斗力的基础,全面领导乡镇、村的各类组织和各项工作。组织治理就是要提升基层党组织自我治理水平和增强对基层社会治理能力,坚持党要管

党、全面从严治党，以提升组织力为重点，突出政治功能，努力成为宣传党的主张、贯彻党的决定、领导基层治理、团结动员群众、推动改革发展的坚强战斗堡垒，领导和推动乡村振兴战略实施。

当前乡村治理体系和乡村振兴战略的枢纽在于基层党组织的振兴，实现组织振兴的钥匙在于基层党组织的有效治理。党的十九大报告提出实施乡村振兴战略以来，全国各地因地制宜推进一系列措施以基层党建为抓手，从产业振兴、人才振兴、文化振兴、生态振兴、组织振兴五个方面作为乡村振兴战略的着力点，以求推动现代乡村治理体系的有效建设与流畅运转，促进乡村振兴战略的实施。

（一）基层组织巩固的迫切要求

1. 农村基层党建虚化，支部蜕化

求木之长者，必固其根本。习近平总书记指出，“党政军民学，东西南北中，党是领导一切的”。党的基层组织是党在社会基层组织中的战斗堡垒，是党在基层社会和人民群众当中的主心骨、压舱石、定盘星，不是别的什么社会组织，而是政治组织，突出政治功能，提升组织力是党对基层组织的必然要求。随着经济社会的日益发展和利益诉求的多元化，一段时间以来，农村基层党组织存在着党建虚化、支部蜕化的危险问题，一定程度上削弱了党在农村群众中的威望，影响了党在乡村社会的执政根基。

首先，乡村党员数量减少，年龄偏大，新党员的发展工作缓慢。农村基层党支部党员数量直接象征着一村党的力量，而当前农村基层党员发展陷入了一种困局。那就是在市场经济浪潮下，素质较高的青壮年农民外出打工挣钱，农村留守人口以老弱病残为主，党员发展对象群体的萎缩使得农村党支部难以发展高质量的新党员，原有的党员年龄普遍偏大，身体素质日渐衰退，文化素质日趋落伍，在村民中的凝聚力也难以体现。党的建设难以落实到党员个人，党支部的基层战斗堡垒作用存在着严重下滑迹象。

其次，在籍党员人员流动，管理困难，党内政治生活难以开展。正是由于农村流动人口加快，不仅难以在本村发展新党员，而且在籍党员有的外出务工，难以对其进行教育管理。这就使得本来组织建设和政治领导能力问题严峻的基层党支部雪上加霜，流动党员的管理困难不仅使得党支部承担党员培训、教育、管理的职能被削弱，原有的党员在外地，其政治立场、思想

动态等难以掌握，其作为群众楷模的先锋示范作用也无法体现，正常的党内政治生活开展困难，“三会一课”制度很难保障。

最后，政治引领功能削弱，意识淡薄，难以承担领导群众重任。旗帜鲜明讲政治是中国共产党作为马克思主义政党的根本要求和显著特征。基层党组织不是经济组织，不是社会组织，而是彻底的政治组织。把准政治方向，坚持政治领导，站稳政治立场和提高政治能力是基层党建的核心内涵。上述四条在当前农村基层党建中不同程度被虚化、弱化，党的政治引领功能难以体现。

2. 乡村社会“微腐”蚀村，干部腐化

当前农村基层党组织党建的软弱涣散局面致使基层贪腐难以得到有效监督管理。首先，一部分村干部长期把持基层权力，倒卖村集体资源牟取暴利，严重损害群众利益。其次，个别干部素质不高，服务人民的意识匮乏，封建衙门的等级特权思想严重，在日常的工作中吃拿卡要，或者直接将原本国家应该给予农民的政策福利装进自己腰包，“雁过拔毛”成为基层微腐败的一大特点。利用干部身份和权利，在资金拨付、审核批准、经手管理、验收项目等方面的职务便利，以贪污、挪用、截留、索取好处等手段，捞取非法利益，数额不大，危害不小，直接损害了党在人民群众当中的形象，削弱了党的执政基础和组织基础，将原本为民服务的基层组织变成了为私欲谋私利的不法工具。最后，村级组织的村务监督机制缺乏有力的支持，乡村人情社会的文化传统也对基层组织造成了腐蚀。

3. 乡镇党委组织弱化，监督式微

在目前的基层治理格局中，作为最基层的乡镇政府，既缺乏足够的财税汲取和调配能力，也缺乏足够的政治组织能力。而村民自治制度的确立和完善使得乡村自治组织成了联结政府和农民的中介组织。乡镇一级党委政府缺乏治理工具约束村集体行为和村民组织，很难发挥对村集体的监督管理职能。而村干部在“熟人社会”中通常凭借其家族势力、个人威望、社会地位和物质财富，以及“关系网络”等资源对乡村社会秩序的维护和乡村经济发展具有一定的主导能力。乡镇往往严重依赖一些“能人治村”来完成上级政府的各项政策执行、项目落地、检查考评、综合验收等任务。由此产生的“基层共谋”现象既符合乡镇政府的政治利益又能满足村干部在治村活动中的经济利益诉求，双方形成较为稳固的利益联盟。这样不仅难以实现乡镇对村务的监督、指导和管理，也以某种庇护主义策略规避了来自上级政府对于乡村一级组织的监督管理，使其更加对某些村干部的违规违法行为视而不见。

4. 乡村自治制度空转，规则异化

农村地区是基层群众自治制度的实现场域和空间载体，其经济社会环境对群众自治制度的运行质量具有决定性作用。当前我国农村基层自治制度已经形成了较为完善系统的制度体系和运行规则，但是乡风文明好坏、基层社会矛盾的强度和乡村经济发展水平等现实内部因素直接决定了一个村集体的自治条件和自治情况。农村基层党建虚化使得自治制度缺乏正确领导，乡镇监督机制的缺位则进一步加剧了村民自治制度的"空转"运行。村集体长期被少数家族和个人势力把持，进一步加剧了干群不信任的状态，村委会沦为少数人牟利的工具和利用制度打压合法利益诉求的平台，村民自治制度的设计初衷无法实现。

（二）乡村全面振兴的现实需要

实施乡村振兴战略是做好"三农"工作的总抓手，关键在于聚焦产业兴旺、生态宜居、乡风文明、治理有效和生活富裕的总要求，着力推进乡村产业振兴、人才振兴、文化振兴、生态振兴和组织振兴。由此看来，乡村社会振兴的现实命题首先应当以组织振兴为抓手，着力解决乡村振兴的组织基础，重点治理组织振兴中的现实阻碍，以组织治理来引领组织振兴，以组织振兴带动乡村社会全局振兴。基层党组织软弱涣散，乡村振兴将步履维艰；基层党组织坚强有力，乡村振兴便会蹄疾步稳。

1. 乡村社会利益分化，组织松散

农村社会当中利益诉求群体多元化，利益诉求内容分散化，利益诉求手段多样化。这就需要党的基层组织领导和团结群众，正确解决因为利益分化引发的矛盾纠纷，合理满足群众的合法利益诉求；解决农村人口分散，联系不紧密，组织化程度较为滞后的问题，解决利益分化的现状，将村民由个体农户的分散状态以某种经济利益纽带拴牢，构建心往一处想，力往一处使，路往一处走的乡村集体平台。对此必须从党的农村基层组织的建设做起，提升组织力是关键，组织力是战斗力的来源与保障。基层党组织的组织化水平和组织能力如果不能得到加强和巩固,那么基层党组织的政治功能就无法在组织内形成合力,最终导致基层治理的虚化。软弱涣散的局面是党的建设没有落到实处,没有能够以党建引领组织振兴,着力于从政治建设的高度提升组织治理效度。要改变这一状况,就需要将基层党组织的战斗堡垒作用和党员干部的先锋模范作用从组织、纪律、作风等方面发挥出来,切实在老百姓的日常生活中凝聚民心民意,创新组织形式,将党员干部的政治先进性转化为引导群众思想文化进步、产业经济增收、邻里关系和睦、乡风文明净化的动力引擎。

2. 乡村社会秩序失衡,“村霸”出现

随着农村素质较好的青壮年劳动力普遍转移就业造成的农村“空心化”现象引发的乡村治理空间萎缩和国家政权从基层社会中的撤离带来的乡村社会治理结构的相对封闭化。农村基层社会的社会秩序发生了变化,人口结构的变化使得乡村产业结构难以优化吸收就业人员,此外,党建乏力使得农村宗族势力有所抬头,农村基层社会秩序“黑恶化”倾向出现苗头,妄图用不法手段牟取暴利,并以各种手段操纵和干扰正常的生产生活秩序。“村霸”不仅对普通的群众生活造成干扰,更有甚者对基层组织造成威胁。“村霸”擅长使用“软暴力”,以威胁、恐吓、骚扰等手段对普通群众进行侵犯,并以操纵、贿赂等手段干扰基层民主,妄图赢得选举,洗白身份,向体制内渗透,对基层社会稳定和政权安全造成了严重威胁。更有一部分党员干部甘于为“村霸”利诱,腐化堕落,或者直接指使和培养符合自己利益诉求的“村霸”,为己所用,成为自己长期把持村务、霸占集体经济产业和欺压普通群众的工具,基层政治生态有恶化趋势。

3. 乡村社会文明衰败,人才流失

经济发展落后和社会结构蜕化造成了乡风衰败和人才流失。青壮年劳动力的外出就业和老弱病残的留守使得大量乡村人口呈现两极分化的分布格局。这种国家宏观政策演变带来的社会变化引发了人口衰退,并造成了乡村社会的衰退,在乡村社会结构与秩序,乡村文化习俗与传统等方面带来了前所未有的影响。一方面,乡村人口的萎缩引发的“空心村”现象使得传统乡土社会因为人情关系产生的道德文化“软约束”的人际关系制约能力和社会秩序构建能力急剧下降。乡风文明建设始终跟不上社会经济发展的速度，恪守传统的老年人和青年一代在社会心理和价值评判方面不同导致乡村文化的断代，损耗了乡村文化的生命力，加剧了乡风文明的衰败，并且文化价值冲突导致的乡村新生一代优秀青年难以留在乡村，城市青年由于文化异质化的缘故更难以进入乡村社会发展。乡村振兴面临着文化振兴和人才振兴的双重制约。这一切都在于乡村社会整体衰败却又缺乏坚强的组织领导，缺乏对当前衰败的乡风文明和人才流失进行组织整合和方向引导。因此，构筑以社会主义核心价值观为引领的乡村文化体系和以党的基层组织为纽带的乡村基层人才储备和培养开发的链条，将优秀人才引回乡村成为乡村振兴强有力的人口基石。

二、政社联动：实践思路与实践特征

河南省淮阳县地处豫东南周口市，人口 149 万，县域面积 1406.6 平方千米，下辖 7 镇 11 乡。当前淮阳针对扶贫领域和工作作风出现的一系列问题，采取综合治理的方式对基层的政治生态和社会生态进行综合治理，从县委抽调人员组建工作组，确保治理资源下沉一线，直接渗透到乡村社会。淮阳县将党的组织优势转化为治理优势，创新治理工作的形式方法和机制模式，取得了较好的治理效果，总结出了较为清晰的治理思路和具有地方特色的治理措施，形成了独特的治理特征。本节通过对淮阳样本的梳理总结，以求为下一步脱贫攻坚和乡村振兴奠定基础。

（一）淮阳基层组织治理的新思路

淮阳县面对农村基层党组织“软弱涣散”和乡镇监督缺位管理失效的危险局面，采取自上而下的治理途径，从县委开始行动，组建综合治理工作组专项进驻乡村一线，主动下沉，解决问题突出和矛盾纠纷严重的重点村进行综合治理，努力以综合治理为特色手段推动乡村振兴战略的实施。从具体思路上，主要可分为三项。

第一，要“以打开路”，先破后立，从而优化基层政治生态，净化农村社会秩序。淮阳县从 2018 年 8 月 1 日开始，计划用三年时间进行综合治理，力争至 2020 年底实现治理百村以上目标。在县委县政府统一领导下，淮阳县集中组织优势力量，采取强力措施，依法从严、从快、从重打击扶贫领域腐败和作风问题群众反映强烈的涉及民生、村经济发展、村组织建设，社会治安秩序等方面的各类违法犯罪活动，力求达到以治理关键少数党员干部管住普通绝大多数村民，打击少数害群之马的“村霸”分子净化乡村社会秩序，治理少数“软弱涣散”基层党组织，唤醒基层党员干部为人民服务意识和激发先锋模范作用。

第二，要组织重建，轴心带动，以党建引领乡村治理，建强支部，领导群众。正所谓“富不富、看支部”。通过基层党组织的建设坚定政治方向、强化政治领导、夯实政治根基、涵养政治生态，将党员干部的培育塑造作为农村基层党建的切入口，打造一支能代表和实现群众利益又能落实党的各项路线、方针、政策的乡村治理队伍。通过合法程序选入“三委班子”，以功能小组的形式发挥普通党员在带动群众勤劳致富，解决邻里日常纠纷，保护乡村环境维护卫生，转变陈旧落后观念等方面的作用，用党建凝聚村民心，用产业铺就致富路，每一位优秀的基层干部都能带动一方群众的向党之心，真正将党员的先进性融入乡村日常生活生产中。

第三，要加强机制建设，促进规则内生，确保基层自治良性运转，制度塑形治理体系。构建乡村振兴的制度支撑就是要把党组织的制度支撑框架作为乡村振兴制度设计的核心机制，然后以党内民主带动和丰富人民民主，以党内制度塑形带动人民群众对基层民主政治的制度认同。重建农村民主的治理体系，培育村民自治主体，带动农民组织化，以产业组织、文化组织和技术组织来重塑乡村自治基本形态和组织框架。引导乡镇政府在基层治理中与乡村自治主体互动合作，积极培育基层自治的意识、制度和空间。确保在综合治理工作组结束驻村之后依然可以保证体制机制的正常运转，保障基层自治走向良性发展之路。

（二）淮阳基层组织治理的新举措

1. 创新治理机制：纪委牵头，部门协同，联合作战配合良好

淮阳县在进行综合治理工作的一开始，就紧密依靠党的组织结构和制度优势整合各方面的力量进行“联合作战”和“大兵团会战”。为深入开展全县扶贫领域腐败和作风问题专项治理，确保全县打赢脱贫攻坚战，县委县政府根据上级指示精神和工作要求，决定在全县开展扶贫领域腐败和作风问题百村治理工作。该工作主要围绕扶贫领域腐败和作风问题，并结合巡察村居、以案促改、扫黑除恶专项斗争及“打伞”、解决重复信访举报、干部

作风大整顿等工作,对全村扶贫领域腐败和作风问题等开展治理。

淮阳县成立了由县委主导,县纪委牵头,公检法协同配合,组织、信访、扶贫、民政等部门积极参与的四支综合治理工作组,积极主动接访,上门询访,长期驻村,确保治理力量长期下沉治理工作第一线,切实了解和掌握基层治理中出现的问题。并在各个工作组驻地成立临时党支部,解决了工作组成员长期不在单位而产生的党员政治生活问题,并且在农村实际生活工作里头学习了党章,增强了党性。不仅是从日常的驻村工作中化解排除矛盾,并且积极向群众宣传教育党惠农政策和方针,以求确保党的政策宣传无死角。纪委监委部门在监督执纪问责方面的职能优势有力地推动了综合治理工作组在驻村工作的展开,排除了来自乡镇和其他部门的干扰,保障了工作组的成员能够全心全意投入综合治理工作中。

在纪检监察部门的牵头下,多部门联合作战,派遣主要领导参与一个村的治理,体现了中国政治现实下的领导"高度注意"的政治态度,提高了工作组的政治权威,保障了联合机制不受干扰。各部门分工协作,在各自部门上级的直接领导下进行治理,减少了信息成本,提高了治理效率。

2. 创新治理方式:主动出击,力量下沉,长期驻村干群协同

在综合治理工作中,淮阳县创新工作机制和工作方法,不仅干部下乡参与乡村治理,而且工作组直接主导乡村治理全局。淮阳在巡查村居工作完成后就确定需要治理的重点村,然后工作组迅速进驻。按照宣传发动无死角、线索摸排全覆盖、依法打击零容忍、以案促改长震慑、健全组织促长远、建章立制重遏制六步工作法来进行。积极发动群众揭发检举村子党员干部的违法乱纪行为和乡村恶霸势力、宗族势力、门派势力的分布情况,进行出门迎访,主动走访,重点追访,跟踪回访,积极同老百姓交流,摸清村子既有的情况底细,将线索要点汇集成册,为依法打击、从严治理确定目标和方向。

开群众动员大会,对于黑恶势力和贪腐分子,可以立案追究的就运用法治手段严厉打击,该给予党纪政纪处分的就落实处分,通过这种警示教育,挽回党心民心,重建乡村治理的信任基础。然后密切联系群众,思群众所想,解百姓之忧,重点加强对广大群众所关心的涉农惠农优待政策和资金补助的评选发放等问题进行治理,采取公平公正公开的方式评选和认定资格,增进老百姓对于国家政策的满意度,提高党组织的公信力。在长期驻村期

间,工作组成员发扬“5+2”“白+黑”的精神,有的甚至几个月不回家,坚持驻村工作,用实际行动成功实现了转党员观念、转干部作风、转群众思想的“三转”目标。

> 2019年6月,朱集乡南陈楼村开启了综合治理。整个过程紧凑,从2019年6月30日上午到2019年7月30日工作组全程无休,密集开展工作,开会调研,走访群众,研判案情,对接项目等等,虽然驻地与县城很近,但是工作组成员做到了长期驻村,深入群众,依靠村民、党员和干部协同参与治理。而在王店乡白楼村和城关镇小孟楼村开展专项巡察和综合治理工作中,工作组研究制定了详细的工作方案,按照方案要求,重细节、强措施,明确职责任务,做出具体分工,组建了走访座谈组、信访接待组、案件查办组、信息外调组、宣传报道组、公安突破组、后勤保障组等职能部门,各小组各司其职,各尽其责,相互协助,全力配合。坚持每天一碰头,每天一安排,每天一总结,每天一汇报。工作节奏紧凑,效率至上,干部们长期驻村,虽然离家都不远但是没有允许都不擅自离开驻地。各个工作组的领导同志以身作则,身先士卒,沉下心来为老百姓做实事。

朱集乡、王店乡和城关镇的案例反映了淮阳的治理实践做到了实处,把力量下沉一线,从而将干部下乡变成了干部驻村,从农村社会基础着手来解决问题。

3. 创新治理重心:典型治理,组织重建,建设村居培育乡镇

淮阳综合治理工作的目标就是通过自上而下的治理路径来解决基层政权治理无力,乡村党组织和自治组织“软弱涣散”的局面,通过这样一种针对乡村社会总体治理的方式重建基层组织,提升乡镇治理能力,实现基层治理的可持续化和治理能力内生化。所以,淮阳综合治理重点以社会治理来解决基层政治生态和乡村社会环境问题,以组织重建来解决基层治理的组织支撑,培养乡镇主体来履行监督指导职责。按照构建现代乡村治理体系的思路充分发挥乡镇政府服务农村和农民的作用,加强乡镇政府公共服务职能,加大乡镇基本公共服务投入,使乡镇成为为农服务的龙头。切实发挥

乡镇在乡村治理中的作用,将乡镇作为推进乡村振兴的前线指挥部。选取大连乡郭寨行政村作为培育乡镇治理主体的试点单位,在具体工作中乡委乡纪委对照县委第二工作组的工作方式和机制来进行综合治理,从而培育了该乡的治理能力和主体意识,逐步扭转了该村治理的不利局面,为进一步推进淮阳乡镇治理能力提升和培育乡镇治理主体地位做出了典型示范。

新站镇曹堂村是近几年各方面问题较为突出的典型村,根据县委书记办公会研究意见,成立了由县委副书记岳新坦任组长,县委常委、纪委书记、监察委主任王之梦和县公安局局长李风丽任副组长的淮阳县曹堂村专项治理领导组。在治理阶段之后进行制度重塑和班子重建,通过前期走访、广泛座谈和个别座谈,摸清群众的想法和需求,在曹堂村4个自然村悬挂求贤箱4个,大小街道张贴“求贤榜”100张,向全体村民公开征求意见,广纳贤才。通过座谈、访谈、推荐等方式共梳理汇总村级干部后备人选24人,组织组召开专题会议集体研究,经过层层筛选后,确实提出初步人选18人;18人选名单经工作组审核把关后,确定将7名村后备干部人选暂定为临时村级班子人选。通过县委工作组的精心安排,曹堂村面貌焕然一新。

曹堂村就是通过典型治理来解决干部队伍建设问题,实现乡村组织的重建和优化,补充新鲜血液到农村基层治理的队伍里,提升了村级组织的自我完善和革新,加强了村级事务的领导能力。

(三)淮阳基层组织治理的新特征

1. 目标导向:先破后立,以案促改,全面治理无死角

淮阳综合治理具有显著的目标导向特征,从百村巡察开始,发现和找到治理切入口,综合治理工作目标紧密围绕“以打开路”,努力回应人民群众的治理期盼。坚持把保障和改善农村民生、促进农村和谐稳定作为根本目的,坚持问题导向,把夯实基层基础作为固本之策,以扶贫领域腐败和作风问题专项治理为切入点,深化巡察结果运用,结合扫黑除恶、村级组织建设、化解信访矛盾等工作,将以案促改贯穿始终,推进乡村治理实践,对基层政治生态、社会生态综合施策,进行依法治理、源头治理、系统治理。其意义就

是建立健全党委领导、社会协同、公众参与、法治保障、科技支撑的现代乡村社会治理体制,以自治增活力、以法治强保障、以德治扬正气,健全党组织领导的自治、法治、德治相结合的乡村治理体系,构建共建共治共享的社会治理格局,建设充满活力、和谐有序的乡村社会,不断增强广大农民群体的获得感、幸福感、安全感。

胡悦华、胡悦全、胡自田被群众称为"三兄弟",三人都是淮阳县葛店乡葛店村人。此三人在葛店乡街上臭名昭著,为非作歹,恶贯满盈。20多年前,葛店村西洼的地经过村组同意对外租赁出去,2016年5月,胡悦全三兄弟等人以未见到租金为由,强行向租赁方索要现金2500元。2016年8月,胡悦华未经允许携家人强行搬入葛店邮政支局旧房(村西洼地所在),占用原办公室居住,并在院内饲养家禽,种植蔬菜等,胡悦全也趁机占用院内房屋一间。两人霸占院内房屋至2017年2—3月份时,又伙同胡自田等人将邮政支局大门门锁破坏,换上私锁,用土封锁门面,纠集数人对院内负责人张田志和院内机房维修人员进行辱骂、威胁并将他们强行驱离后,在该院内挂牌成立老年活动中心,长期非法霸占该院,乡政府管不了,其他人不敢管,给当地正常秩序和社会稳定造成了严重破坏。2017年8月10日,在县委工作组的严密配合下,公安机关以寻衅滋事罪、聚众扰乱社会秩序罪依法将三人刑事拘留,后三人被判处有期徒刑。

天网恢恢疏而不漏,善恶到头终有报,"三兄弟"的伏法使当地群众拍手称快,议论纷纷。他们对工作组反馈说:"我们这多年未解决的问题,工作组一下子就解决了,感谢你们工作组,有你们在,我们真的安心了。"

2019年3月10日,淮阳县王店乡彭老家行政村村民彭西永因涉嫌故意伤害罪被公安机关刑事拘留。2019年3月15日,淮阳县王店乡梁桃行政村村民梁要霞因涉嫌故意伤害罪被公安机关刑事拘留。

从葛店乡、王店乡的案例发现,打击影响农村社会稳定的不良分子和违法犯罪行为,解决了村民日常生活的生命财产保障,稳定了社会秩序,防止了黑恶势力、“村霸”向干部队伍和基层政权渗透，为乡村治理奠定了社会基础。

淮阳县扶贫领域腐败和作风问题百村综合治理第二工作组入驻王店乡高庄行政村以来，共处理违纪、违法人员13人，刑事拘留4人，行政拘留9人（其中违纪违法村干部2人，取保候审3人）。2019年3月12日，原王店乡高庄行政村支部书记、村主任叶茂骗取国家花生项目资金补贴13万元，骗取村监委成员工资59898元，套取国家危房改造资金1.5万元，数额较大，涉嫌贪污、诈骗犯罪，已被公安机关刑事拘留，纪检监察机关已给予其开除党籍处分，并向县检察机关提出了起诉意见。

通过治理基层“微腐败”和整顿作风问题，“以打开路”，振奋了民心，起到了淮阳县委马书记讲的“抓坏人，办好事”的效果，体现了“有黑扫黑、无黑除恶、无恶治乱、无乱治软”的总体思路。将腐败分子一网打尽，落实好国家惠农政策和资金，使得乡村治理的政治生态焕然一新。

2. 过程联动：巡察在前，治理在后，扫黑反腐相结合

推进有效治理过程离不开环环相扣的步骤，淮阳综合治理强调“一招求多效”，即用好综合治理，实现治理过程的有效联动。在实际工作中淮阳县总结出了以集中治理工作全程贯彻，“五个结合”和“六个工作重点”相互联系的工作流程。五个结合指的是与村居巡察、信访举报、扫黑除恶、以案促改、作风大整顿相结合，六个工作重点指的是“一治二打三转四建五评六送”六步工作法。

“一治”为集中治理。工作组入驻后，坚持以人民为中心的发展理念，根据前期巡察村居移交的问题线索，针对群众反映强烈的扶贫领域腐败、干部作风问题、黑恶宗族势力、基层组织瘫痪等热点问题，运用巡察村居成果，迅速筛选和研判问题线索，开展集中治理。

坚持“两打”强震慑。工作组坚持“以打开路”，把打击锋芒聚焦于扶贫领域腐败和作风问题反映集中，群众反映强烈的人员，确保打准、打狠、打出声威、打出成效。（1）坚决打击村干部贪占、诈骗扶贫资金，吃拿卡要、优亲

厚友等损害人民群众利益的违法违纪乱象。(2)坚决打击村内邪恶势力、宗族势力、缠访闹访、寻衅滋事、为害乡邻、诈骗扶贫资金乱象,特别是深挖严查“村霸”和宗族黑恶势力背后的“保护伞”,坚决铲除黑恶势力滋生土壤。

落实“三转”树新风。通过召开乡村干部会、党员大会、群众代表会,让乡镇党委政府负责人、乡镇干部、党员和群众代表参与治理全过程,使乡、镇党委政府从不敢直面矛盾、不善攻坚破难转变为到现在敢于担当、积极作为,成功实现了转党员观念、转干部作风、转群众思想的“三转”目标。

强化“四建”筑基石。一是要加强村级组织打基础。建立健全村三委班子和加强村级组织建设,净化政治生态,确保“三委班子”的为民意识、党性原则。二是要健全规章制度扎“笼子”。根据淮阳县纪委监委积极构建的“微权四化”工作法,制定两审、两议、一公开、一监督,扎紧制度的笼子,规范干部行为。三是要推进平台建设强服务。通过村室建设、扶贫车间建设等项目,为越来越多的贫困户打开脱贫致富的大门,同时也成为培育乡土产业的助推器。四是要建立长效机制求持续。根据谁治理、谁跟踪、谁指导、谁服务的原则做实做细治理后的“后半篇文章”。

“五评六送”扬正气。通过评选“好婆婆、好媳妇、五好家庭、致富能手、致富带头人”,送温暖到贫困户,送项目到村(文化广场、路、农网改造等),送医疗、送文化、送技术、送思路下乡等活动,在打击乡村歪风邪气的同时,又坚持弘扬新风正气,着力选树先进典型,倡树新风正气,营造崇德向善的良好氛围。

在淮阳县邢吉屯村集中治理工作实施当中,发现长期存在四种问题。第一,基层组织长期瘫痪。该村19年换了13任支部书记,20年来村支部很少发展党员,属于典型的基层组织涣散村。第二,派系斗争错综复杂。村中共有四派势力,分别为张辉、李德忠派,张洪富、张洪玉派,张洪全派,张军派。四派人员均担任过村支部书记或村临时负责人,他们之间相互拆台,谁当干部告谁,其中张军为“告状专业户”,先后告掉过三任村支书。第三,以权谋私公然盛行。原来的几任村干部都想着以权谋私,谁当干部都是考虑着自己的利益,虚报冒领干部工资、虚报地亩补贴、套取低保、截留危房改造款,在几名村干部身上都不同程度发生。第三,截留挪用触目惊心。邢吉屯村原支部书记张辉,在2012年至2014年期间,利用其担任支部书记职务便利,陆续收走危房改造户的折子和身份证,在不同地点的农村信用社私自支取了村民的危房改造款,截留16户500~5000元不等的危房改造款,共截留危房改造款34000元。

通过巡察治理、扫黑反腐相结合,过程联动,现在的邢吉屯村发生了很大的变化:一是党员群众主人翁意识明显增强。现在党员群众经过转思想、转作风、转观念,主动清理大街小巷垃圾,并发起了垃圾不出门行动,各家产生的垃圾装入垃圾袋,有序地投入村内放置的垃圾桶中,自觉参与村级事务、相互关心、礼让已成常态。二是村干部作风明显转变。现在的邢吉屯村班子团结,为民意识、工作效率明显提高。村级事务都由群众说了算,所有事务都让党员、村民代表参与其中,做到了公开、公平、公正。同时,工作组结合该村烟叶种植实际,引导村民扩大烟叶种植产业规模,村支书李有军主动种植100亩,并吸收贫困群众进入种植合作社,从事烟叶种植和加工,以项目带动收入,巩固脱贫成果。三是乡风文明得到提升。通过评选"好婆婆、好媳妇、五好家庭"等活动,以前儿子住瓦房、孙住楼、老头老婆住村头的现象基本消除。2019年3月,邢吉屯村全体村民为工作组送来锦旗"抓坏人顺应民意,办好事深得民心"。

邢吉屯村是典型的将淮阳综合治理思路全流程运转的村,从扫黑和反腐着手,为整顿基层社会秩序和治理干部队伍腐败问题打开局面,然后以此震慑人心转变作风,再实现村级组织队伍建设,发动群众设参与治理,通过一系列评选活动来树立正确的乡风文明,进而为推进产业发展奠定基础。

3. 以点带面:治理一村,震慑一乡,典型示范有成效

在淮阳综合治理过程中组建了四支工作组进行综合治理,面对淮阳20个乡镇农场的治理局面,选取"典型村"和"重点村"并进行重点治理,以求达到"以点带面"的震慑效果,成为淮阳治理实践的一个重要特征。淮阳治理的关键在于通过有效的基层治理和重建,培育乡镇在乡村治理中发挥

作用。因此,选取信访维稳矛盾突出,群众意见反响巨大,乡镇治理无能为力的重点村进行重点治理能很好地起到典型示范效果,既能达到治理一村震慑一乡的目标,又能为乡镇治理提供很好的治理素材和工作模式。

淮阳县安岭镇垮陈行政村,位于淮阳县安岭镇北部,十几年来,村级组织不健全,村支部软弱涣散,村班子成员内斗不和,导致村内各项工作停滞不前,在群众中造成了恶劣的影响。村级组织不健全,村内几股势力长期交织,黑恶宗族势力长期把持基层政权;党的政策、村级事务、各项惠农资金不公开、不公示;村组干部随意支配、优亲厚友,党员干部思想落后,没有理想信念,没有政治立场,没有自己主见,群众没有知情权、话语权、参与权等;这些因素导致垮陈行政村如一盘散沙,党在基层的工作不能顺利开展,脱贫攻坚不能精准到位,村内经济不能健康发展,群众怨声载道,信访量居高不下。2018 年 11 月 20 日,淮阳县委派驻工作组,对垮陈村进行综合整治,并对村组织进行重建。2018 年 12 月 26 日,按照"我的意愿我做主",垮陈村举行致富带头人公选大会,以 10 户推荐一名代表为基础,按照党员代表推荐和自荐两种形式,推选干部候选人,通过公开透明的演讲竞选方式,党员、群众现场投票,当场公布入围人员名单,从 15 名候选人中,8 位致富带头人脱颖而出。伴随着激昂的锣鼓声,村民李运军含着热泪,用冻得发僵的双手紧紧握住工作队员的手说:"这次选出的带头人,是大家公认的好人、能人,我们垮陈村再也不会'垮'了,不用多长时间,我们村一定会变成'夸'陈。"这些接地气、沾着泥香的话语,正说明工作组组织的公推公选活动,已荡涤群众心田,引发群众共鸣,传播党的温暖,彰显治理效能。

此外,垮陈村的变化也为安岭镇其他行政村的治理带来了经验和模板。

垮陈村的变化浓缩了现阶段淮阳治理的时效性。百村巡察,百村治理,从一个典型村的治理改变其面貌,锻炼一支综合治理工作队伍,为下一阶段积累经验教训,也能对周边村产生警示教育,更能通过人才选拔和制度建设为当地留下一支永不撤离的工作队,为其他村的治理带来示范效应。

三、淮阳的探索成效与经验贡献

淮阳治理实践始终围绕乡村基层社会的热点和难点开展,借助当前的各项国家战略,回应群众诉求,取得了一系列成效,也为其他地区探索乡村基层治理工作总结了经验。

(一)淮阳综合治理的成效

1. 政治社会生态环境净化

淮阳实践探索的一个重要成效就是净化了基层组织治理的政治生态环境和社会生态环境,为基层组织治理提供了环境保障。从淮阳的实践中看,基层组织面临的是乡村人情社会的裹挟,在熟人社会中规则和制度往往被认为是可以弹性化处理的,一旦这种人情观和面子观进入基层政治生活中,就会给严肃的组织纪律和党内文化带来严重的损害。所以淮阳治理的成效重点不在于治理了多少个行政村,而在于彻底净化了乡村基层的政治生态环境和社会生态环境,使得基层组织得以在一种政治纪律严明、政治生活严肃的氛围中开展组织工作,提高了基层组织贯彻执行上级精神决定的力度,也提高了基层组织从讲政治的高度参与和推进乡村治理工作的政治决心。

从党员干部到普通群众,对待党的政治主张,对待县委工作组和对待淮阳综合治理的政治信心更足了,可以说淮阳综合治理实践从根本上重塑了党在基层的政治根基,增强了党的政治威望,挽回了普通党员的党心,凝聚了基层群众的民心。另外,从打击社会歪风邪气和黑恶势力来看,淮阳综合治理实践净化了社会风气,整顿了乡村社会秩序,既能为老百姓提供一个安居乐业的乡村秩序,又解决了党员干部日常工作的后顾之忧,避免了乡村黑恶势力对基层组织的操控、渗透和干预,防止出现基层社会的"逆淘汰",保证了社会风气和秩序向着好的方面转化,促使基层组织能源源不断地吸收新鲜力量,扩大党在基层的执政基础。

2. 基层治理运行机制优化

良好的运行机制是基层组织运转的制度保障。如何在乡村基层治理实践中总结出一套运转流畅的治理机制是淮阳综合治理实践的另一成果。淮阳百村巡察工作从一开始就强调县委主要领导的高位推动和各部门的综合配合。这一切离不开党的组织运转体系,通过党内协调,抽调各部门人手组建一支工作组并且发挥各部门成员的比较优势。例如在百村巡察中，来自县委巡察办的工作人员积极主动向下巡察，聚焦线索，发现问题，研判案情，确定目标，将巡察工作作为综合治理工作的“火眼金睛”。

在确定治理目标之后，工作组成员迅速分工合作，来自宣传部门的工作人员布置群众动员大会，宣传党的惠农政策，以期通过宣传来发现群众的政策盲点。信访部门的工作人员积极主动，变群众上访为干部下访，走村进户，根据既有线索找老百姓聊天谈心，发现问题，寻找痕迹，整理案情。公安、纪委部门的工作人员在线索汇总、案情分析之后，可以直接立案的就地转化身份，利用职能优势积极进行案情处理，既能有效衔接对违纪党员干部的教育、挽救和处分，又能对违法犯罪的党员干部和黑恶势力进行依法打击。这样多部门协同参与的治理方式极大地增强了工作组的协同工作机制，为建立健全全县行之有效的综合治理工作机制开创了道路。

3. 基层组织治理能力强化

从淮阳县的治理工作来看，目前农村基层组织的治理能力得到极大的提升，对巩固治理成效起到了组织保障。乡村基层治理的实施的关键在实现乡村自治，减轻自上而下治理途径的成本问题，当前淮阳综合治理实施过程中，每个村进行综合治理的成本大约在 20 万元以上，如果始终不能从基层组织振兴的角度解决基层治理能力欠缺的问题，那么高额的治理成本将会带来沉重的政治负担。因此淮阳综合治理实践突出了培育和强化基层组织治理能力这一目标，并取得了较好的治理效果。

淮阳县将培育治理能力作为基层组织治理的重点，在打掉黑恶势力侵蚀的腐烂班子和撤换政治意识松懈的软弱涣散班子之后，将致富能手、退役军人、离退休干部、创业成功人士等先进分子吸收进干部队伍里，从政治意识和业务能力两方面加强教育和培训，提高新班子的治理能力，并将先进的工作经验建章立制变成可供制度化的规矩，推动制度建设在乡村组织治理中的核心作用。并且，淮阳县不断培育乡村自治组织在基层党组织的领导下参与乡村治理，提升农民群体的参与感和责任意识，丰富乡村自治的形式和内容，以村民自治增进乡村治理的向心力和凝聚力，减少因沟通和协调带来的协商成本，运用自治这一基层民主的应有之义来引导乡村治理的方向，提高基层组织治理能力。

（二）淮阳综合治理的经验

1. 从整体化视角出发，聚焦基层全面振兴

淮阳综合治理实践的一系列特征表明，乡村基层治理有重点、难点，有薄弱环节，虽然要抓住“牛鼻子”，从基层组织治理这一个核心问题抓起，但是一定要有整体化的视野聚焦基层社会全局。乡村社会是一个各种要素相互渗透并聚合的复杂有机体，是农业生产、农民生活、农村文化的聚合地，具有独特的政治、经济和文化特征。从乡村治理到推动乡村振兴，基层组织的治理与振兴是破题的关键。但是必须要从乡村社会的全局视角出发找到制约乡村社会良性发展的主要问题和深层次原因。

回顾淮阳综合治理的重点与过程，不难发现制约淮阳的主要问题在于乡村社会黑恶势力的蔓延发展和基层腐败问题的愈演愈烈。基层社会环境和基层政治生态的恶化，从表象看是由于基层组织衰败引发基层治理体系的瘫痪，从而导致必须从县委开始高位推动综合治理。但是究其根本原因，还是当前国家发展进程中的城乡发展速度和进程的失调，导致了乡村社会的整体性衰落，乡村经济发展缓慢，乡村人口急剧下降，乡风文明持续衰落，乡村生态破坏严重。上述种种导致了乡村社会的整体性衰落，从而导致乡村问题在社会秩序和政治生态两个方面显现出来，淮阳的成功经验在于将村居巡察、信访举报、扫黑除恶、以案促改、作风整顿结合起来，并且通过“一治二打三转四建五评六送”六步工作法从社会治理、组织治理、乡风治理、产业治理诸多方面整体性解决困扰基层组织的一系列问题，为组织治理助力乡村治理，组织振兴带动乡村振兴奠定治理基础。

2. 以系统化思维推进，功能互补协同振兴

淮阳治理的整体性视角不只是治理领域数量的叠加，而是系统化梳理治理格局之后，从基层组织治理着手，从功能互补的角度提高组织治理能力，协同助力组织振兴，再以组织振兴推进乡村振兴。乡村振兴战略作为新时代“三农”工作的总抓手，是要从乡村产业振兴、乡村人才振兴、乡村文化振兴、乡村生态振兴、乡村组织振兴五个方面做起，这是习近平总书记对实施乡村振兴战略目标和路径的明确指示。淮阳要实现精准脱贫攻坚战和乡村战略有效实施，系统化治理是解决乡村治理问题的最终途径。乡村振兴的五个方面，组织振兴虽然放在最后，但是却决定着乡村治理能力和内生发

展能力,与乡村人才振兴高度相关,对乡村产业、文化和生态振兴具有直接影响。要加强农村基层党组织对乡村振兴的全面领导,推动乡村振兴各项政策方针的顺利实施。提升组织振兴引导的协同振兴能力,将乡村产业的构建和管理,乡村人才引进和培育,乡风文明的建设和促进,乡村生态的修补和维护等方面纳入考核组织振兴的工作中去。从基层党组织的治理推进党的建设,发挥党组织的政治领导力,系统分析当前乡村振兴中的治理难题,五个振兴一起抓,系统协调和同步推进,将淮阳综合治理中形成的经验优势转化为乡村振兴的有力支撑。

3. 以制度化理念塑造,规则内生体系振兴

淮阳综合治理实践中摸索的工作经验和模式要在经过总结之后上升为行之有效的规则体系,形成制度化的规范准则,并且要将这些规范准则转化为群众认可和接受的价值观念,落地生根于民心当中,从而为淮阳治理的可持续奠定制度基础。乡村治理体系和治理能力的现代化离不开现代化的制度体系。构建符合乡村社会认可的制度体系有助于增强乡村治理的合法性,一方面,基层党组织的政治制度要运转起来,以党内制度文化引领和构建乡村治理的制度文化;另一方面,把非正式的乡风乡约规范化为村民认可的乡规民约。通过这种方式促进村民自治,把党组织的政治优势转化为认同优势,促进党风文明建设向乡风文明建设的渗透。利用党的高势位的政治价值塑造村民的价值观念,从而为构建"三治合一"的现代乡村治理体系奠定价值观念基础,促进制度规范在群众心理层面的认可和接受,并且通过一系列方式,例如,评选乡风文明先进分子,强化村民对先进道德文化的认同来加强制度规范的建设;培育群众性自治组织的活动能力来加强村民对自治制度规范的熟悉和认同,进而促进群众对于基层民主和基层群众自治制度的认同。通过价值引导和教育,逐步培育村民对制度规范的认同和对人情社会的排斥,真正实现制度规范在乡村社会的价值构建,实现现代乡村治理体系的规则在村民心理层面的建立。

四、以组织治理夯实乡村振兴的组织基础

以组织治理带动乡村治理,以组织振兴推动乡村振兴。把组织治理作为乡村振兴战略的一个精确切入口,将组织治理作为组织振兴的有效抓手,

是夯实乡村振兴的组织基础。

立足淮阳发展的全局，继续结合国家当前战略部署，从打赢精准脱贫攻坚战、扫黑除恶、全面从严治党等领域寻找契合淮阳实情的耦合点，以综合治理为特色手段，助力乡村振兴战略实施。要把社会秩序整顿和作风问题作为重点治理对象，以此作为打开淮阳乡村振兴的金钥匙。从构建淮阳乡村治理的队伍建设和体制机制建设着手，逐步实现党的领导下的村民自治制度的完善，抓住农村基层社会党组织建设、党组织治理这个牛鼻子，把农村基层党组织的治理和振兴作为提高整个农村各类组织振兴的动力引擎，构筑以党组织为轴心的农村组织联动体系。通过组织化运作，将资金、人才、产业、技术等要素投入乡村振兴的全局中。

（一）深化组织治理，加强组织建设，提高党建水平

淮阳综合治理实践的初步成功表明了乡村治理的实现离不开党组织的有效治理的实现。当前基层党组织存在着党建虚化、支部蜕化等问题，不仅影响党的形象，而且会对乡村治理带来负面作用，加强基层党组织治理，对推动乡村治理有着重大的推动作用。通过农村基层党组织治理，一方面治理农村基层党组织软弱涣散的局面，另外一方面以坚决的行动打消了普通群众的疑虑，赢得了百姓的拥戴和信任，为乡村治理挽回了民心基础。最后通过基层组织的重建，打造一支精干高效的基层治理队伍，在实际行动中提高农村党建水平和质量。

淮阳实践表明，将综合治理和乡村振兴实现耦合联动，需要加强监督机制建设，避免出现农村基层党组织建设的二次弱化、干部队伍的二次腐化、社会秩序的二次恶化。因此要加强乡镇的监督主体地位，继续深化构建淮阳政务平台，利用大数据技术和云计算技术实现数据化管理和动态化监控，实现对全县农村基层党建、干部职权运用和社会治安综合治理的现代化管理，以此提高政策设计水平和质量，将一系列民生福利政策按照淮阳乡村振兴的现实情况，以需求为导向进行优化供给。

农村基层党组织作为实践乡村振兴战略的组织载体，就是要积极培育和提高农村社会组织化水平，以此带动村民自治组织的自治能力提升和村务监督组织的监督效能提高，以及集体经济组织和农民合作组织的组织化水平的提升，培育和引导其他经济社会组织发展，从而实现基层党组织领导

下的农村组织的内生动力的培育。以农村组织内生动力培育为突破口，构建乡村振兴的治理架构和运载体系，逐步减少来自上级的干预，将乡村振兴的五个方面纳入不同类型组织的振兴内涵。尤其要做到以基层党组织振兴作为动力引擎领导全局，以集体经济组织健康发展来振兴乡村产业兴旺，以村民自治组织有效运行来吸纳人才、推动人才振兴，以激发农村社会组织活力来振兴乡村文化，以农民合作组织构建现代绿色生态农业实现生态振兴。以此将乡村振兴的不同内涵与不同组织耦合起来，在各自领域培育振兴内生动力，推进组织自我振兴，进而推进乡村振兴。

（二）以组织治理为龙头，引导“五个振兴”新方向

组织治理是为了完成组织振兴的目标，给乡村振兴提供组织载体和政治保障，因此组织振兴是乡村振兴的动力引擎。而乡村振兴的五个方面必须要从组织治理来作为起点，引导乡村振兴五个方面与党的农村基层组织治理与建设结合起来，作为乡村振兴的工作方向。

农村基层党组织是乡村社会的定海神针，在巩固党的执政基础，宣传贯彻党的政治主张，密切联系群众和政府，维护社会稳定等方面发挥着重要的作用。组织振兴不仅仅是要发挥党组织的基础功能，而且要从讲政治的高度将一个一个的党支部打造成党在基层社会的战斗堡垒，确保党对乡村振兴工作的正确领导。从这一点出发，就要把政治功能突出作为组织治理的重点和组织振兴的主要抓手。《乡村振兴战略规划（2018—2022年）》明确提出，要科学有序推动乡村产业振兴、人才振兴、文化振兴、生态振兴和组织振兴，五个振兴一起抓，关键要提高农村基层党组织的组织力，坚持“党建+产业”“党建+人才”“党建+文化”“党建+生态”，把农村基层党的建设贯穿进乡村振兴的全局中；坚持政治领导、政治引领、政治带动，把党的主张变为各级党组织和干部群众的实际行动。从淮阳县的当前实践来看，通过一段时间的有效治理，农村基层社会秩序和基层党组织的局面已经有所好转，组织治理的目标初步达成。如何将组织治理的成果转化为引导“五个振兴”的龙头，将组织治理的工作嵌入“五个振兴”将成为下一步的方向。淮阳的一系列措施对农村基层党组织的建设起到了极大的促进作用，整顿了农村基层组织的党风政风，提升了组织力，增强了政治引领功能。

所以，从组织治理来看对“五个振兴”的具体作用，在产业振兴角度上，

淮阳的综合治理实践为产业兴旺的局面打开了道路,既解决了当下农业生产中的乡村秩序问题,又为乡村产业发展奠定了良好的社会基础;从人才振兴视角看,淮阳的综合治理发挥了县委马书记所讲的“抓坏人,办好事”的功能,坏人被抓干净,留下的就是好人,再打造良好组织环境,引进人才,让有心为老百姓办好事的退伍军人、离退休干部、致富能手、在外创业人士回乡参与乡村治理,成为乡村干部,再把这些优秀分子逐步培养发展成为基层党组织的中坚力量,人才振兴得以实现;从文化振兴来看,淮阳通过“好婆婆好媳妇”等一系列特色活动的评选工作,将传统文化里的和谐因素同乡村社会的生活秩序结合起来化解社会矛盾,调解纠纷,以良好的乡风构建乡村秩序,打造乡村振兴的文化平台;在生态振兴方面,淮阳各个乡村的村居环境和生态保护在组织治理的成效带动下从垃圾整治开始,将村居环境建设打造成亮点,改善居住环境,营造乡村振兴的生态美化平台;最后在各项实践中推动组织振兴,产业、人才、文化、生态是组织振兴的前提,组织振兴要看成效就要看组织是否起到了龙头作用,引领了乡村振兴的方向,撑起了乡村振兴的大旗。所以,继续深化组织治理,融合进“五个振兴”的方方面面,是引导乡村振兴的方向和旗帜。

(三)培育好“引路人”,选拔好“领头雁”

淮阳综合治理实践为我们思考农村基层组织治理,推动乡村振兴点亮了思路,指出了方向,如何从实践角度继续推进,那就需要培育好“引路人”和选取好“领头雁”。

乡镇党委政府,作为直接面对农村基层社会和农村基层党组织建设的责任主体,在乡村振兴中应当发挥“引路人”作用。淮阳县委直接对村级组织进行治理,整顿村社会秩序的缘故就是乡镇主体治理乏力、监督失衡,不仅是乡镇政府的力不从心,其实也是乡镇党委对下级党组织的监督管理没能很好地发挥作用。下一步淮阳的综合治理要着重于培育乡镇作为监督管理村务的主体力量。乡村振兴需要党的坚强领导,乡镇党委作为农村基层组织,有着深刻的组织优势和群众基础,相比村级党组织,乡镇在获取和分配资源,协调各方利益群体和村民之间的利益格局,落实各项扶贫和惠农政策等方面具有组织层面的优势,能更好地发挥对村级党组织的领导监督职能。而作为最基层的乡镇政府,在联系村民委员会、村务监督委员会、农民合作组织和其他经济组织,调拨资金,扶持农民组织成长的过程中,直接与村民打交道,能更好地了解群众心声,减少信息成本,熟练运用各种“土政策”和“土办法”去解决乡土问题,真正为老百姓解决实际生活生产中的各类问题。不管是“扫黑除恶”还是治理基层“微腐败”,都要让乡镇党委政府处于第一线的位置,而类似“送医下乡”这样的民生福利也应该由熟悉村务的乡镇党委政府去协调和争取,至于评选“好婆婆好媳妇”这样的活动,更是应该在乡镇主导下去发掘日常生活中的好人好事儿来促进乡风建设,以及培育和建设村级党组织,吸纳和教育党员干部。发挥好乡镇主体作为“引路人”的角色,牵引村级组织听党的话,跟着党走,牵引着村民共同参与乡村振兴全局。

选好班子,配好班长,是扎实解决乡村振兴最后一公里问题的关键,乡村振兴必须依靠“领头雁”的振翅高飞来带动“雁阵效应”。一是要打造一支永不走的工作组,为治理过的村招贤纳士,牢固村级组织的人才基础。二是要以良好的“三委班子”来发挥领导作用,广泛吸收各类人才。例如淮阳县大连乡郭寨村引进本村在山西创业成功的致富能手回村担任村支书,发挥其在药材行业的种植技术经验、产品加工优势和行业销售渠道,实现了一个人带动一个村的典型案例,这样的示范样本在淮阳正在生根发芽,撒种成林。而这样的样本典型正是在淮阳综合治理的过程中涌现出来的,发掘、引进和培育“领头雁”,打造乡村治理的村级班子,将乡镇放在监督管理的第一线,并发挥党组织的政治引领功能,加强乡镇党委自身建设和村党组织建设,抓好发展党员工作,加强党员队伍建设,维护和执行党的纪律。以党的政治纪律和政治规律牵引和约束村级组织党员干部的思想和行为,确保沿着乡村振兴的大局发挥出“领头雁”的作用。

第四章　信息先导　政社衔接

乡镇政务公开和村务公开作为我国政权建设和民主政治建设中的重要形式,是转变乡镇政府职能、提升基层治理水平、维护村民民主权利、实现农村基层民主的重要手段。在快速工业化、城镇化、农业现代化及新农村建设中,如何让长期探索的乡镇政务、村务公开深入推进、有机衔接和良性互动,如何在政务、村务公开的工作中有效推动服务型政府的职能转变,切实保障村民的民主权利,激发农业、农村和农民发展的内部活力,这是当前农村改革、发展和稳定中的重大问题。国务院办公厅印发《2017 年政务公开工作要点》,要求"全面贯彻党的十八大和十八届三中、四中、五中、六中全会精神","全面推进决策、执行、管理、服务、结果公开,加强解读回应,扩大公众参与,增强公开实效",表明政务、村务公开不能仅仅作为满足人民群众知晓政务、村务活动的重要形式,同时也应该是集公开、解读、回应于一体的立体式公开,为各地进一步深化乡镇政务公开与村务公开工作确定了原则和方向。

改革以来,乡镇政务、村务公开水平在广度和深度上持续推进,呈现出一些新态势,包括公开制度从地方探索到立法规范,公开内容从结果公开向过程公开拓展和延伸,公开形式由乡镇、村单向公开向着乡镇、村和村民的双向互动转变,一些地方在推进政务公开与村务公开的过程中开始探索政务与村务的联动公开,等等。然而,随着实践的不断发展与深入,各地的乡镇政务公开与村务公开工作面临着一些突出困境。主要表现在:一方面,一些乡镇、村在推进政务、村务公开过程中普遍存在以点带面、避重就轻,渠道单一、时效滞后,进展失衡、运作失序等问题;另一方面,一些地方开始探索和推行乡镇政务、村务公开的衔接和互动,但政务与村务公开的衔接出现了脱节。

在当前“乡政村治”的乡村治理格局下,乡镇政府和村民委员会作为乡镇政务公开与村务公开的直接推动者,同时也是乡镇行政管理权与村民自治权的最重要主体,乡镇政务公开与村务公开的衔接问题实际上根源于乡镇政府行政权与村民自治权的互动问题,根源于乡镇、村关系的矛盾与冲突。因此,实现乡镇政务公开与村务公开的衔接和互动,不应该只局限于乡镇政务、村务公开制度本身,而是需要在强化乡镇政府的社会服务功能,强化村民自治的自我管理、自我服务、自我教育、自我监督功能的基础上,合理划分乡镇行政管理与村民自治的权力边界,从根本上理顺乡镇、村关系,推动乡镇行政管理权与村民自治权的有效衔接和良性互动。与此同时,建立政务、村务的联动公开机制,不断健全和完善政务、村务公开制度,从而构建乡镇政务、村务的联动公开格局。

第一节　发展态势:政务、村务公开的规范和衔接

近年来,各地始终坚持把推行乡镇政务、村务公开作为加强基层民主政治建设,转变服务型乡镇政府职能的一项基础性工作,推动了政务、村务公开的深入发展,并逐步向规范化、法制化、制度化轨道发展①。同时,也有一些地方在实践中开始探索政务、村务的联动公开。

一、从地方探索到立法规范:公开制度日益健全

改革以来,随着中国乡村治理结构和村民自治制度的变迁,政务公开与村务公开的制度构建日趋健全和完善,规范化程度也越来越高。

经历了自发形成阶段、政府推动阶段、全面推行和制度化运作阶段,村务公开逐渐由地方性的探索上升为国家层面的立法规范,村务公开制度构建日趋完善,规范化程度越来越高。1987 年《中华人民共和国村民委员会组织法(试行)》颁布,国家开始通过基本法律来规范村务公开,这一时期的村务公开对内容的界定也较为笼统,操作性不强,因而实行村务公开的地方基本上都没有制定明确的村务公开方案或具体制度,具有自发性、随意性、

① 孟庆国,李晓方.全面推进政务公开:内涵诠释、实践特色与发展理路[J].河南师范大学学报(哲学社会科学版),2017(2):19.

公开范围窄等特点①。如河北藁城县将村务公开范围扩大到宅基地分配、集体企业招工、干部考核等方面。有的地方通过公开村务处理过程和程序，以加强对村务的监督。在总结各地做法和经验的基础上，1997 年民政部下发《关于进一步建立健全村务公开制度深化农村村民自治工作的通知》，标志着村务公开工作的全面展开。1998 年颁布的《中华人民共和国村民委员会组织法》进一步确认了村务公开的法律地位。以此法律为依据，全国各地农村分别制定了符合自己实际的具体实施办法，有效推进了村务公开由地方性的探索实践阶段迈向规范化、制度化的全面展开阶段，建立了一系列规范村务公开的相关制度，包括民主评议制度、公开内容备案制度、定期督察制度等。2004 年中共中央办公厅下发《关于健全和完善村务公开和民主管理制度的意见》(中办发〔2004〕17 号)，从村务公开的内容、形式、时间和基本程序等方面提出明确要求，并要求设立村务公开监督小组，听取和处理群众意见，进一步促进了村务公开的制度化和规范化。

政务公开在我国的实践，是从村务公开开始的。经过新中国成立半个多世纪以来尤其是改革开放 30 多年来的发展，政务公开经历了一个从村到乡镇并逐步扩大的过程，目前已成为全国各级政府一项法定的日常工作任务，成为政府治理的基本工具和基本方式。20 世纪 80 年代中期，基层行政管理机关创造了“两公开一监督”形式，即公开办事制度，公开办事结果，监督行政机关及其办事人员。2001 年 12 月，中共中央办公厅、国务院办公厅联合下发《关于在全国乡镇政权机关全面推行政务公开制度的通知》，首次对乡镇政务公开的指导思想、基本原则、公开内容和公开办法进行了明确规定，并要求实行预公开制度、定期审计制度，成立政务公开监督小组，以加强对乡镇政务公开的监督和约束。随后，为进一步推进政务公开的规范化，中共中央办公厅、国务院办公厅先后下发《关于进一步推行政务公开的意见》(中办发〔2005〕12 号)、《关于深化政务公开加强政务服务的意见》(中办发〔2011〕22 号)、《关于建立健全信息发布和政策解读机制的意见》(中办发〔2014〕21 号)、《关于全面推进政务公开工作的意见》(国办发〔2016〕80 号)及其实施细则、《开展基层政务公开标准化规范化试点工作方案》

① 应小丽. 对村务公开制度的演进与运作的思考[J]. 江西社会科学，2002(4)：44-145.

(国办发〔2017〕42号)等相关政策文件,对政务公开事项,公开标准,事项名称、依据以及应公开的内容、主体、时限、方式等要素均作出了明确规定。

表4-1　村务公开的历程与变迁

阶段	主要政策文件	相关规定
自发形成阶段(1980—1987)	1987年《中华人民共和国村民委员会组织法(试行)》	国家开始通过基本法律来规范村务公开等村民自治活动,村级财务公开。
政府推动阶段(1987—1997)	1994年《全国农村村民自治示范活动指导纲要(试行)》	将与村民利益相关的其他村务纳入村务公开的范围。
全面推行和制度化运作阶段(1997年至今)	1998年修改后的《中华人民共和国村民委员会组织法》,2010年再次修改后的《中华人民共和国村民委员会组织法》 2004年《关于健全和完善村务公开和民主管理制度的意见》	将村务公开在实践中扩大公开范围的做法予以确认;进一步健全和完善村务公开和民主管理制度。

这表明,乡镇政务公开与村务公开经过基层探索与初期发展阶段、信息公开为主要内容的重点推进阶段,以及当前全面公开阶段[①],乡镇政务、村务公开通过自下而上与自上而下的结合,逐步实现了从无到有,由少到多,由原则到具体的演变,获得了日益健康的制度环境和日趋完善的机制保障,公开的内容和范围,公开的方式和程序日趋制度化和规范化。

表4-2　政务公开的历程与变迁

阶段	大事记	主要政策文件
基层探索阶段	20世纪80年代山东、江苏等地的“村务公开”探索; 1988年河北藁城“两公开一监督”。	1996年《在中共中央纪律检查委员会第六次全体会议上的工作报告》提出“县(市)、乡镇及行政村、基层站所,要实行政务公开制度”; 1997年中国共产党第十五次全国代表大会报告提出把政务公开作为发展基层民主的一项重要工作; 2000年《关于在全国乡镇政权机关全面推行政务公开制度的通知》。

① 孟庆国,李晓方. 全面推进政务公开:内涵诠释、实践特色与发展理路[J]. 河南师范大学学报(哲学社会科学版),2017(2):20.

续表

阶段	大事记	主要政策文件
重点推进阶段	2003 年政务公开领导小组成立，政务公开与电子政务相结合。	2005 年《关于进一步推行政务公开的意见》； 2007 年《中华人民共和国政府信息公开条例》以及信息公开工作要点； 2011 年《关于深化政务公开加强政务服务的意见》 2013 年《关于进一步加强政府信息公开回应社会关切提升政府公信力的意见》。
全面公开阶段	2014 年十八届四中全会明确提出“决策公开、执行公开、管理公开、服务公开和结果公开”。	2014 年《关于建立健全信息发布和政策解读机制的意见》； 2014 年《关于加强政府网站信息内容建设的意见》； 2016 年《关于全面推进政务公开工作的意见》及其实施细则 2017 年《开展基层政务公开标准化规范化试点工作方案》。

二、从结果公开到过程公开：公开范围不断延伸

随着乡镇政务、村务公开工作的不断推进，乡镇政务公开与村务公开日益制度化和规范化，乡镇政务、村务公开的内容也随之变得更加广泛。从公开内容边界来看，二者公开范围呈现出共同的鲜明特征，即公开范围由结果公开逐步向办事程序、依据、标准和结果等过程公开。

乡镇政务公开在推行之初，其公开内容仅包括乡镇政府行政管理、经济管理活动的事项以及与村务公开相对应的事项等。2005 年《关于进一步推行政务公开的意见》将政府采购、征地拆迁和经营性土地使用权出让、矿产资源开发和利用等政府信息纳入了政务公开范围。可以发现，这段时期乡镇政务公开范围主要侧重于对乡镇及各站所办事事项结果的公开。随着 2007 年《中华人民共和国政府信息公开条例》的颁布，乡镇政务公开开始以政府信息公开为主体内容，标志着乡镇政务公开开始从办事结果公开向办事过程公开拓展。2013 年至 2014 年，乡镇政务公开的范围进一步从行政审批、财政预决算等特定领域向全过程、全方位和全领域公开拓展。但值得注意的是，这段时期乡镇政务公开范围在实质上仍然是局限于对办事结果

的公开。2016年中共中央办公厅、国务院办公厅联合印发《关于全面推进政务公开工作的意见》,明确提出"决策、执行、管理、服务和结果"全过程公开,明确将公开内容的范围从结果公开拓展为办事程序、依据、标准和结果等过程公开。

与之类似,村务公开的内容在立法之初主要是村民委员会办理本村的公共事务和公益事业所需费用的收支账目公开,即以财务公开为主要内容。1990年12月中共中央批转的《全国村级组织建设工作座谈会纪要》提出要"增加村务公开程序,接受村民对村民委员会的监督"。各地在推行村务公开的过程中,在财务公开的基础上,将与村民利益相关的其他村务也纳入了村务公开的范围,一些地方在村务公开的过程中将村务处理过程和程序纳入了公开范围。这些拓展村务公开范围的地方实践,在1998年和2010年修改后的《中华人民共和国村民委员会组织法》均予以确认。2004年,《关于健全和完善村务公开和民主管理制度的意见》(中办发〔2004〕17号),正式提出村务事项要从办理结果的公开,向事前、事中、事后全过程公开延伸。随着村务公开工作的深入推进,许多地方在实践中逐步将村务公开内容由结果公开向过程公开拓展。

表4-3 村务公开内容

地区	主题	主要做法
江苏昆山市	村民关心什么就公开什么	各种集体事务协商情况主动公开,特别是村级重大公共事务、公益事务和涉及群众切身利益等事项的协商情况、决策情况、办理情况。
江苏李口镇	小村质询直播	各村利用每月召开"三务"公开质询会,并现场播放村级重要事项决策过程。
浙江省永嘉县北城街道	五步公开	通过"事前公示、事决公议、事中公察、事后公布、拓展延伸",把村务公开综合运用于公开栏、网络、会议等多种公开载体,形成全方位、立体式公开体系。
湖北省黄冈市罗田县	三个延伸	由侧重于财务管理公开向村公共事务管理公开延伸;由侧重于办事结果公开向办事标准、程序公开延伸;由一般性问题公开向实质性问题公开延伸。

三、从单向公开到双向互动:公开形式日趋丰富

公开形式是展示乡镇政务、村务内容,传递国家政策,实现村民与国家互动的重要方式。2004 年,《关于健全和完善村务公开和民主管理制度的意见》明确提出要充分利用现代科学技术,不断创新村务公开的有效形式和手段。长期以来,各地在实践过程中积累和发展了丰富多样的公开形式,概括起来,主要包括:第一,通过文件、政报、通报、简报、办事手册、宣传材料等形式公开;第二,通过公开栏、公示板、墙报、布告等形式公开;第三,通过政府门户网站、电视转播等手段公开。但很显然,这三类公开形式本质上是一种单方向的信息公开形式,即通过这种公开形式进行政务、村务信息的发布,村民们只能被动地接受乡镇、村公开的信息,既无法反馈他们的意见和评价,也无法检查信息反映具体事实的真实度和准确性①。

随着新农村建设的深入发展和信息化技术的快速发展,"互联网+乡村"逐渐构建起农村公共服务平台,为乡镇、村推行电子政务、村务公开提供了丰富的手段和表现形式。各地在推行政务公开与村务公开的过程中,开始探索运用计算机、互联网和通信等现代信息技术手段,综合利用新媒体、广播、电视、报纸、公示栏等平台,将涉及农民群众利益的乡镇政务、村务信息通过电子化平台告知村民,并鼓励和支持村民参与互动、发表评论、实施监督,增强村民与乡镇、村的交互性。通过"互联网+政务""互联网+村务"的公开形式,乡镇、村将政务、村务信息有效地向村民公开的同时,村民能够有效参与监督并及时反馈,从而实现乡镇、村与村民的双向互动。

以河南省中牟县为例,该县 2009 年开通以村务公开为主要内容的"中牟阳光村务网",并在各行政村页面设置"向您公开、邀您互动、为您服务"三大板块。其中"向您公开"又包括村级组织、村务公开、村务监督;"邀您互动"包括诉求表达、评优推先、建言献策;"为您服务"包括回应答复、满意评论、创先争优。在这种"互联网+"的公开形式下,中牟县各村依托村务网的"向您公开"板块将村务信息及时公开,村民通过电脑、手机获取村务信息的同时,也可借助"邀您互动"板块进行咨询、留言、评论,对政务、村务进

① 张丹丹. 信息化背景下村务公开的现实困境及发展思路[J]. 人民论坛,2013(13):156-157.

行主动参与和监督,以此实现乡镇、村与村民之间的双向、多向的交流和反馈。

陕西府谷:“打开天窗说亮话”

“打开天窗”就是利用互联网和移动通信等信息手段,打通联系群众“最后一公里”,主动接受群众监督,“说亮话”指严格责任追究,坚决查处违纪违规人员,助推府谷党风廉政建设。从2016年开始,陕西省府谷县开始搭建“互联网+阳光村务”平台,利用手机短(彩)信将党务、村务、财务、党风廉洁和便民服务信息同步到户到人,形成有效的监督新模式。

“互联网+村务服务”平台由县级监督平台、镇级操作平台和村民信息浏览互动平台三级组成,平台的功能由综合信息、信息发布、意见收集、信息统计四个模块组成。县纪委负责统计分析村务信息公开情况,处理村民的意见建议、处置举报的问题线索,考评村务服务的整体情况。镇级负责收集所辖村组村民的信息和手机号,以户为单位,每户不少于两个手机号,外出务工人员一人一号,及时更新村务公开信息,村务至少每月公布一次,财务每季度公布一次。村民通过手机便可以接收到本村的公开信息,对存有异议,或有意见建议的直接反馈到平台,由县纪委和镇纪委及时处置答复。截至2016年底,已完成平台手机端用户6万人,2017年3月前实现近16万村民可在手机上查阅公开信息,完成有效的监督和信息互动,公开内容后台永久保存,公开透明,可溯源、可核查。

陕西府谷“打开天窗说亮话”,本质上是“互联网+村务公开”的思路,旨在利用网络平台发布村务,通过平台投票、意见反馈、问题线索举报,实现村民对农村基层干部的有效监督和定向评价,以此强化对人、财、权的有效监督,实现了镇、村、民信息共享,村务从“要求公开”变为“主动公开”,接受群众和社会监督,能够有效监督党员干部权力,维护村民民主权利,促进基层民主建设。

四、从独立运行到联动公开:公开走向有机衔接

村务公开的推行要早于乡镇政务公开,随着村务公开的深入发展,在广大群众迫切要求下,我国开始实行乡镇政务公开。因此,在推行乡镇政务公开与村务公开的初期,乡镇政务公开与村务公开均是独立运行的。2000 年,中共中央办公厅、国务院办公厅下发《关于在全国乡镇政权机关全面推行政务公开制度的通知》(中办发〔2000〕25 号)首次对既属于乡镇政务公开范畴,又属于村务公开范畴的事项分别进行了说明。另一方面,近年来,为了促进乡镇行政管理与农村基层群众自治组织有效衔接和良性互动,规范乡镇政府的行政管理权及其对“村治”的指导权,保障村民的“自治权”,一些地方逐步转变乡镇政务公开与村务公开独立运行的公开模式,开始探索和实行乡镇政务与村务的联动公开,以此加强对乡镇政府机关及党员干部权力运行的监督和制约,推动乡镇政务公开与村务公开的有机衔接和良性互动。例如,从 1998 年开始,陕西省眉县实行县、乡、村、组四级联动公开,协同制定了政务、村务、组务公开制度,在乡镇政府及七站八所实行政务公开、事务公示制度,同时将村务公开延伸到各个村民小组的组务公开,陕西眉县整体上形成了县、乡、村、组四级联动,政务、村务、组务齐公开的工作格局。如此一来,陕西眉县的县、乡、村、组四级联动公开涵盖了基层公开类、民主自治类、办事服务类、自主服务类和统筹城乡重点改革等多方面内容,涉及基层群众生产生活的方方面面,将基层公开中容易出现的无序任意行为纳入制度化的框架中去,形成乡镇政务公开带动村务公开,村务公开促进乡镇政务公开的良好局面。

四川成都:全面规范基层政务公开

2010 年,成都市确定了以建设基层公开综合服务平台为抓手,全面规范基层政务公开的工作思路。在成华区、龙泉驿区所有 228 个行政村和城市社区开展试点建设工作,试点成功后,成都市 2011 年开始在全市推广基层公开综合服务平台,建立了完善的网上政务公开服务体系,实现了横联部门纵贯村社区的全域覆盖。截至 2012 年 12 月,基

层公开综合服务平台已涵盖了成都市316个乡镇(街道),3338个村(社区),实现了全域覆盖。

成都全面规范基层政务公开工作的推进实行“三步走”。第一,试点先行,构建基层公开方法体系。由于以乡镇、村为主体的政务、村务公开,内容上缺乏统一的规范,形式上基本还是传统方式,2009年,成都市将新津县、武侯区作为政务公开向基层延伸试点单位,通过便民服务室、社区工作站等途径逐步规范了公开形式。此外,两个试点社区对能够延伸到村的服务项目进行了梳理,将计生、民政等多方面事项延伸到基层,有效拓展公开内容,这些探索为全面规范基层政务公开的工作思路打下了良好的基础;第二,规范标准,建立基层公开服务目录。成都市全面清理基层政务公开和办事服务的各项要求,重点梳理了统筹城乡重点改革、基层民主自治、便民服务等与村民的切身利益密切相关事项。同时,广泛征求基层群众和干部的意见,逐条分类整理、细化内容要素,制定出一套完整的基层公开服务内容标准体系,按照部门、乡镇、村三个层级进行规范和明确。第三,构建技术平台,固化公开内容和服务。构建一体化平台,实现资源一体共享、工作一起开展、系统立体集成,因此,“统一规划、统一建设、统一整合、自主监督”是贯穿成都市基层公开综合服务平台构建过程的核心思想,由市规划设计和开发平台,分级授权,逐级管理。市级各部门区市、县、乡镇、村只负责信息维护管理,按照横向到边纵向到底的原则,将政府信息公开目录、企事业单位办事公开目录、网上政务大厅和部门网站资源全部整合到基层公开平台,通过系统自动调用,直接推送至所有村。

成都市依托政府门户网站,通过构建基层公开方法体系、建立基层公开服务目录、固化公开内容和服务“三步走”战略,打造基层公开服务平台,实现与政府信息公开目录、行政权力公开目录、公共企事业办事公开目录的数据对接,将办事服务体系延伸到各村,从广度和深度上对政务公开进行了拓展。同时,基层公开平台实现了政府与社会公众的双向沟通,通过广泛的信息公开和政民互动,及时收集群众对党委政府工作的意见建议,并解决反馈。成都市基层公开综合服务平台,有效保障了人民群众的知情权、参与权、监督权和表达权四项权利,提升了基层管理和服务水平。

第二节 现实困境：政务、村务公开的失序与脱节

乡镇、村两级在推行政务、村务公开等方面进行了积极有益的尝试和探索，推动了政务公开与村务公开程序的日益规范，公开内容的不断拓展，公开形式的日趋丰富，同时，一些地方的乡镇政务与村务开始实行联动公开。然而，乡镇政务、村务公开在实际运作中仍面临着一些现实困境，包括乡镇政务公开与村务公开推进失序、衔接脱节两个方面。

一、乡镇政务公开与村务公开推进失序

*以点代面，避重就轻。*当前乡镇政务与村务公开往往脱离“重点”，做表面文章，深层次的内容很难公开。在公开过程中只公开一些无关紧要的政务，而对反映权力运作的重点内容却设法回避。国家统计局城乡调查队对河北省的调查表明，有35%的村民认为村务公开虚假的东西太多，属于欺骗村民，应付上级检查。另外，政府与村庄公开的信息与公众需求的信息不相适应，公开的信息公众不关心，而公众真正关心的信息却得不到彻底公开。不仅如此，一些乡镇政务没有做到全面公开，公开内容不够详细，或只公开成绩，不公开问题；只公开容易公开的内容，对难以公开的内容则不公开或“轻描淡写”；只公开总目，不公开细目；前期公开，后期不公开；只公开结果，不公开过程；以事后公开代替事前、事中公开。个别村“犹抱琵琶半遮面”，公开内容不到位。公开只限于上级规定的项目，对群众要求公开但不在规定范围内的其他事项不予公开。对群众普遍关心的热点、难点问题言之不明，只简单地列出几个大项，明细项目含糊不清，有的甚至简单地用“其他”来代替。如与财务有关的债权债务，内部往来等重要项目公开笼统，没有做到逐笔逐项公开，使村务公开成为“讲在嘴上，贴在墙上，挂在栏上”的“皮影戏”。

*渠道单一，时效滞后。*据调查，目前我国农村地区政务、村务的公开渠道比较单一，仅限于政务、村务公开栏，而且公开的信息数量非常有限，群众知晓面不大。一些乡镇、村只通过固定公开栏进行信息公开，很少根据各地实际情况和群众要求，采用灵活多样的形式面对面地向干部群众公开，如：

打印明白簿、公开卡,使用电子显示屏与召集村民会议等。公开栏作为直面基层群众的可视有效载体,应当简洁、醒目,但有些地方公开阵地不够规范。调查发现,少数村的公开栏设置不合理,比较偏僻,没有设立在村民居住集中的地方,导致多数村民不能够及时掌握公开内容,无法行使知情权和建议权。如浙江庄村公布村财务账目的地点选在办公室,由于主要村干部移居在村外,村社区领导集体不安排值班,办公室平时一般不开门,村民群众看张榜公布的财务公告很不方便,实在是"秘密公开"[①]。有的村务公开栏简陋粗糙,缺乏管护,风吹日晒雨淋及人为损坏严重,以致难以使用。有的村还未设立公开栏,只是在开会或干其他事项时才对有关情况附带公布。

同时,乡镇政务公开与村务公开的公开时间不够及时。对国家民政部2004年收到的上访信统计分析显示,在随机抽取的81封上访信中,24封是反映村务、财务不公开问题,而且不公开的时间普遍较长,少则两三年,多则上十年,例如山西某上访者反映该镇22个行政村十多年都未实施过财务公开;而湖南某村支书在任二十四年,竟然从未公开过财务,所有账目都由他个人说了算[②]。根据调研来看,部分村不能及时公开各项应该公开的内容,公开时间往往比较滞后,随意性大,有些村每半年甚至一年才公开一次,更新频率较低。有的村公开工作需要经常督促,只在上级检查时才公开,平时无人问津。有的村以"定期公开"为借口,对一些突发性、临时性的事务没有及时公开,造成年初工作年终公开,公布内容陈旧,村民无法进行事前、事中、事后全过程监督。

*进展失衡,运作失序。*近年来,一些乡镇政务、村务公开工作进展存在不平衡。一方面,不同乡镇、村庄进展不平衡。各个乡镇受主要领导思想认识、单位经济条件以及负责具体工作的人员素质的影响,公开水平各异。村务公开也存在地区差异,经济发展情况较好的地方,村务公开的质量较高;反之,质量较差。另一方面,同一乡镇、村庄在不同阶段的工作进展也不平衡,一般在工作部署之初干劲十足,公开内容也较全面,公开时间较及时,但是工作后期容易因懈怠产生一系列问题,造成公开的质量与水平下滑。

---

① 卢福营.农民分化过程中的村治[M].北京:南方出版社,2000:202.

② 杨翠萍,徐增阳.从公共政策视角看村务公开与民主管理过程中的问题及对策选择[J].新观察,2006(9):32-34.

运作失序指的是政务公开与村务公开在具体运作上缺乏规范性，公开程序不严谨。公开前没有经过领导班子或村民代表会集体研究讨论，有的地方村民议事会、村民代表会基本上形同虚设，且代表成员不固定，未实行常任制。例如，2004 年 12 月 3 日《农民日报》曾报道山东省淄博市东崖村村主任上任五年不建账的消息，其中的主要原因就在于村理财小组自身组织软弱、毫无实权，无法制约村主任的违规行径①。公开中未按照规定的"提议—审查—确定—公开—建档"程序进行，仅由办事人员找出相关内容，主要领导签字就进行公开，主要由乡镇和村干部唱"独角戏"，随意性较大。公开后没有主动接受群众的询问，不收集群众意见，或充耳不闻群众的批评建议，对村民质询无动于衷，不反馈不解释，未能达到应有的公开效果。

二、乡镇政务公开与村务公开衔接脱节

公开制度衔接不够。乡镇政务公开与村务公开制度不健全，缺乏完善周密的程序规范，二者在公开制度上的衔接性不够。乡镇政务公开工作基本上都有规范的制度进行指导，并有详细的政务公开目录，以确保政务公开有规可依，而村庄村务公开的制度性规范相对较少，公开的内容和程序主要由主管领导具体执行②，这导致乡镇和村两级的政务公开衔接性不足，容易出现信息交叉和信息真空地带。另外，乡镇政务公开制度只能规范较为宏观的方面，划定大体范围，不可能针对每个村制定具体的规章制度。各村根据实际情况决定公开内容，由于公开程序和规范不明确、考核和奖罚未到位，村务公开工作容易流于形式，影响村务公开的质量与效果。

公开内容结合不足。村务是政务的具体反映和延伸，这就要求村务与政务的公开内容相互对应，确保群众在农村与乡镇了解到的事项具有一致性。当前，乡镇政务与村务公开内容缺乏上下的统一性与连贯性，绝大多数部门和单位的政务公开仍然停留在对本单位办事程序、执法依据、收费标准等方面，公开内容信息匮乏，对群众所需要的、有价值的事项，很少涉及，现

---

① 陈建志. 山东省淄博市东崖村——村主任上任已 5 年，集体至今不建账[N]. 农民日报，2004-12-03.

② 杨嵘均. 乡(镇)村关系视阈中"村务公开"的困境及其破解路径[J]. 中国行政管理，2007(5):108-109.

有的公开内容还不能满足群众的知情权。而村务公开的主要内容分为政务公开、事务公开、财务公开三大类型,包括财务收支、财产及债权债务、收益分配等方面,所公开的内容大多是村级这一层面的公共事务、党务以及政务,而一些涉及县乡镇或更高一级的事务或政策等却没有向村民公开①。这一方面使得上情无法下达,造成村民对国家政策、方针的误解或不信任;另一方面,使得下情无法上传到上级党委政府那里,造成上级党委政府无法及时了解民情民意来监督村干部。

同时,有的村务公开内容未在乡镇进行备案,仅仅是对乡镇政务公开的简单重复,只能在乡镇一级查阅总量信息的事项,在村级没有详细的内容介绍。部分村庄对热点难点疑点问题无法做到同时公开,涉及村务的政务公开事项未能及时延伸到村,尤其是土地款发放、危房翻建审批和补助、低保对象审核等群众关心的重要敏感内容。

公开形式对接不畅。乡镇政府主要通过公开阵地、宣传橱窗、会议通报、电视媒体等方式进行政务公开。农村由于受到财力等条件的限制,可以通过广播、黑板报、印发公开资料等形式进行公开。村务公开与乡镇政务公开的渠道存在一定差距,当前一些村务的传统公开渠道往往流于形式。例如,乡镇确定一个基本原则,却没有对公开程序、办法和形式作出具体要求,各村根据实际情况进行公开,造成一些需要公开的事项未能按规定时间公开②。乡镇政务公开与村务公开的时间不统一,给县(市)有关部门统一组织指导乡镇与村两级公开工作带来了麻烦,也造成群众对政府政务公开熟悉程度不够,需要某种信息仍会亲自询问,既没有发挥政务公开应有的作用,也增加了政府部门的工作量。

第三节　问题根源:乡镇、村关系的矛盾与冲突

20世纪80年代以后,农村社会逐步确立了“乡政村治”的治理体制。

---

① 程同顺,赵学强.村务公开的路径障碍与制度改进——兼评新《村民委员会组织法》的修改[J].学习与实践,2013(4):53-60.

② 王超,王长海.浅析乡镇政务公开存在的问题及其对策[J].东南大学学报(哲学社会科学版),2011,13(S2):8-10.

在“乡政村治”格局下，乡镇政府和村民委员会成为乡镇行政管理权与村民自治权衔接与互动的两个最重要的行动者。同时，乡镇政府和村委会分别作为政务公开与村务公开的主体，决定了乡镇政务、村务公开的衔接在相当程度上有赖于乡镇政府行政权与村民自治权的衔接与互动。但目前由于法律不完善、行政体制关系未理顺及管理主体素质不高等原因，造成乡镇、村关系的矛盾与冲突，乡镇行政管理和村民自治之间难以实现有效衔接和互动，最终导致了乡镇政务、村务公开的衔接问题。

一、乡镇政府的越位与村委会的过度行政化

乡镇政务公开的主体是乡镇政府，是拥有公共权力、负有公共管理责任的行政机关，是典型的科层制组织，村务公开的实施主体则是村民委员会，属于群众性自治组织，乡镇政务公开与村务公开的有机衔接在相当程度上有赖于乡镇政府与村委会的良性互动。根据我国宪法和《中华人民共和国村民委员会组织法》《中国共产党农村基层组织工作条例》等法律、法规、条例的规定，村民委员会作为乡村的自治主体，由村民直接选举产生，在民主管理村庄公共事务的同时，接受乡镇的指导并配合乡镇完成国家任务；同时村民委员会作为村庄自治权力的代理行使者，代表村民向乡镇党委政府反映村民的合理诉求，维护村民的合法权益，因此乡镇政权与自治村庄是地位平等的、相互独立的、以“指导—协助”关系为基础而互动的基层组织[①]，从而形成了“乡政村治”的“乡—村”关系模式。

然而，《中华人民共和国村民委员会组织法》虽指出乡镇政府对村民委员会的指导地位，却没有明确规定指导、支持、帮助的具体内容、方式与方法[②]，导致乡镇行政管理与村民自治的权力界限不清、职责不明。在“乡政村治”格局下，许多乡镇政府把村委会当作自己的行政下级或派出机构，仍然习惯于传统命令指挥式的管理方式，对村委会从产生到日常工作进行行政干预[③]，具体来说，主要集中在乡镇政府对村民委员会人事权、财政权以及农民生产经

---

① 卢福营. 冲突与协调——乡村治理中的博弈[M]. 上海：上海交通大学出版社，2006：84.

② 李海金，贺青梅. 乡镇政府行政管理与村民自治的有效衔接和良性互动[J]. 中州学刊，2010(3)：117-121.

③ 麦佶妍. 浅析乡镇行政管理与村民自治的关系[J]. 岭南学刊，2008(3)：89-92.

营自主权的过分干预上,体现在村民自治的民主选举、民主管理、民主决策和民主监督各个环节之中。与此同时,村党支部与村民委员会则是明确的"领导—被领导"关系①;而乡镇党委和社区(村)党支部之间则是明确的上下级关系,《中国共产党农村基层组织工作条例》第五条明确规定"村党委受乡镇党委领导",以此间接形成了乡镇政府对村委会的"领导"。

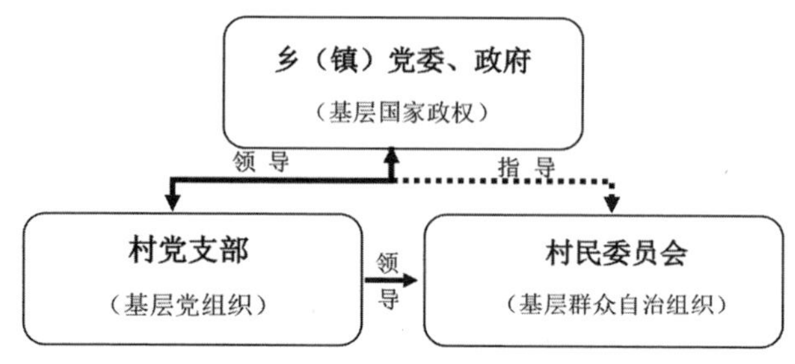

图4-1 "乡政村治"下的乡村社会治理主体关系

乡镇政务与村务在涉及范围、公开时效以及约束力等方面均存在着较大区别②,乡镇政务公开与村务公开的推进应根据乡镇、村实际情况。实践中,乡镇政府对村民委员会以"命令"代替"指导",将村民委员会视为乡镇政府的一个下属办事机构或下一级"准政权组织"③,村民委员会在村务公开推进过程中缺乏应有的自主性,主要以完成乡镇政府布置的公开任务为主,使村务公开的推进难以结合本村实际情况深入推进。一方面,乡镇政府在行政管理过程中习惯以"命令"代替"指导",往往不愿意对村民委员会包括村务公开等工作进行指导、支持和帮助,或者乡镇政府对于村民委员会的指导、支持和帮助不到位,容易导致村务公开等工作与乡镇政务公开脱节;另一方面,村民委员会的过度行政化使村民自治缺乏自主性和独立性,村民实际上处于"无力选举、无法决策、无处管理、无权监督"的境地,村民民主权利受到严重侵蚀,村民自治在有些地方就成为一句空话,村务公开作为一项具体的民主形式得不到普遍贯彻执行也在所难免④。

① 白钢,赵寿星.选举与治理[M].北京:中国社会科学出版社,2001:46-47.

② 王瑞利.应实现乡镇政务公开与村务公开的联动[N].中国社会报,2007-08-28.

③ 刘廷斌,王蔚,邓建华,等.三维视阈下完善乡镇政府和村级组织关系的路径选择[J].湖南行政学院学报,2013(3):20-24.

④ 杨嵘均.乡(镇)村关系视阈中"村务公开"的困境及其破解路[J].中国行政管理,2007(5):109-110.

二、乡镇政府管理失控与村委会自治失序

《中华人民共和国村民委员会组织法》虽然规定了村民委员会应协助乡镇开展工作，但却没有规定哪些是村民自治范围内的事项，也没有明确规定协助的内容、范围与方式①。在实际运作中，有些村委会单纯从本村的利益出发，不愿意接受乡镇政府的指导和帮助，甚至力求摆脱乡镇行政管理，导致乡镇政府的行政管理活动几乎无法正常延伸到村庄，从而出现乡镇政府对村民委员会的管理失控以及村民委员会自治失序的局面②。主要表现在：村民自治超出了法律规定的范围，村级自治组织擅自作出了不属于村庄自治范围的决定，或随意增加村民的非法定义务，违法限制村民的自由权利，或无正当理由拒不接受乡镇政府布置的国家各项任务③。

乡镇政府与村委会分别作为政务公开和村务公开的主体，政务公开与村务公开的衔接，既离不开乡镇政府对村委会的指导和帮助，也需要村委会对乡镇政府工作的配合和协助。但村民委员会的“过度自治化”，村级组织不配合乡镇政府对村务公开的指导工作，在村务公开程序、内容和渠道等方面均不接受乡镇政府的指导和帮助，既导致村务公开在具体操作中缺乏规范性，公开程序不严谨，也使得村务在公开内容、公开时间和公开渠道等方面与政务公开脱节，直接导致乡镇政务公开与村务公开无法实现有机衔接。

三、乡镇干部的“主导”与村干部的“被动”

乡镇政府是国家的政权机构，拥有系统而完整的组织结构，这一性质决定了乡镇政府掌管着农村社会最主要的政治、经济、组织等资源④。同时，乡镇政府也是资源的管理者，在经济发展、信息技术的获取与整合方面，乡

---

① 李海金，贺青梅. 乡镇政府行政管理与村民自治的有效衔接和良性互动[J]. 中州学刊，2010(3)：119-120.

② 徐大兵，胡刚. 论乡镇行政管理与农村基层群众自治组织的有效衔接和良性互动[J]. 理论导刊，2012(5)：29-30.

③ 董红. 村民自治背景下乡镇政府与村民委员会关系研究[J]. 西北工业大学学报(社会科学版)，2009(2)：40.

④ 王文吉，丁煌. 乡镇政府与村民委员会之间的关系——一种交换理论的分析框架[J]. 理论与改革，2014(1)：118-119.

镇政府也拥有较多渠道和智力优势。乡镇政府因其国家政府机构的性质而占有的这些政治、经济、组织和技术资源控制着和主导着农村的发展,居于强势地位。相比之下,村委会掌握的资源相对较弱,缺乏制度上的保障,在乡镇政府的强大压力之下,便会功能弱化,因而具有一定的脆弱性,处于“被动”地位。

乡镇干部和村干部作为乡镇政务公开与村务公开的具体实施者,乡镇干部凭借其所占有的政治、经济和信息技术资源等“优势资源”,集政策制定、政策执行、政策评估等权力于一身,始终占据“主动”地位。与之相对的是在政务公开与村务公开衔接过程中一直处于“被动”地位的村干部,在乡镇干部的强大压力之下,在村务公开内容的选择、公开形式的把握上,可能由于过于重视乡镇干部的行政指导,忽视本村实际情况和村民的真实需求,影响村务公开的实际效果,势必会影响政务公开与村务公开有机衔接的效果。

第四节　政策路径:村务联动公开的常态化

政务公开与村务公开的衔接脱节问题,实际上源于“乡政村治”下的乡镇行政管理权与村民自治权的互动问题,源于乡镇、村的矛盾与冲突。因此,乡镇政务、村务公开的有机衔接,要求我们着力突破阻碍乡镇行政管理权与村民自治权有效互动的现实困境,合理划分行政权与自治权的权力边界,实现政府行政机制与自治机制互动、行政功能与自治功能互补、行政主体与村治主体互动,从根本上理顺乡镇、村关系。

与此同时,为保障乡镇政务、村务公开的衔接与互动,要从加强基层政权建设与服务型政府的高度出发,构建乡镇政务、村务公开的联动格局。一方面,加强乡镇政务、村务的联动公开机制,形成乡镇政务公开带动村务公开,村务公开促进乡镇政务公开,共同助推服务型乡镇政府、村级组织建设。另一方面,加强乡镇政务公开与村务公开的制度建设研究,包括加强县、乡、村级层面的民主评议制度、公开内容备案制度等,科学界定乡镇政务公开与村务公开民主评议的时间、内容、参加人员、评议程序和方法,明晰县、乡、村三级备案管理章程,加强对乡镇政务公开村务公开管理办法的监督检查,为建立乡镇政务、村务联动公开格局,实现二者的有机衔接提供制度基础。

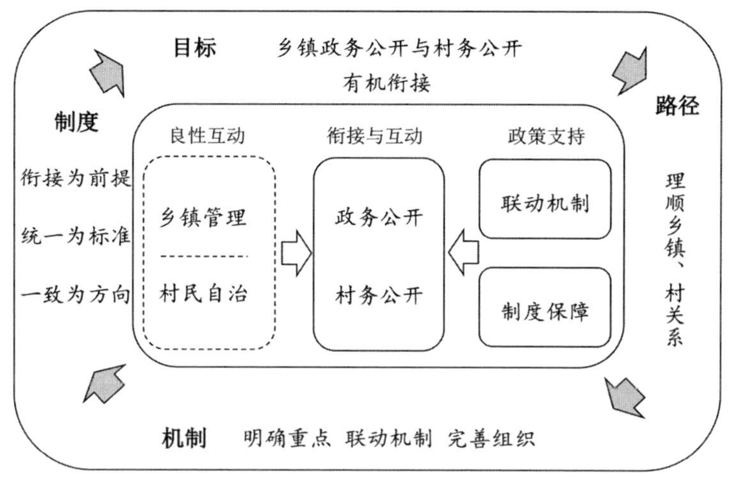

图 4-2 乡镇政务与村务联动公开框架

一、顺关系：行政权与自治权的衔接与互动

实现乡镇政务公开与村务公开的有机衔接，应以推动乡镇政府管理归位和村民自治到位为目标，实现行政机制与自治机制互动、政府功能与自治功能互补、政府资源与村庄资源互联、行政主体与村治主体互动，推动乡镇行政管理权与村民自治权的有效衔接与良性互动。

行政机制与自治机制互动。村务公开与政务公开有机衔接的前提是乡镇政府与群众自治组织的有效衔接和良性互动。一方面，规范乡镇政府和村民自治组织的责任和权限，规范乡镇政府指导和村委会的协助职能，是乡政与村治、政务与村务衔接互动的首要前提。应在现有乡村关系规定的基础上，完善法律法规，厘清“政务”和“村务”的具体内容、乡镇对村的指导方式、村对乡镇行政事务协助事项、基层群众自治的实现和保障等；另一方面，清单化明责，为乡镇政府和村级组织“松绑减压”。民政部联合中央组织部，以服务型乡镇政府和服务型村级组织建设为导向，指导各省编制乡镇政府和村级组织的动态化权责清单，全面梳理和制定乡镇政府权责清单、村（居）民委员会权责清单、依法协助乡镇政府工作事项清单，使乡镇政府和村级组织有清单可依、有清单必依、违清单必究。同时，要建立健全乡镇政府与村民自治组织的工作联系制度、情况通报制度、听取意见制度、监督反馈制度,真正发挥乡镇政府对村务公开等方面的指导作用。

行政功能与自治功能互补。一方面,加快推进政府职能由侧重管理向管理与服务相结合转变,强化基层政府的社会管理和公共服务职能,改进社会管理和公共服务的方式,转变乡镇政府对村民自治的指导形式,为村务公开提供必要经费和条件,并对村务公开工作实绩好、群众满意度高的村民自治组织,给予一定的奖励和补贴。要根据经济和社会发展实际,不断加强对村务公开的培训,进一步强化其民主意识,提高村务公开水平,使村民自治组织在基层民主建设中真正发挥应有的作用。建立健全基层管理和服务的财力保障机制,为乡镇行政管理和村民自治之间的有机衔接和良性互动提供体制保障;另一方面,要增强村民自治功能,积极承接政府转移出来的部分行政管理和服务职能。村民委员会尤其要尊重集体经济组织、互助性经济组织、农业社会化服务组织以及其他经济组织依法独立开展活动的自主权,保障各类经济组织和村民的财产权和其他合法权益。要完善村务公开制度,凡涉及农村各项事业发展的重要事项,尤其是重大村务和财务,都要依法召开村民会议或村民代表大会讨论决定,提高村务管理和决策的科学化、民主化水平。

行政主体与村治主体互动。一方面,不断提升乡镇行政管理主体指导村民自治的能力。乡镇干部要充分认识村民自治的意义,明确乡镇政府和村民委员会是指导与被指导的关系,从上下级的隶属、指令性执行观念转变为平等互助、民主协商观念,充分尊重村民和村民自治组织的自主权利,通过引导、指导,积极发挥其作用,促进乡镇行政管理与村民自治的有机衔接和良性互动,完善“乡政村治”下的农村基层治理模式,不断推进村民自治的发展进程。另一方面,提高村民自治主体的自治能力和协助乡镇政府做好各项工作的自觉性①。引导村民正确认识村民自治与党的领导、国家的法律制度、乡镇政府的行政管理之间的关系,自觉消除村民自治失序的倾向。此外,还要增强村民民主法制意识,学会正确行使民主权利,提高村民自治的素质和能力,既能自觉抵御各种因素对村民自治的侵蚀和干扰,也能防止村民委员会的过度行政化,实现村民的自我管理、自我教育和自我服

① 李海金,陈荣卓.我国村务公开的问题剖析与对策探讨[J].理论界,2005(3):108.

务。只有这样,才能实现乡政管理与村民自治的有机衔接和良性互动,推动乡镇政务公开与村务公开的有机衔接。

二、创机制:建立政务、村务联动公开机制

理顺乡镇、村关系,促进乡镇行政权与村民自治权的良性互动是实现乡镇政务、村务有机衔接的前提条件。同时,需要在强化乡镇政府的社会服务功能,强化村民自治的自我管理、自我服务、自我教育、自我监督功能的基础上,建立、健全和完善乡镇政务与村务公开的衔接和互动机制。

明确政务、村务公开的衔接重点。首先,加强乡镇政务、村务在公开制度上的衔接性。乡镇政务公开与村务公开的制度衔接是保证二者有机衔接的制度保障,应在现有的政务、村务公开制度基础上,以“实际、实用、实效”为原则,进一步健全和完善民主评议制度、公开内容备案制度和定期督察制度等相关制度。在对村务公开的制度性执行方面,乡镇政府应做出具体的解释性工作,针对村务公开与政务公开衔接部分的内容做好规划与引导。其次,重点抓好公开内容的结合性,做到实事求是,有所侧重。乡镇政务公开的内容要重点公开惠农政策、农村经济社会发展规划、群众关心的热点难点问题,村务公开则要与乡镇基层站所政务公开相结合,与农村集体企业的厂务公开相结合,要把发展党员、农村领导班子考评情况,宅基地申报和审批情况,优待金抚恤金的发放情况,农村特困户补助、低保资金发放情况,征用土地及土地补偿费等列入公开内容,尤其是新农村建设中各项支农资金项目、社会捐助,乡镇和村都要纳入公开范围,实行联动公开。

另外,加强乡镇政务、村务公开形式的拓展和衔接。乡镇、村要积极优化和丰富政务、村务公开形式,及时把握通信工具、网络社交媒体、移动客户端发展的趋势,探索新媒体应用,使“两微一端”(微信、微博、新闻客户端)成为政务公开、村务公开的新模式,构建一体化网上政务、村务服务平台,实现资源一体共享、工作一体完成、系统一体集成。农村要在原有公开栏的基础上,扩展通俗易懂、简便易行的公开形式,如会议、广播、明白纸、便民手册等,要通过便民服务室、社区工作站、信息查询站、公示宣传栏、电子显示屏等途径,不断丰富公开载体。同时,以村级政务服务站为连接纽带,构建畅通的反馈渠道机制,以此为乡镇政务公开与村务公开做好衔接工作。

创新政务、村务公开的联动办法。县乡两级政务公开是村务公开的外延,要实现乡镇政务、村务的联动公开,进一步提高公开的质量和水平,应建立县、乡镇、村三级公开一体化,实行“三级联动、整体推进”的办法,凡涉及农业、农村、农民的县级部门、事业单位、乡镇政府及七站八所一律实行政务公开、事务公示制度,从决策目标、社会管理服务、福利保障、财务管理、考核奖惩五个方面实行“三级联动、同步公开”,统一规范公开的内容、程序、时间、时限要求、范围、档案、名称和标准,使县、乡镇政务公开和村务公开在有关联的公开内容项目上衔接起来,方便群众进行对照和实施监督,从而把村务公开、民主管理纳入新农村建设工作全局,形成县级政务公开推动乡镇政务公开,乡镇政务公开引导村务公开机制,实现公开的整体互动和监督措施的落实,以此推动乡镇政务公开与村务公开有机衔接,全面推进乡镇行政管理与村民自治的有效衔接与良性互动。同时,组务公开作为村务公开的进一步细化,各乡镇、村应根据各地实际情况,尝试将村务公开全面延伸到各个村民小组的组务公开,实行“四级联动”公开机制。

完善政务、村务公开的组织体系。其一,在县、乡镇两级建立健全“党委统一领导、政府主抓、纪检监察机关监督检查、部门负责落实、公众综合评价”的领导体制和工作机制,把政务公开工作列为年度工作重点,与其他各项工作统一安排、统一落实、统一考核;乡镇应把村务公开纳入本级政务公开的重要范畴,统一指导。乡镇的政务公开协调领导组织同时也应是本乡镇村务公开的组织协调和指导机构。各村在充分发挥农村两个议事会作用的基础上,应普遍成立村民理财小组和村务公开监督小组。其二,应把政务、村务公开一同纳入县级党风廉政建设责任制和各级领导干部目标岗位责任制,以责任制为核心,根据领导分工和部门职责,将政务、村务公开各项工作目标和任务层层分解落实,形成一级抓一级,层层抓落实的责任机制,把深化乡镇政务公开和村务公开有机地融入推进农业结构调整、发展农业产业化经营和切实保护耕地、维护农民利益等各项工作之中。

三、出政策:健全政务、村务公开相关制度

推动乡镇政务公开与村务公开的有机衔接,要立足于前期的经验和教训总结,推动政策创新和制度化建设,为乡镇政务公开与村务公开有机衔接

提供制度基础，确保有法可依，有制可寻。

以衔接为前提，健全政务村务公开制度。乡镇政务公开与村务公开制度的健全和完善，应在合理划分乡镇行政权与村民自治权的基础上，以二者有机衔接为前提，进一步健全和完善乡镇政务、村务公开的相关制度，例如，民主评议制度，公开内容备案制度，定期督察制度等。在对村务公开的制度性执行方面，乡镇政府应做出具体的解释性工作，针对村务公开与政务公开衔接部分的内容做好规划与引导，进而理顺乡镇政务公开与村务公开的制度衔接机制，提升两者的运行效率，推动基层工作的有序开展。

在政务公开方面，加强对政务公开具体性、操作性内容的理论研究，进一步明确政务公开主体、客体，规范政务公开的内容和范围，确定政务公开的基本程序，建立和完善政务公开的救济制度；在村务公开方面，鉴于乡镇政务、村务公开在内容、时效、渠道等方面的差异性，应根据各村实际情况和农民群众的意愿出发，以乡镇为单位对村务公开的内容、时间作出统一规定[①]。常规事项至少每季度公开一次，特殊事项随时发生随时公开，重大事项要做到事前事后双公开，跨年度事项结束时一次性公开。村务公开在村党支部领导下由村委会组织实施，乡镇党委和政府负责对村务公开工作进行督促检查。

以协同为标准，不断完善民主评议制度。乡镇、村均应建立并落实民主评议制度，对政务、村务公开的民主评议时间、评议内容、参加人员、评议程序和方法等进行统一规范和要求。由乡镇政务公开领导统一组织开展对政务公开、村务公开的民主评议工作[②]。邀请村党支部书记、村委会主任参与对乡镇政务公开的民主评议工作，并将评议结果作为年终干部实绩考核的重要依据之一，乡镇政务公开监督领导小组负责对全镇开展政务公开与村务公开工作情况进行日常监督。

同时，加强群众对乡镇、村干部的民主监督。由村党支部主持召开村民大会或村民代表会议对村委会成员工作进行评议或测评；民主评议或测评村党支部成员的工作，由乡镇派人主持召开村支部党员大会并吸收部分村

---

① 袁东生. 以制度创新推进政务公开[J]. 中州学刊，2010(6)：20.

② 沈荣法. 全面推行乡镇政务公开，强化权力监督制约机制[J]. 中国行政管理，2000(7)：28-30.

民代表进行。评议前,村党支部和村委会成员要作述职报告。评议或测评可结合年终工作总结每年进行一次,在此基础上,由评议者评出称职或不称职,由乡镇党委考核认定。连续两年被评为不称职的村党支部和村委会成员,按程序进行组织调整。

以一致为方向,实行公开内容备案制度。首先,为保证政务公开、村务公开内容的规范、适时、真实,建立政务公开与村务公开内容备案制度,对乡镇政务公开的内容包括规范性文件、重大决策及主要事项处理、行政许可、行政处罚、行政事务、监督检查及考评奖惩等,以及村务公开的内容包括财政收支、农民承担的各项劳务和费用、宅基地审批等,进行备案。其中村务公开内容实行县、乡、村三级备案,乡镇政务公开内容实行县、乡两级备案。

其次,乡镇、村两级每季度向上级有关部门报告一次政务公开和村务公开情况,县、乡镇相关部门按照有关规定分别对政务公开与村务公开内容的备案严格审核。同时,资料归档备查,对推行政务、村务公开工作的各项内容、办事指南和制度、群众投诉和群众意见综合、工作整改意见和整改情况、行风测评情况、办事备案资料等,办公室进行定期收集整理,归档存查,做到乡镇、村档案一致。

乡镇政务公开和村务公开是我国政权建设和民主政治建设中的重要形式,同时也是乡镇政府转变职能,提升基层治理水平、维护村民民主权利的重要手段。改革以来,特别是新世纪以来,中央对政务公开与村务公开高度重视,出台了一系列政务、村务公开政策,推动了乡镇政务、村务公开的纵深发展。各地在推行乡镇政务、村务公开的过程中也暴露出一些问题,尤其是乡镇政务公开与村务公开的有机衔接问题,折射出“乡政村治”下农村基层社会治理中多层次的问题,涉及村民与村民委员会关系、村民委员会与乡镇政权关系中政治、经济和社会的矛盾和冲突。

当前突破乡镇政务、村务公开及二者衔接的现实困境,关键在于乡镇行政管理权与村民自治权的有效衔接与良性互动,在于理顺乡镇、村关系,途径在于把乡镇政府“推一把”和村民自我“努力一把”相结合,实现行政机制与自治机制互动、行政功能与自治功能互补、行政主体与村治主体互动,走一条国家权威主导性和基层社会自觉性相结合的基层民主之路。与此同时,不断健全和完善乡镇政务公开与村务公开的相关制度、程序和办法,建立乡镇政务公开、村务公开的联动公开格局。

总之，在新世纪和新阶段，乡镇政务、村务公开的深入推进、有机衔接和良性互动，不仅要求对现行乡镇行政管理权与村民自治权关系进行重大调整，也要求对乡镇政府、村干部、村民关系进行调整，不仅涉及乡镇政府与村委会之间、乡镇政府各部门之间以及不同群体之间的权力关系，并受制于国内外经济、社会和政治环境及法律和政策条件。各地党委和政府要从国家基层政权建设和民主政治建设的高度，深刻认识乡镇政务、村务公开及其衔接与互动的重要性、必要性和紧迫性，充分认识政务、村务公开在民主政治建设及整个国家政权建设中的关键作用，自觉地将政务、村务公开工作放到重要位置，以新理念和新思路破解乡镇政务、村务公开工作中的难题，探索有效的公开办法和形式，创新政务、村务公开有机衔接的制度规范及运行机制。

第五章 文化聚力 繁荣乡村

文化是民族传续发展的重要基石,在人类文明延续和民族血脉传承中占据不可替代的重要地位。当前,与社会进步相伴而生的工业化、城镇化、全球化及信息化进程,使乡村优秀文化的稳定性、完整性、延续性遭受一定程度的挑战和冲击,因势利导、因地制宜的乡村优秀文化功能传承,业已成为超越地理空间界限和单一民族范畴的共同热点。习近平同志曾指出:“博大精深的中华优秀传统文化是我们在世界文化激荡中站稳脚跟的根基。”乡村是中国优秀传统文化的重要载体。中共中央、国务院下发的《关于实施乡村振兴战略的意见》明确要求:“传承发展提升农村优秀传统文化……深入挖掘优秀传统文化蕴含的优秀思想观念、人文精神、道德规范,充分发挥其在凝聚人心、教化群众、淳化民风中的重要作用。”党的十九届四中全会报告也指出,“坚持共同的理想信念、价值理念、道德观念,弘扬中华优秀传统文化、革命文化、社会主义先进文化,促进全体人民在思想上精神上紧紧团结在一起的显著优势”。

在中国特色社会主义新时代背景下,只有保护好中华民族传承几千年的农耕文化和炎黄子孙安身立命的优秀传统文化、民族文化,活化、传承和复兴乡村农耕文化、地域文化、民俗文化、民族文化功能,才能建立起强大的文化自信,实现中华民族的伟大复兴。湖北省利川市以公共文化服务体系示范区创建为契机,以启动乡村内生力量、整合利用乡村文化元素为突破点,从调整政府财政投入方式、搭建方便群众和业余社团参与的基层平台载体、引入内生激励协调机制、培育乡土文化人才等方面入手,充分激发乡村文化活力和乡村居民文化创造性,探索内生型“种文化”模式。繁荣乡村文化,不仅要发掘内生性优秀传统文化,更要强化基本公共文化服务供给。湖北省京山县聚焦乡村文化振兴存在的财政投入不足、基础设施落后、人才队伍薄弱和村民主体性不强等方面的问题,以标准化促均等化为主要机制,多措并举推进公共文化服务体系示范区建设。

第一节　种文化:民族地区公共文化治理的制度创新

自党的十六大以来,党和政府对我国公共文化事业日益重视,不断促进我国文化建设与文化发展迈入一个新的历史进程。2005 年党的十六届五中全会通过的《中共中央关于制定国民经济和社会发展第十一个五年规划的建议》中首次出现"逐步形成覆盖全社会的比较完备的公共文化服务体系"的政策表述。现代公共文化服务体系则是十八届三中全会正式提出的一个新概念,加上"现代"两字,突出了公共文化服务体系建设的时代性、创新性和开放性要求。这是党中央对新时期公共文化服务体系建设提出的新任务。

从党的十八大开始,以习近平同志为核心的党中央将加快构建现代公共文化服务体系纳入"四个全面"战略布局,明确提出到 2020 年公共文化服务体系基本建成,现代公共文化服务体系建设步入发展快车道。近年来,文化系统深入贯彻中央关于构建现代公共文化服务体系的决策部署,坚持政府主导、社会参与、重心下移、共建共享,完善覆盖城乡的六级公共文化设施网络,稳步推进公共文化机构法人治理结构改革、县级文化馆图书馆总分馆制建设等重大改革,基本公共文化服务标准化均等化取得新突破,公共文化服务效能得到新提升。

然而,乡村公共文化服务作为现代公共文化服务体系的重要部分,面临着供给主体单一、文化资源匮乏,供需矛盾突出、服务效能不高,专业人才缺乏,文化队伍不稳,政府依赖性强、乡村文化活力不足等阶段性困境。尤其是在我国中西部地区公共文化服务体系的建设过程中,由于经济发展欠发达、文化产业发展有限,文化市场不活跃,毋庸置疑还面临着有限财力与强大公共文化服务供需之间的突出矛盾。这些问题的出现与政府文化职能转型不顺、文化治理理念不足有极为密切的关联,传统公共文化服务主要是依靠政府供给的单一模式,“包办文化”的行政管制最终阻碍了现代公共文化服务效率的提高。

利川市位于湖北省西南边陲,是中西部典型的民族山区,与全国大多数地区一样,公共文化服务大都面临着上述困境。2015 年底,湖北省启动第二批省级公共文化服务体系示范区创建工作,利川市入选示范区创建城市。为了更好地推动示范区创建,利川市与华中师范大学政治与国际关系学院合作,以启动乡村内生力量、整合利用乡村文化元素为突破点,发挥自身的文化潜力,探索内生型“种文化”模式。从调整政府财政投入方式、搭建方便群众和业余社团参与的基层平台载体、引入内生激励协调机制、培育乡土文化人才等具体方面入手,充分激发乡村文化活力和乡村居民文化创造性,建立了“资源内生、人才内生、机制内生、平台自建、产品自足”的市、镇(乡)、村三级阶梯“种文化”模式,完成了从服务理念、服务机制、政府职能、文化功能四个方面“送文化(办文化)”到“种文化(管文化)”的转型,为我国县域现代公共文化服务体系建设提供了行之有效的路径经验。

一、问题导向与优势条件

2015 年底,利川市获批创建湖北省第二批公共文化服务体系示范区。为贯彻落实党中央、国务院关于加强我国公共文化服务体系建设的文件精神,实现我国文化强国战略目标,准确把握利川市提供公共文化服务过程中存在的问题,助力利川市完成示范区创建任务并充分发挥其特色,由华中师范大学中国农村综合改革协同创新研究中心教师、博硕士生们组成的课题组对利川市公共文化服务体系建设进程情况、公共文化服务的保障水平及公众文化需求状况等方面展开相应调研,并以此为基础提出相关的制度设计方案与政策建议。

(一)问题导向

1. 文化经费不足,基础设施滞后

一是公共文化基础设施建设经费短缺。地方财力有限,文化基础设施建设经费投入相对不足,导致文化体育活动阵地相对缺乏,不能满足人民群众的精神文化和健身需求,无法适应新形势下文化体育事业的发展需要。利川市政府文化财政投入是公共文化服务建设资金的主要来源。从利川市

地方政府财政投入结构来看,2014 年,全市财政支出总额 38.67 亿元,教育支出 8.50 亿元,占比 21.98%;医疗卫生与计划生育支出 5.67 亿元,占比 14.66%;社会保障和就业支出 3.50 亿元,占比 9.05%。公共文化服务也是基本公共服务的一项重要内容,其文化事业费为 0.69 亿元,在全市公共财政支出中的比例仅为 1.78%。不仅如此,2015 年初新预算法实行后,文化事业经费投入仅为 0.33 亿元,与上年相比,减幅超过一半。

二是公共文化基础设施建设滞后。一方面,文化基础设施达标程度较低,覆盖率不高。文化部发布的基础文化设施建设标准,要求村级综合文化服务中心面积达到 100 平方米。利川市 14 个乡镇(街道)中,只有毛坝乡拥有面积达标综合文化服务中心的行政村比例达到 80%。而凉雾乡、元堡乡、汪营镇、建南镇以及位于利川城区的东城街道办事处等 6 个乡镇(街道),其村级综合文化服务中心达标率低于 20%。另一方面,基础文化设施配置不够,质量不高。已建成的村级综合文化服务中心中,图书数量和类目有限,不能满足农村普遍的种植、养殖等农业技术以及其他方面的需求。数字化工程也不够,部分行政村虽然安装了公共电脑,但配置较低,且大多不能直接投入使用。已建成的 50 多个文化广场,缺乏音响、广场灯光等必要设备的超过 70%。基础文化设施的配置,还不能达到有效开展公共文化服务活动的要求,其公共文化功能难以得到有效发挥。

2. 供需矛盾突出,服务效能不高

一是文化产品针对性不强,与群众需求脱节。利川市的公共文化产品供给注重"送文化"下乡,为乡村居民送书、送戏、送电影等成为政府,尤其是基层政府的主要文化职能。但是政府资源有限,又偏重城镇,在广大乡村地区,文化产品和服务不仅总量匮乏,还忽视了村民的接受能力和真实需求。其中农家书屋就是典型例子,政府单向提供图书、报刊等文化产品,没有考虑到群众需求和乡村实际情况。之后即使对农家书屋从书目类别、书本质量、免费开放时间等各方面进行调整改进,其使用情况也无较大改观。利川市提供公共文化产品和服务,在兼顾大多数居民的文化权益的同时却无法顾及少数群体的文化需求,没有针对老人、儿童、残障人士等特殊群体提供专门性文化产品和服务,从而导致这部分群体的公共文化服务权益被忽略。

二是公共文化基础设施未能充分利用。过去在基础设施建设中基本采取“平均”的办法，即每个村都要建文化活动室、农家书屋、文化信息共享工程等，导致目前有50%以上的农家书屋和文化信息共享工程闲置浪费，农家书屋无人管，书也无人读，信息共享工程不通信息，没有发挥应有作用。公共文化场馆访问人数少，设施设备尤其是电子阅览设备利用人数少；公共文化服务活动开展的种类、规模、数量和水平亟待扩大和提高；个别文化单位送文化下乡时，多是有什么送什么，面向基层的优秀文化供给不足、服务质量参差不齐，导致对群众的吸引度差、参与度低。

三是城乡文化资源不平衡，服务效能不高。长期以来，受城乡二元格局影响，各项资源向城市倾斜，公共文化资源的分配也不例外。利川城区文体设施齐全，龙船调艺术节、全民运动会等多项大型品牌文体活动均在市城区举办，城区居民的公共文化服务已经达到全省甚至全国先进水平。然而，边缘乡村交通不便，乡村文化基础设施匮乏并且距离遥远。利川市虽利用“流动服务车”每年开展送电影、图书、戏剧等下乡活动数百场，但全市行政村数目偏多，面积大，范围广，村民所享有的文化资源十分有限。即使政府非常重视文化信息资源共享工程建设，但实践中，计算机、网络运营维护技术不先进并且专业人才大量缺乏，地方性网络设施架构和费用不到位，信息资源共享工程的作用未能充分发挥，无法弥补“阵地式”和“流动式”服务空缺。

3. 专业人才缺乏，服务队伍不稳

一是文化管理理念陈旧，业务素质有待提高。利川市14个乡镇（街道）综合文化站中，一级乡镇综合文化站2个、二级文化站2个、三级文化站3个，但乡镇文化站普遍存在一人一站的情况。文化站主要负责人年龄普遍在40岁以上，其管理理念和知识结构相对陈旧，难以适应新时期文化工作的开展。其他工作人员多为身兼数职的乡镇干部，经常被抽调到乡镇其他岗位配合乡镇党委、政府开展工作，用于文化工作的精力不多。全市数百个综合文化服务中心以及五百多个农家书屋，多为村干部（社区居委会）兼职管理，平日里行政事务和村内事务较多，阵地设施无固定开放时间，使用率极低，文化工作缺乏规划，严重影响和制约乡村的文化建设和发展。

二是文化专业人才匮乏，文化人才队伍老龄化。按现有政策，市文化馆、图书馆等人员编制数还是5年前机构改革时确定的，如今已有大部分人员退休，且随着文体事业的加速发展，原有编制数远远不能满足文体事业发展的需要。同时，乡镇文化站于2006年开始改革，随后一直没有进人，直到2015年文体广电合并，全市14个乡镇办事处文体广电中心，现共有人员38人，由于中心工作任务重、事情繁杂，很多工作未能及时解决。因而，专业文化人才匮乏，存在严重老龄化甚至无人接班的现象。

三是文化从业人员流动性大，服务队伍难以稳定。一方面，市文化部门和单位，以及乡镇文化站的工作人员属于事业编制专业技术人员，其待遇高低依职称高低而定。各机构单位的职称结构数量由上级部门掌握，职称评定困难，岗位薪资待遇基数低，可调整晋升可能性小，导致文化机构和单位人员外流。另一方面，图书馆、文化馆以及传承馆等二级单位聘用临时工作人员，需要自行解决其待遇问题，这部分经费常常从免费开放资金以及单位其他经费中抽取，往往待遇很低，造成人员流动性大或者聘用不到人员，文化从业人员主观意愿不足，人手不够。同时，利川地处西部山区，条件艰苦，存在“进人难、留人难”现象，直接影响全市文化事业的发展。

4. 自主活力不足，依赖程度较高

一是政府服务意识有偏差，民间文化活力不足。利川市属于少数民族聚居区，文化底蕴深厚，民族民间文化丰富活跃，但在政府“送文化”的运行逻辑下，政府是乡村公共文化服务供给的决策者和执行者，忽视了乡村居民的主体性和能动性，导致乡村公共文化服务体系建设对政府依赖性强，基层文化活力严重不足。一方面，乡村文化贫乏甚至落后成为共识，政府要发展乡村公共文化，就需要不断从外部引入所谓的“先进”文化，以扫除乡村棋牌、迷信等不正之风，忽视了民间文化、基层文化的活力。另一方面，将农民单纯地视为公共文化的受惠者，忽略了农民在公共文化服务中的主体性，忽视了农民的文化选择能力。

二是文化自生长意识不强，主动性缺失。政府“只输入，不培育”“喂食”式的“送文化”公共文化服务方式，使得农民将政府提供公共文化服务视为“理所应当”，一味“等、靠、要”，“政府提供什么，村民就要什么”，依赖政府，未能发挥农民的主体性和能动性，“送则有，不送则无”，乡村公共文化服务终究不能长久。同时，基层文化引导性不够，生长点不多，文化创造活力不强,未能发挥价值引领和思想引导作用,地方优秀传统文化和特色文化未能得到很好地发掘和弘扬,人民群众中蕴藏的文化创造活力未能得到有效激发。

总之,利川市公共文化服务主要由政府提供,而且由于政府财政有限,难以为基层公共文化建设提供充足的经费支持。政府单向度提供文化产品和服务,部分产品和服务过剩,而群众需求比较大的其他产品和服务供给不足,供需矛盾突出,造成资源浪费。与此同时,基层文化专业人才缺乏,既缺乏文化设施管理人才,并且已有设施缺乏管理、运行不力,又缺乏专业艺术人才活跃当地氛围,带动群众参与文化、创造文化,乡村公共文化服务难以持续。

(二)优势分析

利川市位于湖北省西南边陲,与重庆市接壤,国土面积4607平方公里,总人口94万,辖12个乡镇、2个开发区,共有575个行政村,是恩施土家族苗族自治州面积最大、人口最多的县级市。其文化底蕴深厚,有江南明清庄园大水井古建筑群落、千年土家古堡鱼木寨;有民族文化“三绝”肉连响、利川灯歌、利川小曲,是巴楚文化的交汇之地、世界优秀民歌《龙船调》的故乡。利川市先后荣获“中国西部名城”“中国歌舞之乡”“中国优秀旅游城市”“中国楹联文化城市”“中华诗词之乡”“中国民间文化艺术之乡”“全国文化先进县市”等称号,其文化建设具有得天独厚的优势。

1. 文化底蕴丰厚,民族特色显著

一是文物资源富集。利川市拥有可移动文物264处,已成功申报公布各级文物保护单位94处,其中大水井古建筑群落和鱼木寨成功申报为国家级重点文物保护单位,太平塘摩崖题刻等16处为省级文物保护单位,文斗鞍山墓群等3处为州级文物保护单位。境内还有古遗址16处、古墓葬14处、古建筑18处、古石刻9处、革命遗址及革命纪念地14处,均已列为市级文物保护单位。

二是非物质文化遗产保护得当,拥有“非遗”数据库。利川市拥有“非遗”保护名录61项,其中肉连响、利川灯歌被公布为国家级保护名录,利川小曲等6项被公布为省级名录。该市已编辑出版了《鱼木寨研究》《利川文化遗产撷英》《利川小曲》《利川故事》《夷水歌谣》《利川谚语歇后语》等多部著作。同时,已完成肉连响、利川小曲、利川灯歌活态传承模式阶段性研究。

三是本土民族文化影响广泛,深受国内外欢迎。近年来,利川市许多本土民族文化走向国内外。2014 年 9 月,该市经济文化交流团赴俄罗斯圣彼得堡展开了为期 4 天的文化访问交流活动,先后在加特契纳市普林拉斯基公园、圣彼得堡民族宫进行文艺交流演出,《巴蔓子》《龙船调》《肉连响》等民族文化节目深受俄罗斯朋友喜爱。在 2015 年度"中国民间文化艺术之乡"民歌、山歌展演中,利川代表团选唱的曲目《这方凉水长青苔》在 3 场展演中均获满堂彩,受到苏州人民欢迎。在各级民族传统体育运动会上,利川民族文化崭露头角,如在湖北省第八届少数民族传统体育运动会表演项目中,《肉连响》《摆手舞》两个节目巧妙地将传统舞蹈的精髓和浓郁的时代气息糅合,演绎出土家人强大的民族之魂,赢得评委的一致好评。在第十届全国少数民族传统体育运动会上,原生态舞蹈《肉连响》向全国各族人民展示了独具土家民族特色的文化魅力。

2. 文体活动多样,文化品牌鲜明

一是节庆文化活动精彩纷呈。近几年来,利川相继举办了中国民歌艺术节、"龙船调的故乡"(中国·利川)经济文化交流会、首届中国龙船调艺术节等全国性文化活动以及民族民间文化活动周、"欢乐一家亲"文化体育系列活动等全市性文化活动。在元旦、春节、"五一"、中秋、国庆等重大节日,全市城乡轮番举办群众文化活动。近 10 年来,利川坚持政府搭台、部门参与、市场运作、群众唱戏的原则,以"利川之夏"广场演出为龙头,持续开展乡镇民族民间文艺汇演、"龙船调"杯山民歌大赛等品牌文化活动,为人民群众提供了丰富的精神文化食粮。

二是社区(广场)文化活动蓬勃发展。社区文化活动的蓬勃开展,催生了夷水丽川歌舞团、老干部艺术团、轻音乐团、"时代之声"合唱团、夕阳红健身队、山茶花艺术团、柏杨坝农民艺术团等 500 多支群众性社会文艺团体。这些文艺团体常年借助城镇广场、社区文化活动室等阵地,开展广场舞大赛、工间操比赛、美术书法摄影展、全民阅读等广场文化活动,逐步成为繁荣全市群众文化的生力军。

三是乡村文化活动丰富多彩。近年来,利川市结合"送戏下乡",依托新农村文艺辅导基地、农村文化活动广场以及"百姓舞台",开展了丰富多彩的群众文化活动,在毛坝镇夹壁村、田坝村,忠路镇田湾村,凉雾乡马前村,柏杨坝镇栏堰村,谋道镇苏马荡等地相继举办了以“候鸟”“村晚”“民宿”为主题的专题文艺演出,从创作到演出,都由当地村民自行完成,极大地挖掘了广大农民朋友的艺术天赋,同时也丰富了他们的精神文化生活,营造了和谐积极的社会氛围。

四是文体活动丰富多彩,文化品牌鲜明。利川市以实施“一县一品”工程为抓手,着力打造“龙船调”文化品牌,形成了一个艺术节、一系列丛书、一台精品文艺节目、一个文化网站、一本期刊、一张光碟、一系列民歌传唱大赛、一个主题公园、一条龙船天街、一系列文化产品的“十个一”文化品牌体系。2014 年 5 月,在湖北省“文化产业跨越发展”系列评选活动中,龙船调文化品牌荣登“全省十大特色文化品牌”榜。

3. 政府高度重视,组织有力领导

一是省级公共文化服务体系示范区申请成功,示范引领作用突出。在湖北省开启第二批公共文化服务体系示范区创建工作之际,利川市积极把握机会,成功申请创建示范区,对文化工作的顺利开展起到助推作用。强化校地合作,探索公共文化服务体制、机制与模式,认真破解贫困山区存在的“文化供给产品单调,文化服务方式单一,群众文化享受乏味”等瓶颈问题。以“传承、创新、融合、发展”为目标,唤醒沉寂的传统优秀文化,融合现代先进文化,探索实践“三级阶梯种文化”的“利川模式”,实现示范区创建工作的亮点工程,发挥示范引领作用。

二是公共文化体系建设效果显著,文化事业欣欣向荣。一方面,近年来利川市围绕建设文化强市的战略目标,把争创湖北省公共文化服务体系示范区作为加强文化建设的重要抓手,抓队伍、提素质,抓硬件、强基础,抓品牌、出特色,抓产业、增实力,初步探索出了一条适应市场经济新形势、彰显本土特色的公共文化服务体系建设新路,全市公共文化事业呈现出欣欣向荣的发展态势。另一方面,资金投入力度大,服务效能提高,公共文化服务基本达到标准化、均等化。利川市按照中央、省相关规定全额拨付文化事业发展经费,免费开放、农村文化事业发展等专项经费配套政策全部落实到位,以支持公共文化服务体系建设。

三是公共文化政策保障机制健全,法律法规保驾护航。利川市认识到文化事业对经济发展的支撑作用,因此,文化事业发展被纳入全市国民经济和社会发展总体规划。该市每年都要召开市委常委会议或市政府常务会议,专题研究公共文化服务体系建设工作,并深入基层文化部门调研,解决实际困难和问题、探索发展途径,使公共文化服务体系建设保障机制得到健全。早在2012年9月,利川市就出台《关于加快建设文化强市推动利川文化大发展大繁荣的实施意见》,成立了由主要领导挂帅的文化体制改革领导小组,全面深化文化体制改革。随后又相继出台了《利川市宣传文化事业优秀成果奖励办法》《利川市"文化名人"评选表彰办法》等规范性文件,文化事业发展激励机制拥有法律法规保障。

4. 人才队伍庞大,本土创作活跃

一是强化改革创新,助力加强文化人才队伍建设。按照党的十八届三中全会关于深化文化体制改革的总体要求,利川市认真落实公益性文化单位人员编制和收入待遇,积极推行人员聘用制度和岗位管理制度,加大收入分配制度改革力度,已基本形成文化单位干部能上能下、职工能进能出、收入能高能低的用人机制。截至2015年底,全市专职文化工作者169人,兼职文化工作者2000余人,业余文化工作者1万余人,文化队伍已形成一定规模。全市广大文化工作者在公共文化建设中扮演着各种重要角色,在推动文化强市建设中发挥了主力军、生力军作用。

二是坚持以人民为中心的创作导向,努力繁荣文艺创作。利川市以自身为创作背景的文艺作品越来越多,如小说《盐大路》《打工奇遇》,诗歌散文《苏马荡的水杉树》《今夕何夕》《山之歌》让群众更深刻地看到了利川的历史文化。摄影作品《大美利川美术作品集》《光影作证》《秋林》《神游毛坝》,专题片《雪染的风采》《六感凉城大利之川》,影视剧《1980年代的爱情》《大水井风云》《血誓》等,充分展现了利川的自然、人文风貌,受到广泛的认可。

二、理念建构与制度设计

(一)"公共文化服务体系"概念的提出及制度内涵

公共文化服务体系是为满足社会的公共文化需求,由公共组织机构使用公共权力与公共资源,向公民提供公共文化产品的服务行为及其相关制度与系统的总称,是公共服务体系的有机组成部分。这一概念归属于文化政策研究的范畴。

2005年10月,《中共中央关于制定国民经济和社会发展第十一个五年规划的建议》提出“加大政府对文化事业的投入,逐步形成覆盖全社会的比较完备的公共文化服务体系”,首次以正式文件形式提出“公共文化服务体系”一词,象征着我国公共文化事业建设跨入到新的历史时期。2005年12月,中共中央、国务院共同发出《关于深化文化体制改革的若干意见》,提出“推进文化事业单位改革”,“加大公益性文化事业投入,调整资源配置,逐步构建公共文化服务体系”。这表明中央对公共文化服务体系认识逐步深入,对其相关内涵不断明确和细化。

2006年10月,《中共中央关于构建社会主义和谐社会若干重大问题的决定》提出,“坚持把发展公益性文化事业作为保障人民文化权益的主要途径”,“加强公益性文化设施建设”,“加快建立覆盖全社会的公共文化服务体系”,再次强调公共文化服务体系的公益性特征,并把保障人民文化权益作为公共文化服务体系建设的逻辑归宿。2007年10月,党的十七大报告明确提出将“基本建成覆盖全社会的公共文化服务体系”纳入我国2020年实现全面建成小康社会奋斗目标的新要求。

2008年10月,《中共中央关于推进农村改革发展若干重大问题的决定》明确提出,“建立稳定的农村文化投入保障机制,尽快形成完备的农村公共文化服务体系”。文件将农村公共文化服务体系建设予以单独强调,凸显公共文化服务体系建设的重点在基层,难点在基层,并以细化的具体要求推进公共文化服务体系建设。2011年10月,《中共中央关于深化文化体制改革 推动社会主义文化大发展大繁荣若干重大问题的决定》提出,“加强公共文化服务是实现人民基本文化权益的主要途径”,要“完善覆盖城乡、结构合理、功能健全、实用高效的公共文化服务体系”。

2013年11月,《中共中央关于全面深化改革若干重大问题的决定》提出,“构建现代公共文化服务体系。建立公共文化服务体系建设协调机制,统筹服务设施网络建设,促进基本公共文化服务标准化、均等化。建立群众评价和反馈机制,推动文化惠民项目与群众文化需求有效对接”,“推动公共文化服务社会化发展”。文件首次提出“现代公共文化服务体系”的政策表述,并具体指出了未来改革方向。

2015年1月,中共中央办公厅、国务院办公厅印发《关于加快构建现代公共文化服务体系的意见》,明确提出“到2020年,基本建成覆盖城乡、便捷高效、保基本、促公平的现代公共文化服务体系”的目标。

2017年3月,我国文化领域第一部具有“四梁八柱”性质的重要法律《中华人民共和国公共文化服务保障法》正式实施,要求“县级以上人民政府应当将公共文化服务纳入本级国民经济和社会发展规划”,“加强公共文化设施建设,完善公共文化服务体系,提高公共文化服务效能”,至此,构筑起现代公共文化服务体系的制度框架。

自党和政府将公共文化服务体系这一概念提出,其具体内涵一直不断更新。但本书以为其基本内核可以由上述政策文件加以总结归纳:从建设主体来看,基于现代服务型政府的管理理念和政府财力的有限性,公共文化服务体系的建设应当是由政府主导,而社会各界共同参与的多元文化治理;从服务的对象来看,公共文化服务体系是面向全体群众,机会平等的接受公共文化服务;从服务供给的方式来看,公共文化服务系是以完善公共文化服务设施和高质量的公共文化产品供给为主要途径,满足群众基本文化权益的实现;从公共文化服务体系建设的目的来看,旨在保障人民群众基本公共文化权益,促进文化公平,并以社会主义核心价值体系为引领,实现对社会的文化整合。

相对应的,现代公共文化服务体系具有五个基本特征:服务目标均等化、供给主体多元化、运行机制民主化、公共服务高效化、管理体系法治化。其中,均等化和高效化属于发展目标范畴,多元化和民主化属于体制机制范畴,法治化属于制度保障范畴,这些基本特征相互联系、相互作用,共同影响着整个现代公共文化服务体系的制度安排。

党的十九大上,习近平总书记强调:“中国特色社会主义进入新时代,我国社会主要矛盾已经转化为人民日益增长的美好生活需要和不平衡不充分的发展之间的矛盾。”我国稳定解决了十几亿人的温饱问题,总体上实现小康,不久将全面建成小康社会,人民美好生活需要日益广泛,不仅对物质文化生活提出了更高要求,而且在文化方面的要求日益增长。没有文化小康,全面建成小康社会就无从谈起。

(二)从文化“外送”到“内生”的理论逻辑

利川市位于鄂西南、武陵山集中连片特困地区,是全省25个国家级重点贫困县之一,也是全省贫困人口最多的县级市,是我国中西部典型的贫困地区、民族山区，要创建湖北省公共文化服务体系示范区，构建现代公共文化服务体系，必须首先搭建公共文化服务体系的理论框架，对公共文化服务的相关概念进行界定，对建设规律、理论进行探索归纳，从理论层面，对现代公共文化服务的治理理念问题进行解答，明确政府在文化治理中的地位和作用，对如何做、做什么，怎么做等问题进行理论思考，从而形成利川市公共文化服务模式创新的理论体系。

1. 文化权益的政策逻辑：文化扶贫到文化自信

文化权益的概念。我国提出建设公共文化服务体系，要切实保障公民的基本文化权益，这是现代公共文化服务体系建设的核心和本质。“文化权益”概念来源于西方基于公民身份建构背景下的“文化权利”概念[①]，“文化权利”所隐含的丰富的“权利至上”的个体主义元素，与社会主义制度所追求的个体与社会、个人与国家的利益共同体价值和命运共同体价值相悖离。因此，我国用“权益”一词替代“权利”，旨在突出“公益”而弱化“自利”[②]。保障公民的基本公共文化权益是现代服务型政府的一项重要职责。长期以来，我国对于贫困地区的公共文化服务供给一直采用“文化扶贫”“送文化”等方式来保障人民群众的基本公共文化权益。

学界对“文化扶贫”的理解主要有五种。第一种是“提高素质说”，辛秋水将文化扶贫理解为“提高人的素质”[③]，即对人进行扶智、扶文。第二种是“获得劳动知识、技能说”，肖继文等认为文化扶贫是使贫困人员“获得参加劳动的知识、技能，依靠自身努力，逐步消灭贫困根源，求得贫困地区长远持续发展的‘造血式’的反贫困措施”[④]。第三种是“价值观改造说”，徐永平认为“文化扶贫的本质就是要以新的文化价值观念改造贫困地区落后的文化价值形态”[⑤]，因此，王俊文将“文化扶贫”理解为是对贫困人口精神状态或文化价值观方面的革命 。第四种是“扶智与扶精神说”，杨超等认为“文

① 吴理财，洪明星，刘建. 基本文化权益保障：内涵、经验与建议[J]. 桂海论丛，2015(2)：15-20.

② 吴理财. 文化权利概念及其论争[J]. 中共天津市委党校学报，2015(1)：53-61.

③ 辛秋水. 来自莲云乡文化扶贫的报告[J]. 江淮论坛，1996(6)：84-89.

④ 肖继文，魏星河，杨超. 文化扶贫 一项伟大的文明工程[J]. 求实，1996(11)：31-34.

⑤ 王俊文. 反贫困必由之路：我国农村贫困地区“文化扶贫”的关键解读[J]. 农业考古，2007(6)：342-346.

化扶贫就是使贫困者获得参加劳动的知识、技术与条件，并具备积极向上、不断奋进的心理素质”[①]。第五种是“治愚说”，张庆武认为文化扶贫是“治愚”，不同于“扶志”的思想扶贫[②]。

“文化扶贫”背后的政策逻辑是对我国历史国情及城乡发展差异的一种现实选择，即认定基层文化贫乏和落后，需要从外部“送”来“先进的”的文化来进行改造。与之相对应的是“文化自信”的概念。习近平总书记在庆祝中国共产党成立95周年大会上，将“文化自信”概念纳入四个“自信”之列。文化自信是更基础、更广泛、更深厚的自信[③]。增强文化自信既是增强道路自信、理论自信、制度自信的客观要求和逻辑必然，又是支撑和形成道路自信、理论自信、制度自信的文化要素的整体呈现[④]。文化自信的前提是承认并肯定民族文化、草根文化、内生文化等组成的自身文化，对中华民族传统优秀文化进行传承和弘扬。

近些年来，伴随着很多地区农村经济的快速发展，农民文化权益的缺失也日渐凸显[⑤]。要保障农民的文化权益，首先应保障农民的“文化创造权”[⑥]。农民不仅仅是文化的接受者，更应该是文化的创造者[⑦]，而且文化创造的过程恰恰就是文化传播的过程。从这个意义上说，政府还应从现在为农村“送文化”转变为向农村“种文化”，帮助农民培育自己的文化，实现“文化自信”[⑧]。

2. 文化治理理念与政府文化职能转型：从“包办”到“管治”

党的十七届六中全会《中共中央关于深化文化体制改革 推动社会主义文化大发展大繁荣若干重大问题的决定》提出了深化我国文化体制改革的战略路线。党的十八届三中全会《中共中央关于全面深化改革若干重大问题的决

① 肖继文，杨超，魏星河. 扶贫 扶智 扶精神——对贫困地区文化扶贫的思考[J]. 攀登，1997(1)：12-16.

② 张庆武. 思想文化扶贫刍议[J]. 甘肃理论学刊，1997(1)：18-20.

③ 习近平. 在庆祝中国共产党成立95周年大会上的讲话[N]. 人民日报，2016-07-02.

④ 中国自然辩证法研究会举办“科学精神与践行社会主义核心价值观”主题研讨会[J]. 自然辩证法研究，2015，31(3)：127.

⑤ 韩凤芹，张绘. 以国家治理能力现代化推进公共文化服务体系建设[J]. 中国财政，2015(6)：53-55.

⑥ 向勇，喻文益. 公共文化服务绩效评估的模型研究与政策建议[J]. 现代经济探讨，2008(1)：21-24.

⑦ 夏建中. 治理理论的特点与社区治理研究[J]. 黑龙江社会科学，2010(2)：125-130.

⑧ 刘丽团. 广东公共文化服务体系初步形成[N]. 中国文化报，2006-08-08.

定》对文化建设社会化发展提出了新要求，“鼓励社会力量、社会资本参与公共文化服务体系建设，培育文化非营利组织”①，这是政府部门从办文化到管文化的角色转型的重要标志②。

传统的政府管理理念存在着“统治”的意味，统治意味着国家只有一个权力中心且是单向度的，政府依据强制力成为管理主体③。在这种管理理念影响下，公共文化服务一般是由政府及其事业单位“包揽”④。虽然他们声称要鼓励和引导社会力量参与公共文化服务，但是在实际工作中却经常依靠其隶属的“文化事业单位”来实施公共文化服务，以致政府“管文化”“办文化”难以分离⑤。在现代社会，包括公共文化服务在内的公共问题的解决需要广泛依靠协作关系，远远不能只依靠政府本身，因此需要用“政府治理”代替“政府管理”。

传统公共文化服务主要是依靠政府供给的单一模式，通过政府一元化的行政管制，借助从上到下行政部门层层递进的“树结构”传送，最终实现提高政府公共文化供给效率的目标。政府包办公共文化服务的这种一元化组织体系与社会主义计划经济体制相匹配，利弊同在（见表5-1）。

表5-1 政府“包办”文化利弊分析⑥

项目	优势	劣势
意识形态	保持文化领域意识形态的同一性	抑制多元文化的形成和发展
公共文化产品供给	保证供给速度和供给的统一分配，可以集中力量出“文化精品”	忽视民众文化偏好，供需失衡，公共文化产品供给缺乏多样性
文化投资	政府对投资主体可控性强	文化投资主体资格受限，主体单一

① 闫平. 试论公共文化服务体系建设[J]. 理论学刊，2007(12)：59-62.

② 李国新，杨永恒，毛少莹. 中国公共文化服务体系建设的历史性转折[M]. 北京：社会科学文献出版社，2012：110-113.

③ 莱斯特·萨拉蒙. 新政府治理与公共行为的工具：对中国的启示[J]. 中国行政管理，2009(11)：100-106.

④ 郭灵凤. 欧盟文化政策与文化治理[J]. 欧洲研究，2007(2)：23-25.

⑤ 李少惠，余君萍. 西方公共文化服务体系综述及其启示[J]. 图书馆理论与实践，2012(3)：45-46.

⑥ 李山. 政府购买公共文化服务的现实困境与改革路径[J]. 湘潭大学学报，2014(5)：25-29.

续表

项目	优势	劣势
文化差异性和共同性	稍有利于文化发展的共同性方面(促进文化方面的沟通以及组织控制的可能)	不利于文化发展的差异性方面(减少了文化发展的创造力)

传统公共文化服务在供给选择上实行集中决策模式,同时辅以专家投票、政策性税收支出等技术性决策规制。它能够实现文化话语的统一表达和文化供给的统一分配,并能够保证供给的速度,但是它容易忽视民众的文化偏好,不是以民众的文化需求为导向的①。

现代公共文化服务所实行的购买模式,是通过政府先与各文化事业单位、文化企业、文化民间组织达成契约,以满足公众需求和促进文化发展为追求,建立"果结构"的网络化管理体系。它以契约管理为主代替行政命令为主的管理体系,实行"多中心决策"(分散决策)的模式,并借助于契约型组织体系,在一定程度上突破了自上而下的层级壁垒,有利于促进资源流通。建立了供给者、生产者之间的平等关系,也即政府购买公共文化服务改变了政府供给的单一模式,运用市场的力量让文化企业和民间文化组织参与进来,以"人民为中心",建立起多元化的公共文化服务体系。

通过购买这一途径,公共文化服务的提供者实现了"身份转换",即由政府直接提供转变为由有能力的社会服务机构提供,而受惠者依然是人民大众,并且通过多元化的提供者来满足公众多样化的文化需求。政府成为市场上的购买者和监督者,而不是之前传统文化事业体系时期的提供者和主办者。"顾客"是广大的社会民众,政府成为为"顾客"提供服务的"服务者"。

政府的职能由包办转向引导,政府根据自己的职能提供基本公共文化服务并保障公民平等地享有这些服务。企业按照市场机制提供某些公共文化服务,满足公民在基本公共文化服务之外的诸多不同文化需求。第三部门则发扬慈善精神对政府失灵和市场失灵的领域提供某些公共文化服务,既辅助政府使公民享有更好的基本公共文化服务,又在努力地满足公民的

① 王浦劬,莱斯特·萨拉蒙,等.政府向社会组织购买公共服务研究:中国与全球经验分析[M].北京:北京大学出版社,2010:3。

多元文化需求。政府通过财政税收政策支持企业和第三部门提供公共文化服务①。

积极引导和鼓励社会力量参与公共文化服务,建设紧密的多元主体合作服务网络,更加体现了现代文化治理的理念和要求②。鉴于我国社会转型期不断增长的文化生活消费需求,在新时期,要加快构建现代公共文化服务体系,应当将文化治理的理念贯彻进来③,充分调动社会各方面积极性,激发社会文化活力和创造力,实现公共文化服务提供主体和提供方式多样化。基于此,利川市"种文化"公共文化服务模式创新,应该坚持从"送文化"到"种文化"的转型,打破过去政府作为单一提供主体垄断公共文化服务的局面,形成政府主导、社会参与、多元投入、协力发展的新格局④,提高公共文化服务质量和效能,构建现代公共文化服务体系。

(三)现代公共文化服务体系建设标准与建构依据

从2011年起,文化部、财政部开展国家公共文化服务体系示范区(项目)创建工作这一战略性文化惠民项目,接连颁行了《文化部 财政部关于开展国家公共文化服务体系示范区(项目)创建工作的通知》(文社文发〔2010〕49号)和《国家公共文化服务体系示范区(项目)创建工作方案》《国家公共文化服务体系示范区(项目)创建标准》等政策文件。2013年湖北省颁布了《湖北省公共文化服务体系示范区创建标准》,制定了省内地方创建实施基本标准体系。

2015年11月,中办、国办印发《关于加快构建现代公共文化服务体系的意见》和《国家基本公共文化服务指导标准(2015—2020年)》,建立了国家指导标准与地方实施标准相衔接的标准体系。2015年12月,文化部等七部委联合印发的《"十三五"时期贫困地区公共文化服务体系建设规划纲要》对"文化扶贫"工作做出了全面部署。2016年1月,湖北省贯彻中央精

① 王春林.公共文化服务运行机制构建[J].广西社会科学,2013(5):23.

② 吴理财,贾晓芬,刘磊.以文化治理理念引导社会力量参与公共文化服务[J].江西师范大学学报,2015(6):88-90.

③ 苗瑞丹.反思与借鉴:美国公共文化政策对我国文化发展成果共享的启示[J].学术论坛,2013(10):188-192.

④ 詹姆斯·海尔布伦,查尔斯·格雷.艺术文化经济学[M].詹正茂,等译.北京:中国人民大学出版社,2007:301.

神颁行了《关于加快构建现代公共文化服务体系的实施意见》《湖北省基本公共文化服务实施标准(2015 年—2020 年)》的指导性文件。这些政策和文件的颁行为全国各示范区公共文化服务体系创建提供了基本建设标准和体系建构依据。

1.《国家基本公共服务体系“十二五”规划》

《国家基本公共服务体系“十二五”规划》明确提出“国家建立公共文化体育服务制度,保障人民群众看电视、听广播、读书看报、进行公共文化鉴赏、参加大众文化活动和体育健身等权益”。同时,《规划》还列举了政府提供公共文化体育服务的基本内容(见表 5-2)。从《规划》列举的内容来看,基本公共文化体育服务的内容主要包括了文化场馆免费开放、广播电视服务、公益性文化服务、文化遗产保护和全民健身指导等五大内容。《规划》作为国家层面的战略指导性文件,其所列举的基本公共文化体育服务内容,是县域公共文化服务标准化,特别是标准体系建构的基本依据。

表 5-2 “十二五”时期政府提供公共文化体育服务的基本内容

序号	内容
1	向全民免费开放基层公共文化体育设施,逐步扩大公共图书馆、文化馆(站)、博物馆、美术馆、纪念馆、科技馆、工人文化宫、青少年宫等免费开放范围;
2	为全民免费提供基本的广播电视服务和突发事件应急广播服务;
3	为农村居民免费提供文化信息资源共享、电影放映、送书送报送戏等公益性文化服务;
4	加强文化遗产保护和综合利用;
5	为城乡居民参加全民健身活动提供免费指导服务。

2.《国家公共文化服务体系示范区(项目)创建标准》(中部)

国家公共文化服务体系示范区(项目)创建是国家推动现代公共文化服务体系建设的重要举措。《国家公共文化服务体系示范区(项目)创建标准》按照东部、中部和西部的具体情况分别提出了创建标准。尽管《国家公共文化服务体系示范区(项目)创建标准》是针对国家层面的示范区,其标准相对较高,但利川市也是湖北省公共文化服务体系示范创建县,因此《国家公共文化服务体系示范区(项目)创建标准》的中部标准可作为利川市建构县域公共文化服务标准体系的基本依据之一。

3.《湖北省公共文化服务体系示范区创建标准》

2013年,为更好地推进湖北省现代公共文化服务体系建设,湖北省启动了省级公共文化服务体系示范区创建工作,并出台了《湖北省公共文化服务体系示范区创建标准》。该标准是利川市建构区域公共文化服务标准体系的直接依据之一。利川市公共文化服务标准体系的所有标准都必须达到或超过《湖北省公共文化服务体系示范区创建标准》,同时彰显地方文化特色。

现代公共文化服务体系建设是一个根据国家文化治理需求、公民文化需求和公民文化权利保障需求的变化而不断探索的动态过程。上述国家和省级层面的规划与标准不仅界定了公共文化服务体系建设的目标、范围、途径和主要标准,还为我们制定利川市公共文化服务标准体系提供了重要的指导与参考。利川市公共文化服务标准体系建构必须达到上述规划和标准的要求,又不能拘泥于现有的规划和标准,而应根据对公共文化服务认识的不断深入和利川市公共文化服务体系建设现状与特色,在覆盖范围上有所拓展,并凸显地方文化特色,从而达成示范区创建的探索经验与示范推广的政策目标。

三、实践特征与制度效能

利川市地处偏远山区、经济发展较贫困,其公共文化发展面临文化经费不足、基础设施滞后,供需矛盾突出、服务效能不高,专业人才缺乏、人才队伍不稳,文化活力不足、依赖程度较高等问题。如何在现有经济发展水平下,利用有限的政府资源,实现从文化扶贫到文化自信、从包办到引导转变政府职能、从多予到激活创新服务机制;如何提高政府公共文化服务和治理能力,丰富公共文化服务供给,提升公共文化服务效能,满足群众日益增长的精神文化需求,从而实现公共文化服务标准化、均等化、便利化,建立现代公共文化服务体系,实现文化小康,成为利川市公共文化服务建设长期探索的问题。

2006年国家"一号文件"明确提出鼓励"农民自办文化",2014年中央宣传部、中央文明办、文化部等9部门联合下发《关于广泛开展文明共建、文化共享"结对子、种文化"活动的通知》,2015年,中办、国办印发《关于加快构建现代公共文化服务体系的意见》(中办发〔2015〕2号),明确提出推进城乡“结对子、种文化”。三个文件的下发,以扶持农民自办文化为出发点,以加强城市对农村文化建设的帮扶、形成常态化工作机制为举措,全国各地纷纷开展“结对子、种文化”活动。从以往多个省的实践来看,通过“结对子、种文化”这一方式,农村公共文化发展迅速,农村文化氛围空前活跃,农村文化潜力无限,有望实现农村文化服务自力更生。

对于利川市而言,经济发展相对落后、对外交流相对闭塞,但民族文化活跃、非物质文化遗产不仅种类繁多、内容丰富且保存相对完好。在政府财政投入不能大幅提高、文化市场不活跃的市情背景下,在越来越强调弘扬民族精神,发掘独特优势文化,开启种子孵化之旅的国际国内环境中,利用政府现有资源、丰富的民族民间文化资源,开展“种文化”探索,最大限度撬动地方和社会资源,形成富有地方特色的公共文化服务模式,实为利川市可以探寻的有效路径。这一路径既降低了政府治理成本,推动政府职能转型,又激发了基层文化活力和乡村居民参与、创造文化热情,可以从根本上解决以往“送文化”活动遗留的老难问题。

利川市以“传承、创新、融合、发展”为目标,以唤醒沉寂优秀传统文化,融合现代先进文化为目标,破解贫困山区存在的“文化供给产品单调,文化服务方式单一,文化人才匮乏,群众文化享受乏味”的瓶颈问题,以孵化民族文化种子、培育本土文化人才为抓手,从顶层进行设计,制定相应政策,探索市、乡、村三级阶梯“种文化”服务体制、机制与模式,打造公共文化服务的“利川模式”。

(一)唤醒优秀传统文化

一是传承优秀传统文化,挖掘传统文化新亮点。利川市在提供公共文化服务、构建公共文化服务新模式的过程中十分注重传承优秀传统文化,挖掘传统文化新亮点,重视文化内涵的挖掘,加大对非物质文化遗产的保护传承力度。利川市积极争取专项资金,对大水井古建筑群、鱼木寨等94处国家、省、州、市级文物保护单位进行修复保护,谋道镇鱼木村、忠路镇老屋基村等10个村落被列为国家级传统村落;成功申报肉连响、利川灯歌等国家、省、州级非遗保护项目61项,成功申报省、州、市非遗传承人54人。目前,利川已初步形成“十个一”龙船调文化品牌体系,在湖北“文化产业跨越发展”系列评选活动中，龙船调文化品牌荣登“全省十大特色文化品牌”榜。

二是加强文物保护。首先积极争取保护资金。利川市共申报了鱼木寨防雷工程、大水井古建筑群堡坎修缮及边坡治理工程、防雷工程等3个2016年文物保护项目，申报总金额达2713万元。其次严格工程管理。目前，鱼木寨上老房子及六吉堂维修工程已全部完成，正在准备进行预验收，鱼木寨新湾民居维修工程也已基本完工，张凤坪民居维修已完成50%。而大水井古建筑群消防工程、鱼木寨重点遗存修缮工程、鱼木寨传统村落环境整治工程设计方案分别获得省文物局核准，完成了财政投资评审及公开招标，计划2017年7月上旬正式动工。最后强化日常维护。为了加大隐患整改力度，提高安全防范能力，筹集了5万余元对三元堂蓄水池进行了整修，对阶沿堡坎进行加固，对大水井古建筑群进行了白蚁、木蜂防治；同时加强日常巡查维护，坚持对重点文物保护单位进行不定期安全检查和专项检查行动，落实安全责任。

三是加大非遗传承保护力度。利川市公布了第四批市级非物质文化遗产代表性名录；整理、编辑非遗出版物《利川戏剧曲艺》《利川民间歌曲》等，图书已正式出版发行；积极开展传承人培训工作，复排利川小曲、肉连响、利川灯歌等非遗剧目。加大非遗宣传推介力度，并开展非遗传承保护专题研讨会、“文化遗产日”专题活动等，进一步增强民众对文化遗产保护的认识和全社会的保护意识。2016年，到武汉开展“悦凉越利川”旅游推介演出，把最好听的利川民歌和最具利川特色的舞蹈带到武汉，把文艺演出和旅游产品推介进行有效融合，把利川精品旅游景点、利川民宿旅游介绍给武汉社区居民，受到了当地群众的一致好评，有效宣传了利川的民族文化，推介了旅游资源。

（二）传承特色地域文化

一是品牌活动丰富多彩。利川市经常性举办乡镇民族民间文艺汇演、“龙船调”杯山民歌传唱大赛等全市性文化体育系列活动，为人民群众提供了丰富多彩的精神文化食粮。2014年，成功举办“文化力量·民间精彩”民族民间文化周活动，来自全市14个乡镇办事处的农民群众以及市直单位的干部职工、社区队伍等6000余人参与演出，活动期间累计接待观众3万多人次。2015年夏天，举办了凉城利川·欢乐一家亲系列文化体育活动，内容包括纳凉京剧演唱会、群众广场舞大赛、送文化进“候鸟”基地、青年歌手大赛、全市第二届运动会等等，持续 3 个多月时间，吸引了大批外来游客和本地群众的踊跃参与。2017 年，利川市以建市 30 周年为契机，举办“凉城利川”民宿欢乐汇、“利川记忆”怀旧老物件老照片大汇展、中国山地马拉松系列赛利川站、中国迷迪音乐节利川站等大型文化体育活动。

二是民族特色完美呈现。利川市境内十多个民族聚集，民族文化活跃，利川灯歌、肉连响、利川小曲、绕棺舞等多项国家级、省级非物质文化遗产以及其他未发掘的地域特色文化，构成利川市文化种子的丰富来源。利川市立足其拥有的文化特色优势，自发传承传统生产生活方式和技艺，使文化活动展现了民间文化丰富的生命活力，并将文化进一步“精雕细琢”进行加工，使全市甚至更大范围传习共享该市文化艺术精品，有力丰富了公共文化产品。

（三）融合先进现代文化

近年来，利川市着力培育“文化+”模式，丰富文体活动内涵，完善公共文化服务体系建设，大力实施文化惠民工程，打造特色文化品牌，以文化丰富百姓生活，以文化凝聚发展力量，文化事业呈现大发展、大繁荣局面。

一是“文化+体育”开启全民健身新时代。利川市促进文化与体育结合，将现代的健身理念与利川独有的文化传承方式相融合，赋予体育赛事更多文化内涵。成功举办 2017 中国山地马拉松系列赛（利川站）、2017CBSA 中式台球中国冠军赛、“凉城利川邀您爽，康养胜地苏马荡”暨“中国龙胄最美乡村门球邀请赛”、“民体杯”全国高脚竞速比赛、湖北省第二十七届毽球锦标赛、“我是好演员系列之首届狮王争霸赛”、州青运会、元旦万人徒步、全民健身联赛等体育赛事。

二是“文化+平台”。利川市通过将文化与网络平台相结合，建立了市、乡镇、村三级“文化种子孵化园”，形成覆盖全市的平台网络。在市级层面，以市文化馆、公共图书馆、非物质文化遗产传承馆为基础建立文化种子孵化服务中心。乡镇一级，以综合文化站为基础，建立文化种子孵化站；在有条件、文化活跃的行政村，建立文化种子孵化服务点。孵化中心、孵化站、孵化点之间双向交流，长期“孵化”推广群众喜闻乐见的文化产品和服务。

（四）创新民间产业文化

一是打造旅游城市新名片。利川市促进文化旅游创新发展，挖掘旅游资源所内含的文化意义,丰富旅游项目文化内涵,提升城市知名度和影响力。提档升级大水井、龙船水乡、佛宝山漂流4A景区,引进宜影古镇休闲度假中心、22°夷城影视文化产业园、中华"土家部落第一村"民族风情观光园、利川灵岩峡谷旅游区、南坪云上花田景区、丽森生态园、王母城、小溪河、齐岳山生态旅游示范区等项目。近年来,利川市相继获得"国家优秀旅游城市""湖北省旅游发展突出贡献县(市)""中国最具民俗文化特色旅游目的地""我最喜爱的中国西部名城""百佳深呼吸小城"等称号。

二是文化与体育旅游相融合。利川市连续两年举办了中国山地马拉松系列赛利川分站赛,借力山马赛,有机融合精准扶贫、城市品牌、民族文化、体育赛事、民宿旅游等元素,成功展示了"文化+旅游+体育"发展模式。赛道沿线的白鹊山、交椅台、长堰等5个村吸引了2家企业投资开发旅游,也激发了当地村民的创业激情,发展了农家乐17家、民宿46家,返乡创业人员22人,已脱贫301户1113人。汪营镇苏家桥村利用梨花连片盛开和交通便利优势,连续举办两届"梨花节",以农促收,吸引了数万人赏花、旅游。目前,汪营镇已有58家农家乐、4家民宿公司,每年接待休闲旅游的人数都在10万人以上,乡村旅游综合收入突破2000万元。

(五)发展专业人才队伍

一是加强文化人才队伍建设,文化人才队伍不断壮大。近年来,利川市大胆探索基层文化专干聘用制,在全市条件相对成熟的村(社区)选拔聘任政治素质好、具有一定文艺特长、热心文体工作、乐于组织基层文体活动的业余文艺骨干担任"文化专干",专门负责辖区内的文体工作。在年底由文体部门和当地政府组织考核,并根据考核情况予以一定的经费补助奖励,确保了基层文化工作有人抓、有人管、有人做,促进了农村文化活动蓬勃开展,目前全市已聘用文化专干280多名。2017年,利川市采取"市聘乡用"的办法,每个乡镇解决了1名文化工作人员编制,加上文体、广电机构改革时充实到乡镇中心的人员,目前利川市每个乡镇文体、广电服务中心能确保2~3人。此外,利川市还解决了市图书馆、文化馆人员编制紧缺问题,全市文化人才队伍不断发展壮大。

二是培育乡土文化人才队伍,建立利川文化人才库。"留得下、用得上、靠得住、离不开"的文化人才队伍是推进现代公共文化服务体系建设的重要抓手。以人才队伍培育为切入点,通过组织非物质文化遗产传承人队伍、文化志愿者队伍、文化社团以及文化管理员、专干队伍,通过市、乡镇、村分级孵化的方式,在全市范围内开展辅导培训,逐级推进,培育自身组织过硬、业务能力强的文化种子人才队伍。建立利川文化人才库,逐渐实现每村至少1名文化种子人才的目标,改善现阶段公共文化服务人才匮乏现状。

(六)建设基础设施网络

一是统筹推进公共文化服务体系示范区创建工作。利川市积极落实省委、省政府文件精神,通过了《利川市推进现代公共文化服务体系建设实施方案》(市委办、市政办发〔2016〕),并以"两办"名义发文。为确保创建工作顺利推进,组建了工作专班,制定了建设规划、时间进度表、任务分解表,聘请了指导专家,并确定研究课题,全力推进示范区创建工作。利川是文化大市,2012年利川又提出了建设文化强市的奋斗目标。2012年秋,利川市召开全市文化工作大会,专题部署文化强市建设工作,并命名表彰了6位"利川市首届文化名人"。从2013年起,市政府每年拿出50万元对优秀宣传文化体育人才、优秀文化产品、优秀文化体育企业给予奖励。

二是积极完善文化体育基础设施建设。截至2016年底,利川市修建文化广场280余个、基层综合文化服务中心50个,重点向民宿旅游示范村、精准扶贫村、党建示范村倾斜。同时,打造了以建南镇黄金村、仙祠村、蔬菜村,忠路镇主坝村、田湾村,柏杨坝镇栏堰村为重点的30分钟文化圈示范点;以羊子岭村、大塘社区、龙潭村、桃花社区为重点的社区15分钟文化圈示范点。

三是阵地建设卓有成效。免费开放工作稳步推进。市文化馆对舞蹈培训厅和多功能培训室进行装修升级并更换了音响设备,开设了包括培训(讲座)、演出、展览、视听等10多个类别免费开放项目。举办常年免费培训班12个,增设了成人钢琴培训班,新招收学员100余名,涵盖了老、中、青年龄阶段层次的群众,大幅提升了服务水平和质量。市图书馆进一步完善自动化管理系统,新安装了2台FRID图书自助借还机,建立读者信息库,实现了借、阅、询一体化服务,外借图书2万余册次。为提升大型体育场馆运营管理能力和公共服务水平,利川市将体育场馆委托管理与开放服务项目进行市场化运作,为人民群众体育锻炼提供更好的保障。

四、模式创新与地区比较

(一)模式创新

利川市以政府为主导,以人民为主体,以满足基本公共文化服务需求为宗旨,整合利川市现有文化资源,多方探索实践,不断授之以渔,以求实现从"送文化"到"种文化"的转变。该市深入推进省级公共文化服务体系示范区创建工作,加快文化供给侧结构性改革,激发乡村文化活力和村民文化创造性,建立起市、乡、村三级公共文化服务体系,将文化"种"在基层,促进了文化及相关产业融合发展。同时,以启动乡村内生力量、整合利用乡村文化元素为突破点,充分整合资金、人才、政策、设施等资源,激发乡村文化活力和村民文化创造性。建立"资源内生、人才内生、机制内生、平台自建、产品自足"的"种"文化模式,让文化在基层生根发芽、开花结果。

同时,利川市以建设文化种子孵化园为切入点,围绕培养文化骨干、文化专业管理人才和乡土文化精英进行培育辅导,根据各乡镇特色,针对性打包符合当地居民口味的"种子"文化产品,由文化骨干将文化"种子"带回乡镇。乡镇在经营管理好本级中心的同时,对所辖行政村文艺爱好者开展培训。村级在提高农家书屋、文艺辅导基地等服务效能的同时,组织村民传习从乡镇带回来的文化"种子",或成立业余文化团体加以推广,实现梯级孵化,层次服务。

利川市还出台政府购买公共文化服务政策,开展文化服务"菜单式""订单式"服务,激发全社会参与文化建设的热情。政府或部门根据需要向业余文化社团、文化企业以及其他社会组织购买公共文化产品和服务,择优录用优秀作品;所购买文化产品和服务,层层向基层延伸,进一步丰富公共文化产品和服务。该市不断发掘基层文化精英,扶持"草根"文化项目,激活并链接农村文化要素,使具有浓郁民族特色、地域特色和基层特色的利川文化茁壮成长,让利川"种"出了文化自信。

1. 服务理念:文化扶贫到文化自信,激发基层文化活力

20世纪末,由于我国发展滞后以及受城乡二元结构的影响,为了缩小城乡差距,政府在文化领域采取"送文化下乡",并且基于文化扶贫理念,始终只将文化看作经济发展的工具,以文化扶贫促进经济发展,认为经济发展

比文化繁荣更重要。但随着国家的发展,文化作为软实力的作用日益凸显,文化兴国运兴、文化强民族强的意识也日益深入人心。庆祝中国共产党成立 95 周年纪念大会上,习近平总书记首次将文化自信纳入“四个自信”。党的十九大上习总书记再次强调文化自信是一个国家、一个民族发展中更基本、更深沉、更持久的力量。没有高度的文化自信,没有文化的繁荣兴盛,就没有中华民族伟大复兴。要坚持中国特色社会主义文化发展道路,激发全民族文化创新创造活力,建设社会主义文化强国。

利川市在文化示范区创建中也转变以往固守的文化扶贫理念,不再把文化放在经济发展的从属地位,改变以往通过政府自上而下的行政任务式“送文化”来建设农村公共文化服务。利川市主动站在文化自信的角度,肯定乡土文化的活力和潜力,充分挖掘其本身拥有的丰富特色的民族文化,发挥居民文化主体,发扬优秀传统文化,践行着具有利川特色的文化自信。基于文化自信理念,利川市从扩大教育投入,修建综合文化站等阵地设施,自主培育文化种子,外部引入文化产业等措施来提高乡村居民文化素质,调动乡村居民参与公共文化的积极性,并在 2015 年申请创建湖北省公共文化示范区,让全国乃至世界感受利川文化的魅力。

2. 服务机制:“送文化”到“种文化”,实现自我服务满足

我国农村,地域广袤、人口众多、文化底蕴丰富,基层文化富有活力和潜力,农村居民不仅是文化的受惠者和消费者,更是文化的建设者和生产者。过去农村公共文化供给主要采取“送文化”方式,通过加大政府财政投入,把图书报刊、文体设施、文艺活动等公共文化产品“一厢情愿”送到基层,强调政府“多予”的供给机制,政府成为公共文化服务的供给主体,忽略了基层文化的活力和乡村居民的能动性。近年来,各地纷纷创新文化供给的方式,由“送文化”转变为“种文化”,希望通过服务机制的改变,让文化扎根于乡村大地。

利川市也积极探索文化服务机制,改变以往的文化供给方式,通过建立“政府购买”“菜单式”“订单式”服务、人才培训、“结对子、种文化”、鼓励社会力量参与等多项机制,促进农村公共文化服务建设,公共文化服务机制更加多元化。利川市以了解并满足群众需求为基础,采取政府提供必要的政策、工具、技术和物质等形式“授之以渔”,发掘基层文化潜力,发挥本身具

有的文化土壤优势和人才优势,激活农村活力,创造农民喜欢的文化。方式的转变既减少了政府以往从外部引进"先进"文化的成本,又满足了群众多样化多层次的文化需求,而且激发了群众自主创作、参与的积极性,营造了浓厚的文化氛围。

3. 政府职能:包办管制到引导服务,保障群众文化权益

党的十七大正式提出的"建设服务型政府""着力转变职能"的要求,政府职能转变成为我国政府新一轮改革的着力点。公共文化建设是政府职能的重要方面,十八届三中全会明确提出全面深化文化体制改革,加快构建现代公共文化服务体系,推动公共文化服务社会化发展。2015 年文化部、财政部等颁布《关于做好政府向社会力量购买公共文化服务工作的意见》,通过建立政府购买机制将公共文化服务社会化落到实处,操作化规程得以明确,政府职能由包办到引导转变的要求日益凸显。

利川市以往更多注重为公民提供公共文化产品,侧重保障政府文化成果拥有权,公民在服务内容、方式及数量方面自主性不强。但政府发展公共文化服务的价值基础就在于保障公民的文化成果拥有权、文化方式选择权、文化活动参与权以及文化利益分配权等基本文化权益。因此,利川市转变政府文化职能,在提供公共文化服务过程中不仅注重文化产品的提供,还注重对群众公共文化需求的回应与保障,为群众提供参与文化活动的必要保障和条件,充分调动了群众的文化参与积极性和文化创造热情。在转变政府文化职能过程中,利川市文化事业发展得到政府的积极引导,群众的各项文化权益得到合理保障。

4. 文化功能:文化管理到文化治理,协调文化供需矛盾

当前,不少学者将国外文化治理的理念引入我国公共文化建设之中,一方面强调政府治理的有效性,另一方面注重降低政府治理成本,对我国公共文化服务体系建设的影响逐渐扩大。公共文化服务从实质上而言既是文化治理的一种形式,也是文化治理的一项内容。将文化功能由文化管理转向文化治理十分必要。

利川市在提供公共文化服务的过程中改变以往把公共文化服务仅仅视作"文化福利"或"文化权利"的做法,积极引导民众必要的民主参与,防止公共文化服务与民众公共文化需求相脱节。并且建立一定的公共意识和公

共精神规约，防止文化成为一种公共性的消解力量，与公共文化生活的主旨相背离。在构建公共文化服务体系过程中，利川市注重协调各个机构之间的功能与运作，引导社会力量参与到公共文化服务中，由文化管理转向文化治理。

(二)模式比较

要更为准确地认识利川市目前公共文化服务发展的水平，不仅要从历时性的角度，进行纵向比较，而且要同全国其他城市进行横向比较，才能更清晰地反映利川市目前公共文化服务建设在全省甚至全国的发展水平，及存在的差距。下面即以“种文化”过程中成就明显的浙江省临安市和河南省焦作市与利川市做一对比。

1.注重调动群众主体积极性，充分发挥群众自主创造力

浙江省临安市注重激发民众主动创造性和自觉参与性，每两年评选十大德艺双馨文化人；每两年举办政府文艺奖，涵盖十个艺术门类，设优秀作品奖和新人奖；每两年举办“十大歌手”比赛，已成为群众参与性很强的声乐活动；每年对所有村级宣传文化员组织培训、每年推选十佳村级宣传文化员。丰富多彩的活动，极大地活跃了农村文化氛围，有力带动了农村文艺人才的培养，促进了农民自编自导自演的新的文艺作品的产生。

河南省焦作市通过开展文化先进县、先进乡镇、星级农村文化中心、民间艺术之乡等活动，以政府支持业余文化团队发展的方式“种”文化。河南省焦作市的“种文化”模式中，强调政府对民间艺术文化的认同，不把农村文化看作落后腐朽的文化，还通过政府扶持业余团队和通过开展文化先进县、文化先进乡镇、星级文化中心等评比活动，对业余团队和民间文化进行激励，挖掘发展民间艺术、民间文化，有效激发乡村文化活力。

利川市更加注重人民群众主体性的发挥，相继举办了中国民歌艺术节、中国·利川经济文化交流会、中国龙船调艺术节等全国性文化活动，经常性举办乡镇民族民间文艺汇演、“龙船调”杯山民歌传唱大赛等全市性文化体育系列活动，使人民群众拥有丰富多彩的精神文化食粮。另外，鼓励人民群众积极主动开展文化活动，利川市的民众活跃在文化广场、文化馆等文化场所，毛坝镇夹壁村、团堡镇野猫水村、忠路镇龙渠村等地村民每年组织“村晚”，自编自导自演文艺节目，人民群众在创造文化的同时享受着文化的

乐趣。

2. 文化政策支持力度大，文化财政投入多

临安市相继出台《关于深入开展“结对子、种文化、育文明”活动的通知》《文化、服务、培训“三进礼堂”你点我送活动的实施意见》《群众文化团队补助专项经费管理办法》《推进基本公共文化服务标准化均等化实施方案》等政策文件。从2016年起试点推进结对省、杭州市文艺团队的，每年经费支持1万元；结对临安市文联各协会的，每年经费支持5000元；有特殊贡献的，再给予激励支持。

2015年，焦作市印发了《焦作市实施“农民文化超市”惠民工程的指导意见》，开始在全市实施“农民文化超市”惠民工程，并以武陟县作为试点，探索工作经验。2016年，焦作市将“百姓文化超市”列入重点民生工程，拿出409万财政资金，在市、县、乡、村设立联络平台，打通“百姓文化超市”网站、微信公众号和APP手机客户端等主渠道，实现问需于民、以需定供、按需配送。

利川市先后出台了《关于加快建设文化强市推动利川文化大发展大繁荣的实施意见》《利川市宣传文化事业优秀成果奖励办法》《利川市“文化名人”评选表彰办法》《利川市推进现代公共文化服务体系建设实施方案》等文件，对文化建设的发展规划、经费投入、人员编制、奖励激励等用制度的方式加以规范。近五年来，全市累计投入5亿多元，着力加强公共文化基础设施建设，并积极引入社会资金支持文化产业发展。2017年，市本级财政预算创建经费500万元，为公共文化服务的发展提供强大的财政支持。

3. 结合当地民族特色，培育具有代表性的民族文化

浙江省临安市自己发掘其文化特色，摒弃政府“喂食”式文化植入，开展多层面的文化交流活动，通过“走出去、引进来”等多种方式，以设立工作室、笔会、采风等形式，邀请市内外文艺家深入基层，开展常态化的柔性结对走亲活动，带动了农村文化的发展。该市还注重让文化与发展密切结合，让文化活在老百姓的日常生产生活中，使传统优秀文化更有生命力、感召力和影响力。

利川市充分发挥其少数民族聚居区，拥有丰富民族特色文化遗产资源的优势，在文化创造过程中注重现代文化与传统民族文化的融合。该市强

化其品牌意识,打造了众多具有强大竞争力,展示地方特色的文化名片,如《龙船调》民歌系列,以及由此衍生的一系列文化产业链,在传播民族特色文化的同时,带动了相关文化产业的发展,并推动了利川市经济的发展。

4. 注重调节供需矛盾,实现供需有效对接

临安市通过文化部门与乡镇以及村建立责任联系,文化馆业务老师在各乡镇及村建立辅导点和辅导团队,各辅导后的业余团队再去农村巡演,开展"文化走亲"。同时在媒体发动、宣传的助推下,浙江在全省范围内举办百村赛,打造"一村一品"。这一新的公共文化服务模式,不仅强调并提高了广大乡村文化产品的供给总量,丰富了文化产品的供给类型,同时还通过"结对子"帮扶的形式,建立辅导点、组建业余团队,注重人才队伍的培养,形成了由政府主导、媒体发动、农民主动的富有浙江特色的"结对子,种文化"模式。

焦作市针对该市农村青壮年外出打工多,留守儿童、妇女和老人多的特点,通过建立需求反馈机制和精准配送机制,以分众化服务满足多元化需求,以精准化服务满足个性化需求。该市建立"百姓文化超市",编制"文化套餐"总菜单。"拎清"供给菜单,将市县两级图书馆、文化馆、文艺院团等公共文化资源纳入其中。登记受理"文化订单",以文化专干和文化志愿者为联络员,通过走访座谈、调查问卷等形式,将群众的文化需求以"订单"的形式,上传"百姓文化超市"平台,转交文化行政职能部门。进而开展服务配送,针对群众"订单"需求,文化部门和相关职能部门根据不同群体需求,实施分众化服务,实现供需有效对接。

利川市改变以往"送文化"的单一文化供给方式,始终坚持为了人民、依靠人民、共建共享,尊重群众的主体地位,认真研究群众多样化的文化需求,建立"自下而上、以需定供"的公共文化服务模式。建立"群众点单、政府购买"的服务机制,积极推动建立文化种子孵化园,力争把文化种子孵化园建成培育、提供优秀民族民间文化和社会主义先进文化的重要阵地,发挥文化引领风尚、教育人民、服务社会、推动发展的作用。截至目前,已建立市级孵化中心 1 个,乡镇孵化站 14 个,村级孵化点 30 个。2017 年,各级孵化园培训孵化业余文艺骨干近 4 万人次。通过供需对接,有效缓解了公共文化服务供需矛盾突出的问题,使基层民众参与文化生活的活跃度大大提升。

5. 文化人才队伍规模大,并创新聘用甄选机制

临安市为让农民真正成为文化的“主角”,在“送文化”的基础上,2008 年开始在农村“种文化”,实施农村文化队伍素质提升工程,分级分批分类对基层文化干部、业余文艺骨干、村级文化管理员进行培训。如今,全市 85% 以上的建制村都建有 1 支以上的业余文化活动队伍,全市有近 2670 支由农民担纲的文化队伍活跃在农村舞台。

焦作市出台《关于实施“焦作市 521 青年人才工程”的意见》,组织开展焦作市文化带头人培养工作;建立基层文化人才的培养和成长机制,着力在基层培养一支“带不走的文化队伍”。

利川市积极推行人员聘用制度和岗位管理制度改革,加大收入分配制度改革力度,已初步形成干部能上能下、职工能进能出、待遇能高能低的用人机制。在各乡镇办事处推行“文化专干”聘用制,即在所辖社区聘用政治素质好、有一定组织能力、热爱文化体育工作的人员担任文化专干,主抓村(社区)文化体育工作,年底由文体部门和当地政府组织考核,对于合格以上等次的予以一定的经济奖励,不合格的予以解聘。2017 年,该市出台了《利川市文化专(兼)职管理员管理暂行办法》,每个村明确 1 名村干部兼任文化管理员,其职责、考核、待遇纳入“五有”“九零”[①]村级年度奖励资金中统筹落实。

就以上几个方面比较,利川市在民族文化的融合,文化品牌、文化名片的打造以及人民群众主体积极性的发挥等方面更为突出。在调节公共文化服务供需矛盾时更加注重发挥人民群众的主体创造性和参与的积极性,注重引导群众充分结合本地区独有的民族特色,自己孵化群众喜闻乐见的优秀文化,真正体现“种文化”的目的。在人才队伍建设上聘用制更容易形成竞争意识,有助于文化人员快速提升自身的文化素养及工作能力,更有利于推动文化事业长远发展,具有一定优势。

---

① “五有”指有州级以上(含州级)党委、政府或部门通报表扬;有州级以上现场交流会参观点;在州级以上现场会议有经验交流或受到通报表扬;工作经验有州级以上领导批示推广;村级集体经济纯收入有增长。“九零”指党风廉政建设零追责、村级社区零招待、安全生产零事故、综治维稳零越级上访、居民“三违”(违法占地、违法建设、违法开发)建房零新增长、生态环境零污染事故、食品药品零安全事故、零政策外生育多孩、零邪教组织活动。

第二节　内生动力　一体建构
——乡村文化振兴的“京山样本”

随着经济的飞速发展和城镇化进程的快速推进，中国乡村正经历着数千年来未有之大变局。为助推全面建成小康社会和全面实现农村现代化，党的十九大做出实施乡村振兴的重大战略部署。2018年中央一号文件聚焦乡村振兴，提出要“坚持把解决好‘三农’问题作为全党工作重中之重，坚持农业农村优先发展，按照产业兴旺、生态宜居、乡风文明、治理有效、生活富裕的总要求，建立健全城乡融合发展体制机制和政策体系，统筹推进农村经济建设、政治建设、文化建设、社会建设、生态文明建设和党的建设，加快推进乡村治理体系和治理能力现代化，加快推进农业农村现代化，走中国特色社会主义乡村振兴道路”。乡村振兴，文化先行，乡村文化振兴理应是乡村振兴的题中之义和发展之基。

在乡村振兴的时代背景下，京山县①创新了公共文化服务体系建设模式，形成了独具特色的“京山”样本。自2013年起，京山县实行“两步走”战略，先后承接省级和国家级文化项目，从公共文化服务体系示范区的建设到公共文化服务示范项目的推进，整合全县资源、多项措施并举，以推进乡镇综合文化站体制改革、文化广场建设为载体，提升乡镇综合文化站公共文化服务效能，促进乡村文化振兴。京山县在制度创新、示范引领等方面为新时代的乡村文化振兴建设闯出了一条新路。

一、目标耦合：文化振兴助力乡村全面振兴

乡村振兴，文化先行。习近平总书记多次强调文化的重要性：“文化兴国运兴，文化强民族强。没有高度的文化自信，没有文化的繁荣兴盛，就没有中华民族伟大复兴。”实施乡村振兴战略，实质上是在推进融生产、生活、

---

① 京山市隶属湖北省荆门市，是一个县级市。2018年8月6日，京山召开撤县设市大会，正式挂牌京山市。自2013年起，京山一直将文化建设作为地域经济社会发展的重要内容持续推动。考虑到京山文化建设时间跨度长，且本报告考察的文化建设的地方实践主要发生在2018年之前，因此本项研究仍然使用京山县。

生态、文化等多要素于一体的系统工程。农村文化建设是农村建设中的“软力量”,是农村发展历史的深厚沉淀,是农村人与物两大载体的外在体现,也是乡村振兴战略的灵魂所在。全面繁荣兴盛乡村文化,乡村振兴才有深厚的文化自信,中华民族的伟大复兴才有坚实的精神基础。

(一)文化振兴助力产业兴旺

乡村振兴,产业兴旺是重点。乡村能否全面振兴,取决于乡村的经济基础和生产力发展状况,取决于乡村一、二、三产业是否兴旺发达。产业兴旺需要有高素质的人才作为支撑,文化的发展振兴对村民进行思想上的熏陶,引导村民转变传统的观念和思维方式,从而改变村民群众落后的生产、生活方式,并为生产力的良性发展提供知识支撑,可以提高农民的科技文化水平和生产技能,培养造就有文化、懂技术、会经营的新型农民,为产业兴旺提供智力支持。

同时,具有鲜明区域特点和民族特色的农耕文化本身就是重要的文化资源,是乡村振兴的文化生产力。通过对文化因素的挖掘、重组与创新,可以促使文化向农业产前、产中和产后等环节延伸与融合,形成创意农业、观光农业、品牌农业,促进农村一、二、三产业融合发展,实现传统农业向现代农业转型与升级,为实现产业兴旺提供重要支撑。

(二)文化振兴助力生态宜居

乡村振兴,生态宜居是关键。生态宜居既意味着良好的生态环境,也包括深厚的人文底蕴。实现生态宜居,需要通过宣传教育培养人们的生态保护意识,形成环境友好型的生产方式和低碳的生活方式,树立尊重自然、顺应自然、保护自然的生态文明价值观,做到与自然和谐相处。

实现生态宜居,更需要乡村特色文化的底蕴作为依托。在我国乡村千百年的发展过程中,各地独特的文化已经与村落布局、族群地标、建筑形式融为一体,文化是村落、地标、建筑的灵魂,村落、地标、建筑是文化的外在展现。生态宜居不仅要有良好的生态环境,更要体现深厚的文化底蕴,真正做到“望得见山,看得见水,记得住乡愁”。

(三)文化振兴助力乡风文明

乡村振兴,乡风文明是基础。过去一个时期,乡村建设存在重经济发展、轻文化建设的倾向,乡风文明建设没有得到足够的重视,以致出现经济发展而道德滑坡的现象。一些地方村落共同体解体，德孝文化和诚信文化削弱，守望相助传统消失。邻里矛盾突出，干群关系紧张，乡村增加了不和谐的音符，各种矛盾的积累甚至成为社会不稳定的因素。振兴乡村，必须坚持物质文明和精神文明一起抓，既要“富口袋”，也要“富脑袋”。

乡风文明能够为乡村产业发展提供良好环境，为村民生活提供优良的人文环境，有助于构建自治、法治、德治的治理体系，提高乡村治理的有效性。要高度重视文化在乡村振兴中的作用，以文化发展振兴推动乡风文明。注重发挥传统文化在乡村底蕴深厚、流传久远的优势，同时倡导现代文明理念和生活方式，提高村民的思想觉悟、道德水准、文明素养和科学文化素质，提升村民精神风貌，促成村民养成良好的思维习惯、生活习惯和行为习惯，形成文明乡风、良好家风、淳朴民风，为实施乡村振兴战略提供强大的精神动力。

（四）文化振兴助力治理有效

乡村振兴，治理有效是基础。党的十九大报告提出“健全自治、法治、德治相结合的乡村治理体系”，这是在乡村治理方面提出的新要求。自治是乡村治理体系的基础，实现自治，必须加强自治能力建设，培育自治文化，养成自治意识，掌握自治方法，提升农民群众自我管理、自我服务水平。法治是乡村治理体系的保障，要实现法治，必须培育村民的法治意识、法治理念、法治精神，通过法制宣传教育，增强人们尊法学法守法用法的思想意识和行为自觉，养成运用法治思维和法治方式解决问题、化解矛盾的行为习惯。德治则是乡村治理的支撑，要实现德治，必须培育和弘扬社会主义核心价值观，发展社会主义先进乡村文化，塑造与时代要求相适应的新的道德标准，大力倡导移风易俗，用诚信、友善、孝德净化乡村，营造风清气止的淳朴乡风。

（五）文化振兴助力生活富裕

乡村振兴，生活富裕是根本。实现生活富裕，要不断提高农民收入水平和生活水平。首先，通过加大对农民的培训，提高农民的科学文化素质，能培养农民的致富技能，拓宽农民增收渠道。其次，实施乡村文化振兴，就是要协同构建农村产业融合发展的产业体系和生态系统，大力拓展乡村文化创新力。文化的发展可以赋予农业和农产品以更多的乡村文化内涵，实现农业、文化、旅游的融合发展，成为有效增加农民收入、实现农民生活富裕的重要途径。

生活富裕不仅体现在农民物质生活的提升,也体现在精神文化生活的丰富。随着农业的发展,农民的物质生活水平不断提高,农民对精神文化生活方面的要求日益增长,文化的发展振兴,可以为农民提供更丰富的文化产品和文化服务,让农民在精神文化层面有更多的充实感、获得感和幸福感。

可以说,乡村文化振兴是乡村振兴的题中之义和发展之基。本节从目标耦合的视角审视乡村文化治理,发现乡村文化振兴的多重价值与乡村振兴战略的多重目标之间的耦合发展。

二、问题导向:现实境遇与发展瓶颈

党的十八大以来,面对我国经济发展进入新常态带来的深刻变化,以习近平同志为核心的党中央坚持把解决好"三农"问题作为全党工作的重中之重,切实把农业农村优先发展落到实处,坚持遵循乡村发展规律,扎实推进生态宜居的美丽乡村建设。文化的发展与经济社会的发展相互关联、相互影响。在经济社会发展进入新常态、推动乡村文化发展的大背景下,京山县的乡村文化振兴还存在财政投入不足、基础设施落后、人才队伍薄弱和村民主体性不强等方面的问题。

(一)基础设施建设落后,服务效能不高

文化基础设施总量上不足。文化基础设施是村民群众开展各项文化活动的载体,建设好公益性文化服务设施,提供公益性文化产品和文化服务,是乡村文化建设能否取得重大突破的关键所在。根据中央和省有关农村公共文化服务设施建设的标准和要求,到2020年农村乡镇一级要建有集文化娱乐、书报刊借阅、电子信息阅读、广播影视、宣传教育、科普培训、体育健身和青少年活动于一体的综合性文化服务中心,同时,对建筑面积和相应的功能设施都提出了具体的要求。但截至2013年,由于相关体制机制不健全,文化专项资金不足,广大农村基层公共文化服务设施普遍达不到建设标准。基础文化设施配置不够,质量不高。已建成的村级综合文化服务中心中,图书数量和类目有限,不能满足农村普遍的种植、养殖等农业技术以及其他方面的需求。数字化工程也不够,部分行政村虽然安装了公共电脑,但配置较低,且大多不能直接投入使用。

文化基础设施效能较低。由于受农村基础文化设施不完善、财政投入不足、文化服务内容不丰富、文化设施管理不到位等因素影响，基层农村文化设施效能普遍没有得到很好的发挥。大多数的文化服务阵地和设施，人气不旺，吸引力不强。一些乡镇综合性文化服务中心、文化信息资源共享工程服务室等相关设施，缺乏管理养护和更新升级，利用率极低，部分文化场所，甚至长期闲置。如乡镇一级的文化站大都建有图书室，但大多陈旧破损，农民喜爱和需要的新书很少，即使能正常开放，前往阅读的人也很少。还有一些农家书屋，图书报刊更新不及时，适用性不强，加上没专人管理，长期处于封闭状态，最终沦为一种摆设。还有不少村级文化活动室仅挂牌而已，根本就没有固定活动场所，难以开展正常的文化活动。服务功能不完善、服务效能低，导致了基层群众文化活动覆盖面不宽，参与率过低，活动水平不高。

（二）文化人才缺口较大，队伍结构失调

乡村文化建设队伍总体数量不足。京山县人口总数约为 63.05 万，乡村人口多达 45.13 万人。在县级文化事业单位中，工作人员数量少、编制少的问题较为突出，管理人员和业务人才队伍萎缩，乡村一级情况尤为严重。全县乡镇综合文化站现有从业人员 28 人，其中专职人员 14 人，占到 50%，与乡村 45.13 万人次的文化消费群体相比，乡村文化建设队伍总量明显不足。同时文化管理人才匮乏。乡村文化振兴建设需要高素质的人才队伍是不争的事实，但是由于受城乡二元体制的影响，乡村与城市无论是在社会大环境抑或发展空间上存在差距，在这样的社会背景下，高层次文化管理人才纷纷涌入福利待遇好、环境好的城市，即使有高校毕业生留在乡村，也仅仅是把乡村当作事业发展的跳板，吸引高素质文化人才进乡村已经成为亟须解决的大问题。

乡村文化建设队伍结构失调。首先，文化干部老龄化现象严重，年轻文化干部较少。从全县总体情况来看，50 岁以上从业人员占到 21%，40~50 岁的占 45%。这就使得乡村文化工作缺乏创新性，乡村文化活动形式和内容单一，缺乏新意和感染力，这已经成为新乡村文化建设的一个桎梏。其次，基层文化单位进入门槛低，直接导致文化工作人员良莠不齐，人员增多了，但是能够真正胜任文化工作的人却是少之又少。文化工作队伍素质的低水平给乡村文化事业的发展带来了诸多的负面影响。

(三)村民主体地位缺失,创造活力不足

村民权益主体地位缺失。村民是乡村文化振兴的参与者,也是得益者,这是广大村民在乡村文化振兴中主体地位的基本体现。但是在目前基层自治程度较低的体制性障碍的影响下,村民作为主体参与文化建设的权益常常会被忽视。在我国乡村基层自治组织中,乡村工作管理方式采取的是自上而下的垂直决策形式,在这种决策机制下村民缺少表达自己意愿的机会,乡村文化振兴的内容与村民群众的实际文化需求贴合程度较差。这样一来,村民群众在整个过程之中缺乏的不只是权益的表达,更重要的是他们缺乏自我表现、自我教育和自我服务的机会。笔者在走访调查中了解到大多数村民认为乡村文化建设的主要力量是政府,而自己则仅仅是乡村文化建设的参与者,并对乡村文化振兴、文化建设持有“无关紧要”“与我无关”的漠不关心态度。这使得广大村民群众在乡村文化建设的历程中处于被动接受地位,从而失去了建设新型乡村文化的积极性。

村民创造主体地位缺失。京山县乡村地区文化资源丰富,村民不仅是乡村优秀文化的传承者,同时也扮演着乡村文化创造者的角色。只有将文化的根埋藏在乡村肥沃的土壤里,才能保证乡村文化生命之火亘古不息。村民中不乏热爱和精通文化的民间能人,他们对于自己所热爱的本土优秀文化,有充分的热情去继承和发扬,并且能够根据时代的需求,不断加以充实和创造,使其成为具有时代特色的并为民众所喜闻乐见的文化形式。但是,在物欲横流的今天,人们对于文化产业利益化的追求,使得一些具有传承价值但不能带来较大经济利益的乡村文化被阻挡在传承大门之外,再加上随着生产力发展水平的不断提高,城乡差距的加大,人们为了追求更好的物质生活,纷纷脱离土地,涌向城市打工,一些民间艺人迫于压力转换职业,文化传承现状堪忧。

三、以标准化促均等化:京山的示范区建设

面对乡村文化发展的诸多困境,自 2013 年起,京山县开始建设湖北省公共文化服务体系示范区。到 2015 年,京山县已经基本实现了公共文化建设的“四个一”,即:构建了一个机制(高度重视、齐抓共管的推进机制),建成了一批设施(功能完备、覆盖城乡的基础设施),打造了一批精品(接地

气、聚人气、通俗不媚俗的文化精品),形成了一种意识(为民、惠民、利民的服务意识),公共文化基础更扎实、服务更优化、引领更广泛。

(一)构建文化建设推进机制

高度重视。公共文化建设成为中心工作之一,纳入京山顶层设计。京山县坚持将公共文化建设与经济社会发展、城乡一体化建设、美丽乡村建设、扶贫攻坚等中心工作一同部署,一同考核。2015 年,该县将农村文化广场建设纳入年度政府民生实事重点落实。目前,公共文化建设作为全面建成小康社会的硬指标纳入京山"十三五"规划,进行整体布局、常态推进。

齐抓共管。各部门高度重视、主动作为、积极担责。县委组织部以及卫计、农业、住建等部门,根据宣传文化工作总体安排,积极对部门资源进行整合;县财政、人社、编制等部门,在经费、人力上给予保障,形成了"党委、政府统一领导,宣传部门协调指导,行政主管部门组织实施,有关部门密切配合、主动作为、积极担责"的工作格局。

(二)基本建成文化基础设施

提升常规基础公共文化设施。京山县先后投资 2000 多万元,完善该县和乡镇的文化类基础设施。如对县博物馆和县文化馆进行提档升级和重新布展,改造县图书馆以及重新装修县文化馆,并添置相关设备等。同时,还对乡镇的综合文体站进行全面维修和升级改造。14 个镇综合文体站站舍面积、功能设置全部达标,文体设施设备齐全,其中有 6 个一级站、4 个二级站。

全力推进文化广场建设。京山县在城区因地制宜布局、建设,先后建成城畈社区广场等 6 处文化广场。同时,针对农村、社区公共文化设施相对薄弱的问题,对涉农村、社区的公共服务、公益服务资源,进行跨部门、跨系统整合,建成高标准、示范县农村文化广场 111 个。目前,以县级公共文化场所为核心,以集镇、社区综合文体站、中心文化广场为基础,以行政村、社区综合文化服务中心为末梢,京山县基本实现了县、镇、村(社区)公共文化基础设施全覆盖。

(三)打造特色精品公共文化

开展多元文化活动。广场文化、节庆文化、民俗文化是京山家喻户晓的大众文化品牌。目前,全县群众广场舞团队有 200 多支,参与群众达 10 万人。每年举办各类大型广场文化活动20多场。以广场文化为基础的京山县社区文化节已连续举办15届。春节民俗文化活动、“农家乐杯”文艺比赛等每年举办，已经持续11年。

发展特色品牌文化。网球文化、绿林文化是最具京山特色的文化品牌。京山是全国唯一的“中国网球之乡”，网球普及已有30多年，网球文化深入人心。京山常年参与网球运动的普通百姓达2万多人，网球进机关、进企业、进学校、进社区、进农村已成现实。每年举办国际、国家、省级以及县内群众性网球赛事近20场次。自2012年以来，该县每三年举办一届中国（京山）网球节。截至目前，已成功举办三届中国（京山）网球节。2021年8月，京山将迎来第四届中国（京山）网球节。“请人吃饭不如请人流汗”，网球文化不仅强健体魄，也提升素养。绿林文化因绿林起义历史渊源演化而来，厚重的文化底蕴与丰富的旅游资源深度融合，2015年，京山以绿林寨等景点为主的文化旅游景区，接待游客759万，实现旅游收入40.6亿元。

（四）形成公共文化服务意识

增强队伍服务意识。在示范区创建过程中，京山县从制度设计入手，对服务项目选定、服务人员选聘、服务质量管理、财政经费使用等方面，进行积极探索和规范，全面提升文化馆、图书馆、县博物馆、体育场馆和乡镇综合文体站免费开放的服务质量和水平。如曹武、孙桥等乡镇文体站，开展了“熊门拳”进课堂、“唢呐进校园”等非遗普及活动。聘请华中师范大学教授、国家公共文化服务体系建设专家库专家吴理财，省群艺馆馆长黄念清等专家，成立京山公共文化服务制度设计课题组，围绕“京山县公共文化服务生活化、品牌化、主流化三位一体研究”和“京山县公共文化服务标准化研究”开展研究，丰富、完善免费开放工作制度，固化免费开放理论成果，增强文化队伍的服务意识。

激发社会力量活力。建立业务人才奖励制度和激励机制，设立培训专项经费，以“拔尖人才”培养工程和“文化名人”评选活动为依托，发现、扶持、培养“乡土文化权威”，扶持、培训“听得懂土话、扎得下根子、耐得住寂寞、带得出学徒”的本地社会文艺骨干2600多人。对全县文化专业人才、业余文艺骨干、社会文艺团体进行全面摸底登记、培训辅导，建立文化专业人才、文化志愿者、业余文艺骨干数据库。成立京山文艺联盟，整合全县25个文学艺术专业协(学)会、18个体育协会和257个业余演出团队,按计划、有组织、分门类,开展公益性或低收费文化服务。全县通过文艺联盟直接参与公共文化服务的人数近6万人。

四、多措并举完善基层公共文化服务体系

党的十九大明确指出,要完善公共文化服务体系,深入实施文化惠民工程,丰富群众性文化活动。基层文体广场作为公共文化服务体系的有机组成部分,是城乡居民享受公共文化产品和服务,开展文化活动的重要公共空间与活动场所。加强基层文体广场建设,让人民群众共享文化发展成果,是推进国家公共文化服务示范区建设的内在要求。2015年以来,京山县围绕建成现代化、标准化、广覆盖、高效能的基层文体广场设施网络的基本目标,通过政策扶持、加大投入、优化设施、突出亮点等措施,加快推进覆盖城乡、面向广大群众的基层公共文化服务体系,为湖北省创建基层综合文化服务中心标准化提供经验参照。

(一)构建组织保障体系

一是规划先行。京山县委、县政府先后制定出台了《京山县创建湖北省公共文化服务体系示范区建设规划》《京山县创建湖北省公共文化服务体系示范区实施方案》《京山县城乡基层文体广场标准化建设方案》《京山县基层综合性文化服务中心工作规范》等一系列的政策文件。统筹建设以文体广场为外部空间,以农家书屋、文体活动室为内部空间,以党群服务中心、乡村卫生室、农村淘宝等为一体的多功能综合文化服务圈,走出了一条"建、管、用"结合,具有京山特色的基层公共文化服务体系发展道路。

二是加强领导。京山县依据基层综合文化服务中心建设规划要求,成立由县委副书记任组长,2名县委常委和3名副县长任副组长,镇(区)分管负责人及县委组织部、宣传部、卫计局、商务局、文体新广局等10多个职能部门为成员的基层文体广场建设领导小组(如表5-3所示)。通过组织专门工作人员,建立起党委、政府统一领导,宣传部门协调指导,行政主管部门组织实施的网格化组织体系。形成一套完整的跨部门、跨系统、跨区域的乡村文化振兴体系:领导小组——总体协调、推进、督办;乡镇党委、政府和村(社区)——基础设施建设、管理、运行;县级各主管部门——业务指导、配

套设施设备、落实服务项目和补贴资金。

表 5-3　京山县政府建设领导小组主要职能部门及其职能

职能部门	具体职能
组织部	负责党员教育活动场所建设、管理辅导等工作
宣传部	负责文明创建、活动宣传、舆论氛围营造等工作
综治办	负责实施普法教育和网格化社会管理等工作
财政局	负责协调落实公共文化服务保障专项资金等工作
文体新广局	负责指导文化、体育活动场所设施设备建设，引导文体活动开展等工作
科技局	负责科技普及推广工作
民政局	负责老年人互助照料活动中心建设等工作
卫计局	负责卫生计生宣传及便民医务室建设等工作
商务局	负责指导农家超市建设等工作
农业局	负责指导推广各类农业种植知识和技术等工作

（二）构建资金整合体系

一是政府主导。京山县坚持以政策为依据，以制度为根本，以资金投入为保障，统筹推行综合文化服务中心建设。通过跨部门、跨行业资金整合，建立示范区建设补助资金，县财政预算资金，各乡镇、村支持资金等多元筹措机制，2017 年全县镇、村（社区）综合文化服务中心共投入 14578 万元。同时，该县还设立综合文化服务中心建设专项资金，并为乡镇综合文体站提供“以钱养事”经费，2016 年农村公益服务“以钱养事”资金共 7.49 万元。

二是引入社会力量。京山县探索通过政府购买公共服务的方式，积极开拓市场资源，引入京山网球文化传媒公司、花鼓剧团等文化企业，提供公益性文化服务，增强文化活力，提高服务质量。2014 年成立的京山网球文化传媒有限公司，实行市场化运营；同时在基层进行公益性文体活动宣传，为基层群众提供公益性的文化服务与文化培训。公司通过深度发掘、发扬传统，系统阐释京山网球文化、民情风俗，创作了大型地方特色剧目《家在京山》，并定期组织策划优秀节（剧）目巡回演出、组织和运营管理，实现了社会效益、经济效益双赢。

三是建立共建共享统筹体系。坚持把发展产业、易地扶贫搬迁、文体广场建设等工作紧密结合,打好发展民生实事组合拳,加强文体广场建设与精准扶贫工作的共建共享机制,实现产业支撑、文化融合、服务共享的新格局。2016 年共为 16 个贫困村文体广场建设补贴 84 万元,为 21 个贫困村农家书屋补充更新图书补贴 5.25 万元。

(三)构建人才队伍体系

一是成立文艺联盟。京山县域内的音乐、体育、戏剧、舞蹈、曲艺、民间文艺等艺术门类的业余团队通过自愿参与形式,组成了文艺联盟组织。相关统计数据显示,全县 25 个文学艺术专业协(学)会、18 个体育协会和 257 个业余演出团队共计 1200 多名人员,以会员注册形式加入了该文艺联盟组织。同时,他们自行制定联盟章程,明确加入联盟的条件、程序、职责义务、管理运行以及奖罚机制。联盟以满足群众文化需求为宗旨,通过文艺资源的整合,强化管理、统筹服务、协调发展,不断提高社会文艺团队整体素质和服务水平。2016 年文艺联盟按计划、有组织、分门类开展公益性或低收费文化服务,全县通过文艺联盟直接参与公共文化服务的人数近 6 万人。

二是加强人员培训。为进一步加强人员队伍建设,京山县对全县文化专业人才、业余文艺骨干、社会文艺团体进行全面摸底登记、点对点培训辅导,建立文化队伍数据库。设立培训专项经费,每年组织事业单位在职职工和乡镇、村(社区)文化管理员脱产培训 1 次以上,分别培训 15 天和 7 天。县文化馆以省级非遗保护名录“京山熊门拳”“京山民歌”等为特色培训内容,常年开展舞蹈、声乐、戏剧等公共文艺辅导,年培训 2000 人以上。各乡镇文体站每年结合实际和特色工作开展了彩船配腰鼓、戏曲、舞蹈等培训内容。

(四)完善基础设施体系

一是完善城乡基础文化设施。京山县确定了“4+3+X”的基层综合文化服务中心总体建设模式。“4”指“四个一”,即一个文体广场、一个舞台、一个文化长廊、一个体育健身区;“3”指“三室”,即图书阅览室、多功能活动室、老年活动室;“X”主要是根据各单位实际,因地制宜打造特色主题“厅”“室”;“1”指建立一支优秀群众性文化团队。2016 年京山县建成 446 个高标准文化信息资源共享点、407 个村级文化活动中心、421 个农家书屋,实现了村(社区)级全覆盖。14 个镇综合文体站全部达到“三室”“一厅”和 300

平方米以上的标准。

二是加强公共文化数字网络建设。京山县在推进基层文体广场建设时,积极推进广场无线网络全覆盖、公共文化数字服务网络全覆盖、广播电视全覆盖,提高服务的质量和水平,满足群众多样化的需求。一是无线网络全覆盖。积极推进“智慧工程”建设,2015 年通过整合县内媒体资源,实现了网络与报纸、电视、手机报的互动、互见和互通。二是公共文化数字服务网络全覆盖。形成以农村公共文化电子阅览平台联网为起点,以县、镇、村(社区)三级共享工程服务网络为基础,以京山公共文化服务数字平台为龙头的公共文化数字服务网络体系。三是广播电视全覆盖。开展有线数字电视传输信号数字化整体转换和宽带数据开发业务,用户人数达到 8.9 万户,在境内建立差转站,实现信号链接服务;建立无线数字电视传输平台,增加 5000 多用户。

(五)构建京山品牌体系

一是挖掘传统乡土特色文化。京山县坚持以乡土文化为根基,充分挖掘地方特色文化精品,汲取地方文化内涵。京山县在全县范围内展示具有地方风土人情的大型地方文艺节目《家在京山》;在镇、村两级发展特色文化方面,钱场镇继承传统,积极演习武术“严门拳”民俗活动,钱场镇为此入选 2014—2016 年度“湖北省民间文化艺术之乡”。京山大力挖掘特色文化并进行巡演,开展文化下乡服务,传播乡土文化精髓,强化人民群众乡土记忆。

二是铸造网球文化京山品牌。网球是京山的第一文化品牌,也是京山的城市名片,京山县依托“中国网球之乡”美誉,深入开展基层公共文化服务,使文化服务成为一项沟通社会联系、提高服务水平的惠民工程。如京山县绿林镇乡镇文体站、新市镇高岭村等地区建有标准化网球场地,基层群众可直接免费享受公共文化服务。

三是开展群体性文体品牌活动。京山县每年组织举办各类大型文化活动 20 多场,组织文艺演出 300 多场,实现了“每月有活动,季度有高潮,全年不间断”。同时,京山县每年定期开展社区文化节、春节民俗文化汇演、“农家乐杯”文艺比赛、京山观鸟周活动等文艺比赛活动,通过文艺活动比赛的形式激发民间艺术团队的积极性和创造性,从而为人民群众提供更优良的文化服务。

五、乡村振兴战略下文化振兴的制度创新

作为国家公共文化服务试点区，京山县积极开拓创新制定文体广场服务标准化建设，深入贯彻落实党的十八届三中全会提出的推进公共文化服务标准化、均等化的要求，为湖北省文体广场标准化建设创新了形式、开拓了路径、提供了范例。

(一)搭建共建共享平台，引领特色品牌建设

一是加强文化资源整合利用。采取盘活存量、调整置换、集中利用等方式进行建设，整合分布在不同部门、分散孤立、用途单一的基层公共文化资源，以基层综合性文化服务中心为终端平台，实现人、财、物统筹使用，资源共享共用。曹武镇建有农村电子商务旗舰店，以“百货代购、农特代销、生活服务、农村金融”为主要服务内容，并设有运营部、经营部等职能部门，负责产品的经营、管理与服务。孙桥镇杨家畈村卫生室，以群众身体健康为第一服务宗旨，实行“家庭医生、签约服务”模式，以社区服务中心和上级医院为技术支持，建立居民个人健康档案，实行预约看病，为群众提供基本的健康卫生服务。

二是加强引领，创建品牌。京山县充分利用榜样示范效应带动标准化建设。曹场村的“诚信广场”、顾场村以“四色文化”为载体打造的“和谐社区”、归德寺村的“廉政广场”、九房村的“砺志广场”，长岭山社区的“孝道文体广场”以及源泉村打造的“党建品牌”，有效实现文体广场建设品牌化，保障群众享受公共文化服务，打造现代版的“乡村客厅”。

(二)强化政府统筹作用，促进社会力量共建

政府统筹联动机制。坚持将文化建设纳入全县国民经济和社会发展总体规划，纳入新农村建设范畴，纳入党委政府工作目标考核管理体制，纳入精准扶贫重点攻坚，从政策上推动，以制度作保障，以经费投入为带动，以考核管理督促进。每年在保证1000万元以上年度财政预算基础上，对各种大型文体活动，另行安排专项资金。逐步构建“部门联动、统筹推动、共建共享”体系。整合文化、旅游、教育等近20个县直部门公共资源和服务，实现多部门联动，推进党员远程教育、文化共享工程、农村信息服务多项设施共

建共享,由“单一推进”向“多元联动”转变。

社会力量共建机制。坚持公办私助,公益文化活动政府主办、以钱养事;社区文化活动单位企业赞助、服务民众;娱乐健身文化活动自筹自办、统一管理;商业性文化活动市场运作、行政监管。建立政府与公共文化服务机构的专家咨询制度,建立公共文化服务机构运营的公共参与制度。在综合活动中心文化服务建设上,服务时间、基本服务目录、服务质量等方面严格按标准运行。同时,乡镇人民政府(街道办事处)选择具有管理资质的企事业单位或社团组织,签订年度委托管理协议,逐步完善社区群众志愿参与管理的机制,引导居民自我服务、自我管理。

(三)加强资源整合力度,重造农村公共空间

提升资源利用率,放大综合效益。加强村公共图书借阅服务,整合农家书屋资源,设立公共图书馆服务体系基层服务点;整合医疗卫生资源,设立基层医疗卫生服务体系基层医疗点;整合农村淘宝资源,建立快递运输服务体系基层服务点。整合文化体育设施综合管理和利用,提高使用效益。同时,坚持把发展产业、易地扶贫搬迁、文体广场建设等工作紧密结合,打好发展民生实事组合拳,加强文体广场建设与精准扶贫工作的共建共享机制,实现产业支撑、文化融合、服务共享的新格局。

(四)培育民间文化能人,打造特色文艺团队

建立文艺人才下基层长效机制。根据《京山文艺骨干培训实施办法》,京山县每年从专业剧团和文化馆抽调、聘请专业人才驻点各街道(乡镇)“结对子,种文化”,常年开展文艺辅导、业务培训、团队打造、文艺创作等活动,为基层培养文艺骨干,催生群众文艺精品,增加基层办文化的“自身造血”功能。

建立特色文艺团队打造长效机制。2015 年,京山县下发《关于加强京山县文艺联盟建设的实施意见》《京山县星级民间文艺团队和特殊贡献文艺团队评选办法》,按照评选“八有”(有队伍名称、有稳定队员、有基本设备、有固定场所、有专门经费、有统一服装、有简易道具、有定期活动)的标准,每年评选特色文艺团队,举办特色文艺团队大赛;县财政每年设立 100 万元“以奖代补”资金,根据团队建设、活动开展等情况,进行星级评定、绩效评估和实施奖励,引领不同层次的文艺爱好者从“单兵作战”转向团队

合作,带动全县文艺团队发展壮大。

(五)搭建志愿服务平台,创新机制助标准化

文体站标准化建设机制。鼓励、支持乡镇(街道)、村(社区)结合本地实际,不断探索、创新文体站志愿服务工作模式;以网格化管理优化服务流程,建构起各级文化管理员、民间文艺团队负责人、社会文艺团队负责人为主体的文化服务网络,实行包片负责制,网格负责人实时掌握群众需求,并将收集到的意见经过梳理、分类后,交由相应的志愿服务队开展有针对性的文化服务。实现志愿服务按照“收集信息—分派任务—开展活动—督导评价”进行流程化管理。

人员队伍建设机制。扶持组建基层各级艺术队,积极开展民间文艺活动,激活农民的创造力,增强农村自身的文化活力,营造良好的文化氛围;扶持基层民间艺人、文化能人开展文化活动,通过定期组织民间文艺工作会议,总结经验,表彰先进;充分发挥乡镇综合文化站的文化传播功能,通过免费提供文化服务和培训,开展内容丰富、形式多样的文化活动,努力促进文化工作者掌握文化技能,提升服务水平。

结　语

民族要振兴，乡村必振兴。在迎来中国共产党成立一百周年的重要时刻，我国脱贫攻坚战取得全面胜利，第一个百年奋斗目标如期实现。“十四五”时期，是我国向第二个百年奋斗目标进军的第一个五年。实现中华民族伟大复兴，最艰巨最繁重的任务在农村，最广泛最深厚的基础也在农村。乡村在中华民族伟大复兴征程中的重要地位，使得全面实施乡村振兴战略的深度、广度和难度都远远超过脱贫攻坚，这就需要深化农村改革的高度、力度和强度。

改革创新始终是引领农村发展的第一动力。对1978年以来农村改革进行长时段回顾，发现其大致经历了重新确定家庭的经济地位、资源配置由计划向经济转型、初步确立并发展新型城乡关系以及全面深化农村改革四个阶段，呈现出由单领域向全方位、由点带面和从试点到推广的渐进式改革路线。40年后，中国农村改革再出发。与前三个阶段相比，新一轮的农村改革明确强调改革的整体性、系统性和协同性，更加注重顶层设计与基层探索相结合，高度重视改革的综合配套和整体推进，这必将为乡村振兴战略的有效实施提供动力、增添活力，激发农村发展的巨大潜力。

坚持顶层设计和基层探索相结合的农村改革路径，要求我们将目光聚焦于以县域为基本单元的地方场景。事实上，各地经济社会环境的差异性，使得“一统体制和有效治理”之间存在着内在矛盾，这就要求地方政府能够立足地方经济社会发展实际进行适应性改革，探索符合地方情景的改革路径。收录在本书中的系列研究报告，皆是对地方在地化探索农村改革路径的有效提炼。这些报告以全面深化农村改革，推动乡村振兴为研究视角，着眼于全面深化改革过程中的农村地区的地方改革实践,从乡村振兴战略目标的顶层设计视野,审视地方基层党委、政府、社会、民众投身新时代社会主义改革和建设的诸多创新举措,从实现国家治理现代化的基本目标、途径、过程来思考地方基层,围绕着党建创新、农地制度改革、乡村治理、政务村务衔接、文化建设等内容的改革难点、关注焦点、突破重点,进行了系统科学的考察和深入反思。

必须承认的是,本书收录的只是深化农村改革、推动乡村振兴的部分地方实践,且这些实践只是全面深化改革的部分内容。事实上,全面深化农村改革涉及完善农村产权制度和要素市场化配置机制、农村“三块地”制度改革、乡村建设行动、发展壮大新型农村集体经济等多个议题。这些改革议题往往交错在一起,更需要在持续的研究中观察和思考。就此而言,系列研究仅仅是个开始,还需要进一步的追踪调查和再思考。